普通高校"十三五"规划教材·公共基础课系列

应用文写作

（第2版）

胡晓蕾　高 升◎主 编

赵 妍　吴海娟◎副主编

清华大学出版社

北 京

内 容 简 介

本书根据最新颁布实施的《党政机关公文处理工作条例》(中办发〔2012〕14 号)文件要求,遵循"引导—理论—模仿—实践—拓展"的科学规律,依据各种文体操作规程,具体介绍党政机关公文、会议文书、财经文书、社交文书、传播文书以及学术论文与毕业设计等应用文写作基础知识,并通过强化训练,提高读者的应用技能。

本书具有知识系统、科学规范、选文适宜、难易适度、案例鲜活、贴近实际、通俗实用等特点,既可作为普通高等院校本科生必修课及高职高专公共基础课的首选教材,也可用于企事业工作人员在职培训,并为公务员考试、大学生就业创业、社会工作者提供文案支持。

本书封面贴有清华大学出版社防伪标签,无标签者不得销售。

版权所有,侵权必究。举报:010-62782989,beiqinquan@tup.tsinghua.edu.cn。

图书在版编目(CIP)数据

应用文写作/胡晓蕾,高升主编. —2 版. —北京:清华大学出版社,2019.12(2023.7重印)

普通高校"十三五"规划教材. 公共基础课系列

ISBN 978-7-302-54557-6

Ⅰ. ①应…　Ⅱ. ①胡… ②高…　Ⅲ. ①汉语—应用文—写作—高等学校—教材　Ⅳ. ①H152.3

中国版本图书馆 CIP 数据核字(2019)第 290384 号

责任编辑:贺　岩
封面设计:李伯骥
责任校对:王荣静
责任印制:宋　林

出版发行:清华大学出版社
　　　网　　　址:http://www.tup.com.cn,http://www.wqbook.com
　　　地　　　址:北京清华大学学研大厦 A 座　　　　邮　　编:100084
　　　社 总 机:010-83470000　　　　　　　　　　　邮　　购:010-62786544
　　　投稿与读者服务:010-62776969,c-service@tup.tsinghua.edu.cn
　　　质量反馈:010-62772015,zhiliang@tup.tsinghua.edu.cn
印 装 者:三河市君旺印务有限公司
经　销:全国新华书店
开　　本:185mm×230mm　　　印　　张:17.75　　　字　　数:363 千字
版　　次:2015 年 11 月第 1 版　2019 年 12 月第 2 版　　印　　次:2023 年 7 月第 9 次印刷
定　　价:46.00 元

产品编号:082431-01

第 2 版 前 言

在我国悠久的历史长河中,写作活动伴随文字的使用共同发展。从甲骨文到文言文,从古代奏章到现代写作,这种创造性的精神劳动一直在社会生活中发挥着促进文化传承与科学传播的重要作用。在现代科学技术发展的"新常态"下,作为基础学科的写作承担着提高学生思维能力、语言表达能力、创造能力、交际能力及审美修养的重任。

在大学教育中,应用写作作为公共基础学科的核心和骨干课程,不仅是大学生必须掌握的知识,也是就业和创业的关键技能,掌握好应用写作知识与技能,对今后人生的长远发展具有重要作用。

本书根据创新、实用、生动和理论联系实践的原则,结合在校大学生的知识结构与培养目标,在充分考虑现实需求与将来就业需求的前提下,科学选择编写内容,努力培养学生的写作能力,力求使学生学有所得、学以致用。本书具有如下特色。

(1) 思路独特新颖,理论与实践结合紧密。立足大学生这一主体的现实与将来,注重知识接受与知识应用、现实性与前瞻性相结合,注重创新能力培养。

(2) 体系科学开放,注重学生需求。吸纳与大学生活息息相关的常用文体,把写作教学与大学生的学习和工作紧密结合起来,使大学生学以致用、学有所用。

(3) 适应时代发展,培养综合能力。本书不仅注重党政机关公文、通用事务文书,而且精选了日常事务文书以及行业文书的相关文种,以为学生提供系统的知识。

(4) 内容新颖,具备较高的学习价值。本书以中共中央办公厅和国务院办公厅于2012 年 4 月 16 日联合印发的《党政机关公文处理工作条例》(中办发〔2012〕14 号)为编写依据,对此前一直沿用的依据 1996 年版《中国共产党机关公文处理条例》和 2000 年版《国家行政机关公文处理办法》而编写的写作学习内容进行了详细规整,传递出最新版的应用文写作知识,更选取近 3 年的例文辅助学习,具有积极的实用意义。

本书自出版以来,因写作质量高而深受全国各高校广大师生的欢迎,目前已多次重印。此次再版,作者审慎地对原教材进行了去粗取精、更新案例、补充知识等工作,以使其更贴近经济生活,更符合社会发展,更好地为国家经济建设和职业教育教学实践服务。

本书作为普通高等教育公共基础课的特色教材,以学习者应用能力培养为主线,严格按照国家教育部关于"加强职业教育、突出实践能力培养"的教育教学改革精神进行编写。本书的出版对帮助学生提高自身能力素质、尽快掌握应用文写作知识、寻求职业的顺利发展具有特殊意义。

　　本书由李大军统筹策划并具体组织,胡晓蕾和高升任主编,胡晓蕾统改稿,赵妍、吴海娟为副主编,由应用文写作专家张美云教授审定。作者具体写作分工如下:高升(第一篇),胡晓蕾、赵英(第二篇),吴海娟(第三篇),高升、周丽新(第四篇),孟祥越、张凤霞(第五篇),赵妍(第六篇、第七篇);李晓新(文字版式修改、制作教学课件)。

　　在教材再版过程中,我们参阅了大量应用文写作的最新书刊、网站资料,以及国家历年颁布实施的应用文写作管理规定,收集了具有实用价值的典型案例,并得到郭鹏等知名专家教授的具体指导,在此一并致谢。为了方便教学,本书配有教学课件,读者可以从清华大学出版社网站(www.tup.com.cn)免费下载。

　　因应用文写作文种、文体多,涉及面广,且作者水平有限,书中难免存在疏漏之处,恳请专家和广大读者给予批评指正。

编　者

2019 年 10 月

目 录

第一篇　应用文简介

第二篇　党政机关公文

第三篇　会 议 文 书

第四篇　财经文书

第五篇　社 交 文 书

第六篇　传 播 文 书

第七篇 学术论文与毕业论文

第一篇

应用文简介

第 一 章

应用文写作介绍

【学习目标】

知识目标：

理解应用写作的性质，掌握应用类文章的基本特征，认识学习本课程的作用，重点掌握应用文的概念、种类和特点。

能力目标：

初步具备应用文写作的基本知识，具有应用文写作的理念，能够正确使用应用文的专门用语。

【情景导入】

担心不已的学习者

大学本科毕业后参加工作的小李，报到后即按照单位要求参加入职培训。拿到培训课表，见到上面的"应用文写作"课程名称，小李不禁产生了阵阵担心。原来在上大学时，学校开设的选修课里有应用文写作，但因为学的是计算机专业，自以为没必要学习这种写作知识，再加上一直就害怕写文章，所以他没有选择这门课。

后来，不时听到一些上课的校友议论，说这门课程的实用性非常强，但是对学习者的思维能力、语言表达能力、知识贯通能力的要求也比较高，若没有一定的学习基础和学习准备，是不容易学好的。

这让小李既感到庆幸又有些莫名的失落……快毕业时，面对必须的文本写作工作，小李是好一通地手忙脚乱；毕业找工作时，又是绞尽脑汁地"写"了简历和求职信等文书……这些经历让他明白了学习应用文写作的重要性。但是自知汉语基础不佳的小李，对学习汉语文章的写作特别是应用文写作，始终不知道从何处入手，也不知道学习写作的有效方法，这些问题加大了他的担心程度。

第一节　汉语写作常识

一、汉语文章的概念解读

文章的概念,分为广义、狭义两种情况。广义概念包括"一般文章"和"文学作品"。狭义概念专指"一般文章",而一般文章又包括文体文和应用文。

文体文是指具有明显文体特征的文章,即记叙文、说明文、议论文。其中,记叙文的"记叙六要素"、说明文的"说明顺序与说明方法"、议论文的"议论三要素和论证的结构安排",便是明显存在的文体特点,是写作时务必遵循的原则规范,也是充分体现写作该类文章水平的主要依据。

应用文指解决存在于实际工作与生活中的问题的文章,具有明显的应用性质。

应用文主要用于各级各类机关、企事业单位、社会团体、公民,行使管理职能、办理各具体事务,对所涉及的政治、经济、社会生活等领域均有着明确的指导作用。因此,应用文具有实用性、客观性、针对性、时效性、规范性、平实性等特点。

按照应用文的实际功能,可分为党政机关公文、事务文书、财经文书、社交文书、传播文书、学术文书、法规文书等。

二、文章写作的基本要求

(一)锤炼写作的主导意识

一篇文章主题、结构、材料、语言等诸多方面质量的高低,与写作者的写作水平密切相关,需要加强平时的锤炼,不断总结、领悟。一般来说,写好文章需要做到以下几点。

1. 培养表达兴趣,努力提高自身修养

对写文章畏首畏尾,写作时常常漫不经心,是缺少写作兴趣的主要表现,这样难以写出文章,更不用说写好文章。培养表达兴趣首先是在主观态度上把写文章当作生活中调剂情绪、提高自我价值的一项有意义的日常工作;然后积极面对,乐在其中,一定时间后自然会产生较好的写作意念。

其次,培养并保持对生活的好奇心与想象力。可以说,生活无处不文章,一旦以热爱生活之心,留心观察生活中的每一个角落、每一件事、每一个细节、每一个人,再发挥想象去加以表达,定会从平凡中发现不凡的神奇。

2. 培养阅读习惯,不断积累写作素材

开始文章写作后,其文意、文采、文风的高低水平主要取决于写作者的思想高度、知识多寡、阅历深浅。古人云:"熟读唐诗三百首,不会作诗也会吟""读书破万卷,下笔如有神""劳于读书,逸于作文"。这里的"会吟""有神""逸于"是建立在"熟读""破万卷""劳于"

的基础上的。

因此，平时要多读书、读好书，只有博览群书、广泛涉猎、坚持不懈，方能旁征博引、得心应手。当然，书读多了，有了材料，就有了进一步的要求——经常梳理所储备的材料，取其精华、去其糟粕，加以归类。使用材料时，要好中选优，选取准确、典型、有价值的材料，这样才能使文章内容充实，具备理想的写作价值。

3．掌握文章的体式规范等基本要求

写作是一门科学，它有自己的理论、规律，从采集、构思到表现、修改，每个环节都有理论知识和科学方法。

从文章构成要素来讲，主题、材料、结构、表达、语言等，都有规律可循；从文体来讲，有记叙文、议论文、说明文、应用文等，每种文体都有其独特的特点和要求，所以必须正确体现体式规范。要在认真掌握理论知识的基础上，时常写作实践，勤于整理总结，才能保证以最佳的写作形式、准确精彩的语言文字对文章主题予以最佳的表达。

对此，清人唐彪有一段论述："学人只喜多读文章，不喜多做文章；不知读书乃借人之功夫，多做乃切实求己功夫，其益相去甚远也。人之不乐多做者，大抵因艰难费力之故……"这正说明写文章要"内""外"结合，要借鉴别人做法，借人之功，更要不怕艰苦，勤练"内"功。凡有成就的作者在谈到写作技巧时，都强调"做"的重要性。可见，写作文章就必须勤于实践，不断总结，才有可能不断提高。

4．重视对写作语言的锤炼

语言是文学的第一要素。文章中词句运用得好坏，直接影响到文章质量的高低。因此，推敲、锤炼语言是写文章必不可少的步骤。

王安石的名句"春风又绿江南岸"，其中的"绿"字生动地描绘出江南早春的景色，而且用得很有气势，所以能流传千古。殊不知，诗的初稿用"到"字，后来改为"过"字，又改为"入""满"等十几个字，最后才定为"绿"字。这几经推敲的功夫，终没有白费。

多数人熟知的"红杏枝头春意闹""君不见黄河之水天上来"，其中的词语"闹"与"天上"，分别因意境奇特和气势雄伟给人以无穷的想象余地，也都是重视语言锤炼的经典案例。不下功夫锤炼语言，是写不出生动多彩、为人乐道的好文章的。

（二）培养"积累"的良好习惯

1．在语言方面要建立"语汇库"

语汇是文章的细胞。广义的语汇不仅指词、短语的总汇，还包括句子、句群。建立"语汇库"的途径有二：

一是通过阅读。平时要广泛阅读书籍、报刊，并尽力做好读书笔记，并把一些优美的词语、句子、语段摘录下来。

二是来自生活。平时要勤于捕捉生活中的鲜活语言，并不断积累、更新，为日后的写

作奠定语言基础。

2．要加强材料方面的积累

材料是文章的血肉。积累素材、建立"素材库",要深入观察生活、积极参与生活,并及时记录家庭生活、校园生活、社会生活中的见闻。记录时要抓住细节,把握人、事、物、景的特征,这样写出的文章就有血有肉。

3．要加强思想方面的积累

观点是文章的灵魂。文章中心不明确,或立意不深刻,往往不能达到文章表情达意的写作目的。因此,有必要建立"思想知识库"。建立"思想知识库"的方法有二:

一要善思。遇事要善于观察、深入思考,多问几个"为什么""是什么""怎么样"的问题。坚持下来,就能锤炼出"透过现象看本质"的意识,并达到相应的水平。

二要辑录。也就是要不断摘录名人名言、格言警句等。

总之,加强积累,建立好"语汇库""素材库""思想知识库",并定期整理,不断充实、扩容,是写好文章的必要保障。

(三) 遵循写作的一般程序

1．定题

写文章首先要确定写作意图。同时,还要明确文章的内容范围、时间范围、数量范围、人称范围、处所范围等要素。

2．立意

立意就是确定文章的主题,明确文章所要反映的主张、要求、期望等核心内容。文章立意应该有提炼生活的基础,要努力把生活中某些根本性的东西反映出来。为了达到这一目的,必须努力做到正确、集中、新颖、深刻、巧妙。

正确是文章立意的第一要义。就是要保证文章的思想观点正确,符合客观事物的本质和规律,符合我国的基本政治原则,符合人的基本道德要求,能给人以积极的启发。

集中是要求文章有一个明确的立意。当然,可以考虑在这样一个立意之下,有一些围绕该立意而存在的分论点、子观点,以使文章内容更充实。

新颖是以独特的视角去审视题目中所蕴含的他类内容。多角度、多侧面地展开思考,或联想,或扩展,或类比,或逆向,体现出文章的新高度、新意蕴。

深刻是指文章所确立的主题不是流于形式的或者停留在事物表面的比较浅显的道理,而要透过现象看到的事物(事实)本质,是蕴涵着深层思考、认识的思想。

巧妙要求文章的立意要从大处着眼,小处落笔。写作角度虽小,却能做到"小"中见"大","平"中见"奇"。

3．拟题

拟定出来的文章题目,要能反映出写作的动机、目的。通过文章题目,读者可以基本了解文章要表达的主题和主要内容。文章的拟题要高度精练地概括出文章的核心内容，既要准确，又要力求生动，这样才能引人注意，激起读者的兴趣。

4．选材

选材就是选择材料。无论写什么文章，对所需材料进行选择是非常必要的。所选材料要适当得体，既能说明问题，又要生动典型。

三、文章写作的要素

（一）词语

词语是词和语的合称，包括单词、词组及整个词汇。从词性来看，可以分成实词和虚词。

1．实词

实词指有实际意义的词。

（1）名词：表示人或事物名称的词。

① 人物名词。如学生、群众、老头、妇女、同志、叔叔、维吾尔族、酒鬼。

② 事物名词。如笔、杉木、蜗牛、猎豹、棒球、冥王星、思想、物理、过程。

③ 时间名词。如上午、过去、将来、午夜、三更、甲戌、世纪。

④ 方位名词。如东南、上面、前方、内部、中间。

（2）动词：表示动作行为及发展变化的词。

① 行为动词。如跑、唱、喝、敲、吆喝、盯、踢、闻、听、摸。

② 发展动词。如生长、枯萎、发芽、结果、产卵。

③ 心理动词。如喜欢、恨、气愤、觉得、思考、厌恶。

④ 存现动词。如消失、显现、有、丢失、幻灭。

⑤ 使令动词。如使、让、令、禁止、勒令。

⑥ 能愿动词。如会、愿意、可以、能够、宁可。

⑦ 趋向动词。如来、去、上、下。

⑧ 判断动词。如是、为、乃。

（3）形容词：表示事物性质、状貌特征的词。

① 表形状的形容词。如大、高、胖、瘦、细、壮。

② 表性质的形容词。如甜、好、香、漂亮、圆滑、机智、单调。

③ 表状态的形容词。如快、浓、满、多、迅速、悄悄。

（4）数词：表示事物数目的词。

① 确数词。如 1、2、3、一、二、三、壹、贰、叁、二分之一、3.45。

② 概数词。如几、一些、左右、以下、余。

③ 序数词。如第一、第二、老大、老三、初九、初十。

（5）量词：表示事物或动作的单位。

① 名量词。如尺、寸、里、公里、斤、两、辆、角、元。

② 动量词。如把、次、趟、下、回、声、脚、幢、座。

（6）代词：能代替事物名称的词。

① 人称代词。如我、你、它、他们、大家、咱们。

② 疑问代词。如谁、什么、怎么、哪里、为什么、何以。

③ 指示代词。如这、那、那里、那边。

2. 虚词

虚词即没有实在意义的词。

（1）副词：起修饰或限制动词或形容词作用、表程度或范围的词。

① 程度副词。如很、极、非常、太、过分。

② 时间副词。如已、刚、才、将、要。

③ 范围副词。如都、全、总、只、仅。

④ 情态副词。如正好、果然、刚好、依然、全然、悄然。

⑤ 语气副词。如准保、确实、不、没有、岂、难道、尤其、甚至、绝对。

⑥ 重复副词。如又、再、还、仍。

（2）介词：用在名词、代词或名词性词组前边，合起来表示方向、对象等的词。如从、往、在、当、把、对、同、为、以、比、跟、被、由于、除了。

（3）连词：连接词、短语或句子的词。如和、同、跟、不但、而且、只要、而且、与其、尚且。

（4）助词：附着在别的词后面、独立性差、无实在意义的词。

① 结构助词。如的、地、得、所。

② 时态助词。如着、了、过。

③ 语气助词。如呢、吧、吗、哟、哩、呀。

（5）叹词：表示感叹或者呼唤答应的词。如啊、哎、哦、噢、哼、呸、唏、呀。

（6）拟声词：模拟事物声音的词。如哗哗、轰隆隆、淅淅沥沥、噼里啪啦、哗啦啦、滴答、喵喵、叽叽喳喳、啪啪。

所有词语都需要辨析着使用。

首先，因为词有本意、引申义、比喻义三种意义。本意是指的起源义，即词的最初意义。引申义是由词的本意引申出来的并经过推演发展而产生的意义。比喻义是由词的本意（或引申义）的比喻用法而形成的意义，是词的一种已经固定下来的意义。

其次，因为同义词、反义词现象的存在。

同义词是指意义相同或相近的词。有些同义词的意义完全相同，在一般情况下可以互相替代。有些词虽意义基本相同,但并不完全相等,应用上也不能任意互换,彼此间有一定的细微差别。写作时要注意辨析。

反义词指意义完全相反或相对的词。

恰当地运用反义词,可以形成鲜明的对比,把事物的特点表达得更充分,给人留下深刻难忘的印象。巧妙地使用反义词,可以使语言精辟含蓄、寓意深刻。正确地使用反义词,可以形成对比、映衬,达到正话反说的效果。

(二)结构

文章的结构是文章部分与部分、部分与整体之间的内在联系和外部形式的统一。

大凡文章,均是由主题、材料、结构三个要素组成的。如果说主题是文章的"灵魂",材料是文章的"血肉",那么,结构就是文章的"骨架",是谋篇布局的手段,是运用材料反映文章主题的方式方法。

常见的文章结构方式有以下四种。

(1)并列式,即文章各部分的内容写作并列展开进行,没有主次轻重之分。

(2)总分式,即文章写作采取"先总述,再分说"或者"分—总、总—分—总"的形式进行。

(3)对照式,即写作时,文章中的各部分内容或进行对比,或用这部分内容烘托另一部分内容。

(4)递进式,即文章几部分内容逐层深入。

(三)表达方式

表达方式是文章构成的一种形式要素,是表述特定内容所使用的特定的语言方法、手段。就文章的写作方法而言,主要有5种表达方式:记叙、描写、抒情、议论、说明。

1. 记叙

记叙是写作中最基本、最常见的一种表达方式,它是作者对人物的经历和事件的发展变化过程以及场景、空间的转换所作的述说和交代,主要表达人物的经历和事物的发展变化过程。

2. 描写

描写是用生动形象的语言把描写对象的状貌、情态描绘出来(包括心理描写、语言描写、动作描写、神态描写、外貌描写、细节描写、环境描写、场面描写等),展现给读者的一种表达方式。

描写一般分为人物描写和景物描写。描写是记叙文,特别是文学创作中使用的主要表达方式之一。在一般的抒情、议论、说明文中,有时也把描写作为一种辅助手段。描写的手法运用得好,能逼真传神、生动形象,使读者如见其人、如闻其声、如临其境,从中受到强烈的艺术感染。

3．抒情

抒情，就是以形式化的话语组织、抒发和表现作者的感情。抒情是抒情文体中的主要表达方式。在一般的文学作品和记叙文中，也常常把它作为重要的辅助表达手段。

4．议论

议论，就是作者对某个议论对象发表见解，以表明自己的观点和态度，通常带有较强的主观色彩。它的作用在于使文章鲜明、深刻，具有较强的哲理性和理论深度。

议论是议论文的主要表达方式。在记叙文、说明文或文学作品中，则常被当作辅助表达手段。

5．说明

说明是用简明扼要的文字，把事物的形状、性质、特征、成因、关系、功用等解说清楚的表达方式。

（四）修辞与修辞格

"修"即修饰的意思，"辞"的本意是"辩论的言词"，后引申为一切的言词。修辞就是修饰言论，也就是在使用语言的过程中，利用多种语言手段以收到尽可能好的表达效果的一种语言活动。

常用的修辞格有比喻、比拟、借代、夸张、对比、对偶、排比、反复、反语、反问、设问、顶针、摹状、双关等。

1．比喻

比喻就是打比方，它是用某一具体的、浅显的、熟悉的事物或情境来说明另一种抽象的、深奥的、生疏的事物或情境的一种修辞方法。可以使被描写的事物形象鲜明生动，加深人们的印象，用它来说明道理时，能使道理通俗易懂，便于人们理解。

比喻要有本体、喻体和喻词，分为明喻、暗喻、借喻三种形式。

（1）明喻可简缩为：甲（本体）如（喻词：像、似、若、犹、好像、仿佛）乙（喻体）。

（2）暗喻可简缩为：甲是（喻词：成、变成、成为、当作、化作）乙。

从形式上来说，明喻是相似关系，暗喻则是相合关系。

（3）借喻：只出现喻体，本体与比喻词都不出现。

2．比拟

比拟是把人当物来写或把物当人来写的修辞方法，前者称为拟物，后者称为拟人。举例如下：

（1）做人既不可翘尾巴，也不可夹着尾巴。（拟物）

（2）蜡炬成灰泪始干。（拟人）

3. 借代

借代即不直接说出要说的人或事物,而是借用与该人或事物有密切关系的名称来替代。常表现为以部分代全体、用具体代抽象、用特征代本体、用专有名词代通称等。举例如下。

(1) 红领巾参加植树活动。("红领巾"代指"少先队员")

(2) 手术刀的收入不如剃头刀的。("手术刀"代指医生,"剃头刀"代指理发师)

(3) 花白胡子坐在墙角里吸旱烟。("花白胡子"是以特征代本体)

4. 夸张

夸张是运用丰富的想象,在客观现实的基础上有目的地扩大或缩小事物的形象特征,以增强表达效果的一种修辞方法。举例如下。

(1) 白发三千丈,缘愁似个长。("三千丈"为扩大夸张)

(2) 芝麻粒儿大的事,不必放在心上。("芝麻粒儿"是缩小夸张)

(3) 太阳刚一出来,地上已经像下了火。(把前一事物"出来"与后一事物"下火"夸张到几乎是同时出现,此种夸张方式为超前夸张)

5. 对比

对比是把两种事物或同一事物的两个方面并举加以比较的方法。举例如下。

(1) 先天下之忧而忧,后天下之乐而乐。

(2) 朱门酒肉臭,路有冻死骨。

6. 对偶

对偶是用结构相同或相近、字数相等、意思相对或相反的一对短语或句子对称排列以表达相对或相近的意思。举例如下。

(1) 谦受益,满招损。

(2) 横眉冷对千夫指,俯首甘为孺子牛。

(3) 欲穷千里目,更上一层楼。(流水对)

(4) 望长城内外,惟余莽莽,大河上下,顿失滔滔。(扇面对)

7. 排比

排比即把内容相关、结构相同或相似、语气一致的几个(一般要三个或三个以上)短语或句子连用的方法。如"但这回却很有几点出乎我的意外。一是当局者竟会这样地凶残,一是流言家竟至如此之下劣,一是中国的女性临难竟能如是之从容。"(《记念刘和珍君》)

8. 反复

反复即为了强调某种意思,突出某种感情,有意重复使用某些词语或句子的一种修辞方法,即使同一个词语或句子一再出现。反复可以是连续的,也可间隔出现。举例如下。

(1) 冒着敌人的炮火,前进! 前进! 前进!

(2) 敌人从哪里进攻,我们就要它在哪里灭亡;敌人从哪里进攻,我们就要它在哪里灭亡。

9. 反语

反语是"正话反说",即实际要表达的意思和字面意思是相反的。如"多么美丽的名称——进取性",这里的"多么美丽的名称"是褒词但表贬义。

10. 反问

反问是用疑问的形式来表达确定的意思。肯定的形式表示的意思是否定的,否定的形式表示的意思是肯定的。反问在于突出地强调所要表达的意思,所说的话具有一种不可辩驳的气势,因此,反问不需要回答。如"难道中学老师和小姐骑自行车还成体统吗?"(《装在套子里的人》)

11. 设问

设问即采用"先问后答、自问自答"的形式进行叙说,是为了揭示下文,强调某种观点而有意提问。如"这七人端的是谁? 不是别人,原来正是晁盖、吴用、公孙胜、刘唐、三阮。"(《水浒传》)

12. 顶针

顶针是指把前一句结尾的词语作为后一句起头的词语的修辞方法。如"竹叶烧了,还有竹枝;竹枝断了,还有竹鞭;竹鞭砍了,还有竹根。"

13. 摹状

摹状是指对事物的形状、声音、色彩如实摹写的一种修辞方法。如"他们轻轻地划着船,船两边的水哗、哗、哗。"

14. 双关

双关是指在一定的语言环境中,利用语义和语音的条件,有意使语意具有双重意义,言在此而意在彼的修辞方法。共有四种情况:谐音双关、语意双关、音形双关、音形义双关。

四、文体文的写作

文体文是指具有明显文体特征的文章,即记叙文、说明文、议论文。其中,记叙文的"记叙六要素"、说明文的"说明顺序与说明方法"、议论文的"议论三要素和论证的结构安排",是各自的文体特点和写作时务必遵循的原则规范,也是充分体现写作该类文章水平的主要依据。

(一)记叙文的写作

记叙文是以叙述表达方式为主,以描写、抒情、说明和议论表达方式为辅,以写人物的经历和事物发展变化为主要内容的一种写作文体。

记叙文的特点是通过生动形象的事件来反映生活、表达作者的思想感情,文章的中心思想蕴含在具体材料中,往往通过对人、事、物的生动描写来予以表现。

从写作内容与方式的角度进行分析,记叙文可分为两类,即简单的记叙文和复杂的记叙文。从不同的写作对象角度进行分析,记叙文可分为四类,即写人的记叙文、叙事的记叙文、写景的记叙文(即散文)和状物的记叙文。

写作记叙文,要注意记叙文六要素、人称、线索、顺序、表达方式与表现手法等的有机运用。

1. 记叙文的六要素

包括人物、时间、地点,事件的起因、经过和结果。

2. 记叙文的人称

主要有第一人称"我、我们"(具有"真实可信"的表达效果),第二人称"你、你们"(具有"更加亲切"的表达效果)和第三人称"他(她)、他(她)们"(具有"易于引起共鸣、影响广泛"的表达效果)。

写作时,如能围绕文章主题而运用不止一种的人称表现手法,则可以增加记叙文写作的思维活跃程度,促使文章的结构层次更加多元、内容(情节)更加跌宕,从而加强写作效果。

3. 记叙文的线索

(1)以时间转移为线索。

(2)以"人"为线索。

(3)以"事"为线索。

(4)以"物"为线索。

(5)以感情为线索。

4. 记叙文的顺序

顺叙:指按照事情发生、发展和结局的顺序来叙事,清楚交待事件的前因后果,文章的条理性很强。

倒叙:指"把后发生的事情写在前面,把先发生的事情写在后面"的叙事手法。而先把结局说出来,往往可以在第一时间就强烈吸引读者关注事件的起因和过程。

插叙:指在正常叙说过程中,插入其他一些与述说之事相关的情节后,再接着按照原事件顺序叙述后面的情况。

所插入的内容要对主要情节起到补充、衬托或者解释说明的作用,才会使文章的写作脉络清晰、结构紧凑。

补叙:指行文中用三两句话或简单的一段话对前边说的人或事作一些简单的补充交代。运用补叙,有助于更好地表达主题,使文章结构完整、行文跌宕起伏,常会收到出人意料的效果。

分叙(平叙):分叙法是对同一时间、不同地点发生的两件或两件以上的事情进行的平行叙述。这一写作手法的运用可直接丰富文章的内容,增加紧张感,从而起到耐读的效果。

写作记叙文时,综合且灵活地运用几种叙述顺序,可以促使记叙文的内容更加丰富、结构层次更加多元、上下文的衔接更加自然、写作手法的选择更加多样,最终会促使写作的效果更加富有表现力、影响力。

5. 记叙文的表达方式与表现手法

记叙文的表达方式包括叙述、描写、议论、抒情、说明等。如要达到让记叙更生动的目的,需要辅之以描写的表达方式;如要达到让记叙过程流露出适度的感情色彩的目的,需要辅之以抒情的表达方式;如要达到让记叙的人和事情有意义的目的,需要辅之以议论的表达方式。在记叙的过程中,对于需要说明的内容,还需要辅之以说明的表达方式。

记叙文的表现手法指描写、衬托、渲染、对比、伏笔、铺垫、象征、比喻、以小见大、欲扬先抑、借景抒情、卒章显志、托物言志等。

写作记叙文时,如能综合且灵活地运用多种表达方式和表现手法,则可以促使记叙文的写作效果变得更具感染力。

(二) 说明文的写作

说明文是以说明为主要表达方式来解说事物、阐明事理而给人知识的文章体裁。它通过揭示概念来说明事物特征、本质及其规律性。说明文一般介绍事物的形状、构造、类别、关系、功能,解释事物的原理、含义、特点、演变等。

在各种文章样式中,说明文的实用性很强,是一种客观地说明事物、阐明事理的文体。其内容具有高度的科学性、结构具有清晰的条理性、语言具有严密的准确性。因此,在社会生活中的运用范围极为广泛。

写作说明文时,要注意以下几点。

1. 运用好说明方法

为了把事物特征说清楚,或者把事理阐述明白,必须有相适应的说明方法。常见的说明方法有举例子、分类别、作比较、列数字、下定义、作诠释、打比方、引用、画图表(作图表)等。

写说明文要根据说明对象和写作目的,选用最佳方法。

采用什么说明方法,一方面服从内容的需要,另一方面作者有选择的自由。是采用某一种说明方法,还是采用多种说明方法;是采用这种说明方法,还是那种说明方法,可以灵活,不是一成不变的。

2. 运用好表达方式

说明文虽以说明为主要表达方式,但若没有其他表达方式(如叙述、议论、描写等)的恰当配合,则难以较好地达成介绍事物、解释事理的写作目的;如能准确、恰当地使用叙述、议论等方式来辅助说明，常能实现将说明文写得有声有色、文采斐然的最终效果。

3．运用好说明顺序

说明要有顺序，这是使说明内容条理化的必要条件。常见的说明顺序有时间顺序、空间顺序及逻辑顺序。采用什么顺序，主要取决于说明对象的特点。

（1）逻辑顺序

逻辑顺序即按照事物、事理的内在逻辑关系，或由个别到一般，或由具体到抽象，或由主要到次要，或由现象到本质，或由原因到结果等逐一介绍说明。

不论是实体事物，如山川、江河、花草、树木、器物等，还是抽象的事理，如思想、观点、概念、原理、技术等，都适合以逻辑顺序来说明。而阐述事物、事理间的各种因果关系或其他逻辑关系，按逻辑顺序写作也最为适宜。

（2）时间顺序

时间顺序即按照事理发展过程的先后来介绍某一事物的说明顺序。如说明生产技术、产品制作、工作方法、历史发展、文字演变、人物成长、动植物生长等，按时间顺序写作最为适宜。因为这样说明得更清楚，而使读者一目了然，对写作起到画龙点睛的作用。

（3）空间顺序

空间顺序即按照事物空间结构的顺序来说明，或从外到内，或从上到下，或从整体到局部来加以介绍。这种说明顺序有利于全面说明事物各方面的特征。

4．安排好说明结构

（1）按照说明对象的自身条理性安排结构

任何事物都有自身的规律，把握了这种规律并据此安排结构，能使说明的内容井然有序，条理清楚。一般来说，运动、变化、发展的事物，它的条理性表现在时序上，不同时间有不同的形态，说明时可按时间顺序安排结构。

处于静止状态的事物，如建筑群、名胜古迹、物品等，常常从空间位置上体现它的条理性。说明这类事物，宜按空间顺序，先表后里、先外后内进行说明。

（2）按照人们对说明对象的认识规律安排结构

对于比较陌生或者难以理解的说明对象，说明时要安排好"由具体到抽象，由表面现象到内在事理，由个别推及一般"的写作结构。要在具体说明中，先写状态，后写功用或成因，最后揭示性质特征。

对于并不陌生的事物或事理，说明时可先说一般，再叙说个别现象（先写性质特征，后写状态）。这样，阅读者可以先获得对事物或事理的总体认识，然后再进行具体理解。

（三）议论文的写作

议论文又称说理文，是以议论为主要表达方式，直接表达作者的观点和主张的、以理服人的文章。文章要通过摆事实、讲道理、辨是非等方法，或从正面提出某种见解、主张，或是驳斥别人的观点,最终明确自己观点正确,树立或否定某种主张。

杂文、说法或常见的思想感受等,都属于议论文的范畴。

议论文要求观点明确、论据充分、语言精练、论证合理、有严密的逻辑性。

1．议论文的分类

（1）立论文

以议论为主要表达方式,直接表达自己的观点或主张。写作时要求观点明确且正确,论据充分且具有说服力,语言表达准确、清楚且具备逻辑性。

（2）驳论文

对对方的观点加以批驳的同时,阐述自己的观点。写作时,首先采用摆事实、讲道理的方式指出对方的实质性错误,再分步骤(分层次)驳斥对方的错误论点,并在批驳的同时或之后提出自己的正确观点并予以充分论证。

2．议论文的主要特点

首先,语言表达要具有概括性和针对性。主要是用词要准确、鲜明、生动、有力。

其次,注重逻辑性。主要是段落与段落之间要有非常清楚的逻辑关系,如总分、对照、层进、并列等。并要借助那些可以起到过渡性作用的语句来突出这种关系,如"有""还有""虽然、但是""固然""诚然""由此"等。

3．议论文三要素

议论文要围绕确立的论点,运用严密的论证,让具有典型性和普遍性的论据充分证明观点的正确。论点、论据、论证是议论文写作的三要素,缺一不可。

（1）论点

解决的是"要证明什么"的问题。它是一个可以准确、鲜明、概括地阐述写作者观点的完整陈述句,是一篇文章的灵魂、统帅。一篇议论文只有一个中心论点,根据写作需要可以有分论点。

① 论点要正确

论点的说服力根植于对客观事物的正确反映,而这又取决于作者的立场、观点、态度、方法是否正确,如果论点本身不正确,甚至是荒谬的,则再怎么论证也不能说服人。因此,论点正确是写作议论文的最基本也是最根本的要求。

② 论点要鲜明

论点的主旨往往指证一种态度、一个主张,其赞成什么、反对什么的指向要非常鲜明,绝不能模棱两可、含糊不清。

③ 论点要新颖

论点应该尽可能新颖、独特、深刻,能超出而不是重复他人的既往主张(见解);也不能是无关痛痒、流于形式的泛泛之谈。

论点的位置一般有 4 个：文题、开头、文章中间、结尾。但较多情况是在文章的开头,段落论点(分论点)也是如此。若文章开头与结尾出现类似的论点语句(语段),那么可以认定开头处语句(语段)为论点,结尾处的则是对论点的呼应。

(2) 论据

解决的是"用什么来证明"的问题。它是支撑论点的材料,是作者用来证明论点的理由和根据,分为事实论据和理论论据两种。

① 事实论据

事实论据包括事例和数据,在议论文中的作用十分明显。用具有代表性的事例、确凿的数据、可靠的史实等来分析事实、证明道理,处理它们与文章主旨之间的逻辑关联,有助于议论文的写作最终取得"有理、有力、有节"的写作效果。

② 理论论据

作为论据的理论包括名言警句、谚语格言以及作者的说理分析,这些内容因为是对大量事实抽象、概括的结果,所以通常都能够得到社会大众的普遍认可。

使用论据时,要求做好以下三点。

一要保证确凿性——要选择确凿的、典型的事实;引用经过实践检验的理论材料,还必须注意所引理论本身的精确含义。

二要保证典型性——引用的事例应该具有广泛的代表性,代表这一类事物的普遍特点和一般性质。

三要处理好论据与论点的统一——论据是为论点服务的,两者必须紧密一致。

(3) 论证

解决的是"如何进行证明"的问题。其目的在于揭示出论点和论据之间的内在逻辑关系。一般分为立论和驳论两种类型。

① 立论

立论是对一定的事件或问题从正面阐述作者的见解和主张的论证方法。

写作时要注意以下三点。

一是所阐述的见解和主张必须是经过认真的思考或者一定的实践,确实是自己所独有的、正确的认识和见解,或者是切实能解决实际问题的主张。要使读者感到有新意、有价值。

二是必须围绕所论述的问题或中心论点来进行论证。开篇提出怎样的问题,结尾要归结到这一问题。在论证过程中,不能随意发挥。所有分论点的论证工作都要围绕中心论点进行,要前后呼应、首尾一致。

三是"立"要建立在"破"的基础之上。在立论的过程中,需要提到一些错误的见解和主张,加以否定和辩驳,以增强说服力,使读者不会误解自己的观点。

② 驳论

驳论是以有力的论据反驳别人错误论点的论证方式。可以有三种途径,即反驳论点、反驳论据、反驳论证。

反驳论点即直接反驳对方论点本身的片面、虚假或谬误,是驳论中最常用的方法。

反驳论据即揭示对方论据的错误,以达到推倒对方论点的目的(因为错误的论据必定得出错误的论点)。

反驳论证即揭露对方在论证过程中的逻辑错误,如大前提、小前提与结论的矛盾,对方各论点之间的矛盾,论点与论据之间的矛盾等。

4. 论证方法

(1) 举例论证(例证法)

举例论证(例证法)指写作议论文时,列举确凿、充分、有代表性的事例证明论点,起到增强文章的说服力的作用。

(2) 理论论证

理论论证指写作议论文时,用经典著作中的精辟见解和古今中外名人的名言警句以及人们公认的定理、公式等来证明论点,起到增强文章的权威性和说服力的作用。

(3) 对比论证

对比论证指写作议论文时,用正反两方面的论点或论据进行对比,在对比中证明论点。因为具有突出、全面的论证特点,所以容易给人留下深刻的印象。

(4) 比喻论证

比喻论证指写作议论文时,使用人们熟知的事物作比喻来证明论点。因为比较生动形象,所以能促使文章浅显易懂,易于理解和接受。

(5) 引用论证(引证法)

引用论证(引证法)指写作议论文时,引用名人名言的观点作为论据,引经据典地分析问题、说明道理的论证方法。

(6) 演绎论证

演绎论证指写作议论文时,根据一般原理或结论来论证个别事例,即用普遍性的论据来证明特殊性的论点。

(7) 类比论证

类比论证指写作议论文时,从已知的事物中推出同类事例,即从特殊到特殊的论证方法。

(8) 因果论证

因果论证指写作议论文时,通过分析事理,揭示论点和论据之间的因果关系来证明论点。因果论证可以用因证果,或以果证因,还可以因果互证。

5. 论证结构

根据议论文内容的逻辑关系,可以将其写作的结构形式划分为以下两大类。

（1）纵式结构

纵式结构是指逐层深入的论述结构。它是按照逻辑关系，由浅入深、层层递进、纵向开掘的一种结构方式。即在提出论点后，循序渐进地去论证，把观点逐渐展开，最后归纳总结。它主要有以下两种类型。

一是将中心论点分成几个分论点，分论点之间构成的是由浅入深、由简单到复杂的关系。层次间可用诸如"不仅……而且……""……况且"等关联词语过渡。

二是按照"提出问题、分析问题、解决问题"的思路安排论证结构，即按"是什么→为什么→怎么样"的顺序来写。其论证结构的好处是层次清楚、逻辑严密、论证深刻。

运用层进式结构要注意：各个部分之间的关系要符合人们的认知规律，不可随意颠倒；各个部分之间的过渡要自然，要注意使用一些过渡性词语做好承上启下的工作。

（2）横式结构

横式结构是指并列展开的论述结构。各部分内容之间没有明显的主次、先后、因果、条件等层级关系，而是站在不同的角度对论点展开论证。

第二节　应用文写作概述

【知识链接】

全国政协委员、著名作家梁晓声在谈到自己对学生的教育时说："今天的中文首先是一种写作能力，不一定是写小说、写诗歌，更重要的是把这种文字能力与求职与工作相结合，提升自己在这个社会的立足能力。"

实际上，在中国社会经济进入"新常态"的背景下，传统的"就业三大能力"——计算机、英语、写作的地位得到进一步增强，尤其是各种公文写作，不但是大学生自身能力学识的直接体现，而且关系着用人单位的经济效益和社会认可度。

"写是学好语文的关键。语文既是一门学问，也是一种技能，因此只懂得写作技巧还不行，必须去具体地练习，通过长期的实践才能掌握它、运用它。"

巴金谈到阅读与写作的密切关系时说："读多了，读熟了，常常可以顺口背出来，也就能慢慢地体会到它们的好处，也就能慢慢地摸到文章的调子和作法了。"

写作能力是现代社会每个人必备的基本能力，它在一定程度上影响着一个人的学业水平、工作能力和对社会的适应程度，也影响着个人才能的充分发挥。

写作是客观事物或现象通过作者的认识、分析、研究和提炼后，以文字为媒介给以能动反映的过程。它是人类组织社会生产、生活的一种重要行为，涉及人类生活的各个领域，既是一项创造性的实践活动，也包含一定的技能成分，尤其是应用写作。

应用写作是以应用文的文体及其写作活动为研究对象，探讨应用文写作规律的实际应用科学。

一、应用文的内涵、类型及特性

(一)应用文的内涵

应用文也称实用文,是人类在长期的社会实践活动中形成的一种文体,是国家行政机关、企事业单位、社会团体以及人民群众在行政管理、社会交往与活动过程中,处理公私事务、沟通信息、交流情况、联络感情时形成并使用的具有惯用格式和直接实用价值文体的总称,是依法行政和进行公务活动与社会活动的一种重要的书面交际工具。

(二)应用文的种类

按照不同的用途,应用文可分为两大类:一类是行政机关、社会团体和企事业单位用来处理公务的;另一类是个人或集体用来处理私事的。

按照不同的性质,应用文分为三大类:一般性应用文,这类应用文一般包括书信、启事、会议记录、读书笔记、产品说明书等;公文性应用文,这类应用文包括以党和国家机关、社会团体、企事业单位的名义发出的文件,如公告、通告、决定、命令、请示、批复、函等;事务性应用文,这类应用文一般包括计划、总结、简报、调查报告、规章制度及各种鉴定等,这是在处理日常事务时所使用的一种应用文。

(三)应用文的特性

应用文有其本身鲜明的特性。依据认识的不同角度,我们认为应用文至少应该具有以下几个特性。

1.实用性

实用是应用文的第一属性,也是应用文区别于文学作品和其他文体的主要标志。

实用性是指应用文从现实生活的客观实际出发,以其成品有实际使用价值为前提的社会活动。这种实用的特性,具体表现为广泛的社会性和工具性(充当着相互交流、往来的工具角色)。

2.真实性

真实性是指应用文的内容必须在本质意义上确有其事、真有其人,即人物、事件、时间、地点以及因果关系等不仅确凿有据、真实可靠、经得起考查和检验,而且能够揭示事实的本质,具有普遍的而不是个别的意义。

3.针对性

针对性是指应用文总是有针对性地为解决现实中出现的问题而作,其目的明确,现实意义大,一般有时间要求,有的甚至刻不容缓。应用文的针对性,首先表现为写作目的明确,其次表现在现实意义和时间性上。

4．程式性

文学作品的创作一般都强调创作者的个性。而应用文的格式则较为固定,有程式性特征。要么是约定俗成,广为大家接受认可的;要么是被法定固化的,如国家行政机关公文。

应用文的格式稳定,可以使不同的文种清晰醒目,便于写作、阅读、承办、归档、查询等,从而更好地达到行文的目的。

5．其他特性

应用文除了实用性、真实性、针对性、程式性之外,还有其他一些具体特性,如写作中的主动性和受动性、个体性和群体性,文字表述中的准确性和简约性、直接性和常规性等。

二、应用文的作用

应用文的作用体现在社会生活的方方面面,具体来讲主要有以下几点。

1．宣传政策、发布法规、促进社会改革

党的方针、政策和国家的法律、法规,主要是通过各种形式的公文固定下来并传播的。这些法规、法律、政策的发布对保障社会的安定和各项工作的正常进行,促进社会的改革和发展起了重要作用。如《合同法》《教师法》《公民道德行为准则》等,都要通过应用文书来公布或颁布执行。

2．传播信息、总结经验、促进生产和工作

应用文能突破时间、空间的限制,把各个单位和部门紧密联系在一起,使其互通情况、交流信息、商洽事情、联系工作。如广告,它通过各种媒体把最新信息发布出去,有关单位或个人根据广告了解产品的信息,同时向商家及时反馈需求信息。

人们还常用应用文对科研、生产、工作的经验进行理论总结,探索客观事物的规律,从而有效地提高工作质量和工作效率,如常见的总结。

3．具有凭证记载作用,积累历史资料

应用文能够真实地记载和反映国家机关、单位、组织或个人在不同时期的工作及活动情况,是准确、客观的历史资料。这些文件无论是正在运转之中的,还是已经归档的,都是宝贵的信息资源。

人们通过查阅存档的应用文书,可以了解相关社会活动的历史,从中参考借鉴,以防止在工作中重犯错误或再走弯路。一旦工作中有了分歧矛盾甚至产生了法律纠纷,都可以从应用文中找到凭证。如经济合同、会议纪要、注册申请书、招标投标书等文种的参考和凭证作用更加明显。

4．处理事务,加强社会联系

为了促进工作和学习,营造和谐有序的工作、学习和生活环境,常用到应用文。如常

见的贺信,在他人遇到生日诞辰、新婚之喜、职务荣升,或单位遇到工程竣工、会议开幕等喜庆事时,都可以发贺信或到场表示祝贺,这样能很方便地加强社会联系。

三、学习应用写作的意义和方法

(一)学习应用写作的意义

随着社会的发展,人们在工作和生活中的交往越来越频繁,事情也越来越复杂。应用文不仅与在校学生的生活密切相关,比如通知、书信、请假条、倡议书、入党申请书等,而且即使学生将来走向社会,在日常生活和工作中也要经常用到应用文。

在科技迅猛发展的当前,应用文绝不是单纯的应景之作,而是社会的需求和培养实用型人才的需要。正是为适应各行各业应用写作的需要,不同行业的应用文由自然诞生到引起教育工作者关注,才被整理归类,在理论上加以提升,使之规范化,并吸纳为教学内容。

(二)学习应用写作的方法

一个人如何把握各类实用文体,掌握写作要领,应是一项基本功。由于现代社会经济发展,人际交往和人才培养的需求,应用文写作必将日益受到社会的重视和人们的青睐。学习应用写作的方法,应当注意以理论为指导,以例文为借鉴,以训练为中心。具体来说,有以下几种方法。

1. 了解原理

应用文写作原理是指导应用文写作的最基本的理论,必须了解它、认识它,以避免走弯路。不懂道理的实践活动,如同盲人骑瞎马;懂得了道理,了解了规律,实践中就会心明眼亮、事半功倍。

2. 懂得规矩

应用文各类文体的文种繁多、范围广泛,涉及各行各业。但不同的文种按照不同的类属都有各自的规矩。如行政公文的种类 2001 年施行的文件认定为 13 种,2012 年修订为党政机关公文认定为 15 种,这就是规矩。其他文类如法律、财经、礼仪等也各有自己的规矩。学习应用文写作必须懂得并熟悉这些规矩,以便得之于心、应之于手。

3. 掌握技法

应用文写作的技法不能脱离写"实",写"实"的关键在于成功的调查研究。当然,这并不是说有了调查研究法就掌握了一切技法。学习应用文写作还需根据不同的文种掌握具体的方法。如网络应用文体的写作,它在思维、表述、符号等方面有许多不同于传统技法的地方,这就需要具体掌握了。

4. 先仿后创

仿就是模仿,要选好"样板"例文,认真研究技法,心领神会后再进行仿作。按照"样板"的格式、规矩、要求——模仿,当然,材料和内容是新的。仿作到一定程度,就可以脱离"样板"进行创造了。

　　仿作要符合"样板"规范;创造要抛开"样板"而又"随心所欲不逾矩"。先仿后创虽是应用文写作的笨办法,但它是开展研究性学习的行之有效的办法。

　　以上方法只是应用文写作的入门技巧,但写作是一项综合性的脑力劳动,应用写作是由众多因素构成的复杂的系统工程,如想进一步提高写作水平,根本途径是必须全面提高修养,即德、才、学、识这四个方面的修养。

第二章

应用写作基础知识

【学习目标】

知识目标：

了解主旨与材料之间的关系，理解主旨的要求、结构的概念，掌握应用文的语言特点。

能力目标：

能说明应用文四要素的作用，能运用应用文四要素分析例文。

应用文写作基础知识与一般文体写作基础有许多共通之处，如都需要立意、布局、谋篇，但在写作知识运用上应用文又有其独特性，只有掌握了其独特性，才能正确、规范地写好应用文体。

第一节　应用文的主旨

一、应用文主旨的含义及特点

（一）应用文主旨的含义

主旨是文章的灵魂。所谓应用文主旨是应用文本表达的主要内容，是写作主体的认识、观点、见解、主张、情感及对事物的处理安排意见等统一在文本中的体现，也是应用文价值的体现。

在应用写作中主旨具有极为重要的意义，它决定着一个应用写作文本的基本内容和表现形式。具体地说，它决定着材料的选取、文种的选择、结构的安排和表达方式的选用。

在文艺性作品中，"主旨"或"主题"主要是指艺术形式、语言等蕴含或流露出来的作者的认识观点及思想情感，所以文艺作品的主题要求"愈隐蔽愈好"，但应用文的主旨则是要求明显、准确地表达出来。

文艺性作品写作反对"主题先行"，而应用文的写作则必须先确定好表现的主旨，然后才可写作撰制。再则，文艺性作品的主题往往是个体的、独特的，而应用文的主旨却要求是社会的、共同的，作者主体必须和读者主体达到一致，才会有其存在的意义。

（二）应用文主旨的特点

应用文的主旨具有以下特点。

1. 先行

应用文主旨确立于全文写作之前，所谓"意在笔先"。因为应用文总是先产生了具体问题而后产生写作的需求，而解决这一问题的方法、结论往往也产生在文章写作之前；同时执笔者的写作行为在一定程度上也是被动的，是应解决问题而动笔，写作的过程更是确切地体现主旨的过程。

2. 单一

一般说文学作品的主旨具有复杂性，对主旨的理解呈多元化。然而应用文的主旨则必须单一、明确，读者对主旨的理解不允许多元，而要求理解上的同一性，这样才利于统一认识，更有利于问题的解决。

一般来说，每篇应用文的主旨只有一个。强调一文一事，严禁一文多事，不可多中心、面面俱到、主次不分；更不可下笔千言、离题万里。例如一篇总结报告，想把所有的工作都容纳进去，也想同时解决几个问题。其结果是，文件越写越长，主旨越来越模糊。

3. 鲜明

应用文写作要求直截了当地点明主旨、表明态度，提出解决问题的措施和办法，对文章所涉及的各类问题，必须有明确的观点和立场，应该怎么做，解决什么问题，达到什么目的，都要明确地表达出来。

4. 受命

应用文体的观点主要通过上级或部门、单位的领导布置下来，是一种"受命写作"。即作者在写公务应用文时，不是"我要写"，而是"要我写"。

作者只能根据领导人提出的目的、要求、观点去进行拟写，而不允许作者撇开领导人指示的意见去自己另搞一套。

从这一方面讲，应用文体主旨的确立有较强的客体意识。另外，应用文的主旨还多是集体智慧的结晶，不是作者一个人所能决定得了的，像"决议"这种文体，其观点是集体讨论与决议的产物。

二、应用文主旨的表现方法

应用文主旨的表达必须做到准确、鲜明。下面介绍几种常用的表现方法。

1．标题显旨

标题显旨就是在文章的标题中直接点明主旨，有时表现为标题中的发文事由。这种方式简洁、明快，直截了当。如《三季度物价水平再次转降，出口增速趋于稳定》，这篇经济活动分析报告的标题就直接点明了主题，让人一看就大致明白了文章的主要内容，主题十分显露。这不失为一种使主题显现的好方法。

很多行政公文都是采用标题显旨的方法，如《关于停电的通知》，一看标题就知道文章的基本内容是什么。

2．开篇明旨

开篇明旨也称开篇破题，就是在文章的开头或每一段落的开头用简短的语句陈述主旨，使主旨凸现出来。这种方式直接、明确，开宗明义。

例如感谢信，一般在开头一段就把要感谢的人及感谢原因大概、简要做一个说明，表明感谢的主旨，然后在下面用较之开头略长的篇幅来详细叙述事情的经过。

3．篇中立旨

篇中立旨也称文中点题或片言立题，一般有两种表现方式：一种是在文中用小标题或者二级标题的形式，把文章的主旨逐步点明，如常见的规章制度；另一种就是在文章的某一个地方用简短的一段话点明主旨。

4．篇末结旨

这种方式是在文章的结尾处点明文章主题。如调查报告，一般情况下，首先把调查了解到的情况作必要的陈述，然后进行分析，在文章的结尾做出最后的结论，这个结论就是调查报告的主旨。

三、应用文主旨的作用

主旨是文章的统帅和灵魂，是写作构思时首先要考虑的问题。应用文是为解决工作、生活中的实际问题而存在、而写作的，每写一篇应用文都要有针对性地表明态度和主旨，只有这样才能表现出它应用的效果。

在应用文写作中，主旨能决定文种的选用、结构的安排、表达方式的选用等。所以在应用文写作下笔之前，一定要确定好主旨。

第二节　应用文的材料

一、应用文材料的含义及特点

（一）应用文材料的含义

所谓材料，就是作者为了某一写作目的从生活中搜集、摄取并写入文章中的事实或论据。积累了众多材料,并不等于能写成好的文章。就像做菜,仅有一大堆原材料还不行,还必须为一定的目的,按一定的比例,有步骤地加工之后才能成为美味可口的佳肴。与文学作品中的素材相比,应用文的材料则表现出更多的自身特点。

(二)应用文材料的特点

1. 确凿

确凿即真实、准确,是指写入应用文中的材料,必须做到一真、二准,确凿无误。在材料的选用过程中不准改变材料本身的性质,必须保持材料的真实性,对材料的时间、地点、数据、事实过程及结果都不能任意改动,否则就会使材料本身的价值发生变异,导致歪曲事实的真相、弄虚作假的后果,失去应用文主旨应有的价值,这样不仅不能解决问题,反而于事无补。

应用文所要求的真实是"绝对的真实",也就是说所有材料要确凿无误、持之有据,不仅对搜集到的材料要反复核实,在材料的解释上,也要有科学的态度,实事求是。真实是应用文的生命,用事实说话是对应用文材料的根本要求。写作者必须以端正的态度和立场、实事求是的作风来选择真实可用的材料。

2. 典型

典型材料能揭示事物的本质,增强文章的说服力和感染力。应用文的写作必须选择能够反映事物的共性和特征,揭示事物的本质和规律的典型材料。典型材料可以是一个具体的事例、一些有说服力的数据和一些带有普遍性的现象。

3. 新颖

新颖是指写入应用文中的材料必须反映客观事物的最新面貌,以及现实生活中人们最关心的那些新人、新事、新思想、新成果和新问题。应用文写作是为了解决现实问题而作的即时之作,其主要的材料需选取能反映现实的新颖材料。

材料本身是新近产生的,如新事实、新政策、新的统计数据、新发现的问题等和以新的角度重新审视其新意。

二、应用文材料的处理和使用

获取材料是写作的第一步。总的来说,获取材料要求以多为好、以全为贵。材料多了,便于比较、鉴别,更有选择的余地;材料全面,观点才能不至于偏颇。因此动笔之前,应当围绕主旨,占有详尽而充分的材料。

在获取了大量的应用文材料之后,重要的是如何处理和使用这些材料,简单地堆砌材料,会使人味同嚼蜡,也反映不出主旨的含义。下面介绍几种常用的应用文材料处理和使用的方法。

1．围绕主旨,挖掘材料意义

对于材料不能停留在表面的认识上,要挖掘材料能凸现主旨的一面,使其在文章中发挥彰显主旨的作用。

2．根据主旨需要,进行详略处理

使用材料时,要分清主次。对材料的加工整理,无非是为了突出文章的主旨,加强应用文的表达效果,处理材料的详略要以此为据。

突出事件特征的材料要详写,一般材料可略写;处于主体地位的材料要详写,处于从属地位、过渡的材料可略写;读者不熟悉的材料要详写,熟悉的可略写;材料之间角度相异的要详写,材料之间相同的可略写。

3．合理安排材料,注重条理

根据主旨的需要,按照一定的组织形式安排材料的先后顺序。在安排顺序时要考虑材料的主次、时间的先后、材料间的逻辑顺序、人们认识事物的规律、事物发展的过程等因素。另外,数字材料是应用文写作中十分重要的材料,数字有时比文字材料更具体、准确,更能说明问题。因此,要注意以下几点。

(1) 真实、准确地用好数据材料。

(2) 运用统计数据,展开分析论证,更好地为主旨服务。

(3) 适当地使用统计图表。

(4) 变抽象的数字为具体,使其形象。

第三节　应用文的结构

一、应用文结构的含义及特点

(一)应用文结构的含义

结构是指为表现文章内容所做的对材料的组织和安排,也就是通常所说的"布局""谋篇"。结构是一种排列组合的艺术,也是作者思路的表现。有人说,主旨是文章的灵魂,材料是文章的血肉,结构则是文章的骨架。

结构不仅在形式上要和谐统一,给人以美感,而且要表现出文章的整体与部分、部分与部分、部分自身的联系和变化。应用文的结构要服务于表现主旨的需要,要适应文种的特点和表达的需要。只有这样,才能将材料组成有机的整体,才能真正做到布局谋篇。

(二)应用文结构的特点

应用文结构的概念有两层含义,从宏观上看,是指文章的总体构思、大体框架;从微观上看,是指文章的层次和段落、开头和结尾、过渡和照应,以及主次、详略的具体安排。原则上讲,应用文的结构要求完整、严谨,纲目清楚,层次分明,段落清晰,要避免松散与重复。具体地讲,还应具有以下特点。

1. 固定性

应用文经过长期写作实践,逐渐形成较固定的写作结构,以适应实际工作需要。这些固定的结构形式,使写作更快速,阅读更便捷,从而提高了办事效率。特别是公文写作,其格式更规范,结构更固定。

2. 条理性

应用文写作要求有严密的思路,表现在结构上要求清晰、有条理。在写作中要根据主旨的需要安排好结构,要反映客观事物的本质联系和规律。如写事件,通常应按"开端—发展—结果"的顺序安排结构;写问题,通常应按"发现问题—分析问题—解决问题"的顺序安排结构。

3. 差异性

凡文种都有相对稳定的结构样式,应用文写作结构安排需适应不同文体的要求。如写合同就需要将合同的条款按标的、数量、质量、价款等内容分条列项地写清楚;写通知要按目的、依据、事项、执行要求的顺序安排结构。

二、应用文的常见结构类型

应用文可以采用纵式结构,即根据人们的思路、事物的发展、活动的开展,由浅入深、由眼前到长远纵向推进;也可以采用横式结构,即根据应用文的内容沿着横向展开,材料之间呈并列关系;还可以采用纵横结合式,即在组织材料时,既考虑到时间的发展过程,又考虑到事物的内在联系和性质。应用文的常见结构类型有以下几种。

(一) 单段式

单段式结构模式是指正文内容用一个自然段来表达。它常用于内容少而单一、不便分开、往往采用一段文字来表达的文章。如写在商品外包装上的说明文。公文中的函、批复,也常用一段文字来进行写作。

(二) 两段式

两段式结构模式是指正文内容用两个自然段来表达。它常用于内容简单、不需每层内容都分段的文章。这种结构模式,一般用于以下几种情况。

(1) 把结语部分内容和主体内容分开写,单列一个自然段,成为两段式。即行文的缘由和行文事项为一段,希望、要求等结语为一段。

(2) 写作目的(缘由)、行文事项各为一段。

(三)三段式

这是短篇应用文比较规范的常用模式。正文把写作目的(缘由)、写作事项、结尾分为三段来写。

(四)多段式

多段式常用于内容较多、篇幅较长的应用文,共有四个以上自然段。一般是开头概述基本情况,说明原因、目的、依据,结尾单独成段或省略结尾,主体部分内容分为若干个段,各部分不再分条列项。如短文式的说明书、简单的市场预测报告等。

内容多、篇幅长的应用文,一般不宜采用多段式,而宜采用将主体内容分成几部分,用小标题或总分条文式。

(五)条款式

用分条列项的形式安排结构。规章制度、计划、合同和职能部门的一些文书,较多使用这种形式。全文从头到尾都用条款组织内容,给人以眉目清楚、排列有序的印象。

通常有两种形式:一是章断条连式,即以章节为序划分层次,各章节下的"条"不随章节不同而另起开头,而是连续编号,这便于执行承办时援引使用;一是条文并列式,正文内容分条列项,逐层阐明。

(六)表格式

这是应用文不同于其他文体所特有的一种结构形式。表格式通常有以下两种形式。

1. 规范表格文本

即由职能部门事先印制好表格式的规范文本,将有关内容分项列出,各项之后留有空白,让使用、合作单位和个人按规定填写。表格文书一般要注明填写要求和注意事项。如申请专利、商标的文书,合同、税务征管文书和财务会计文书大都采用这种形式。

2. 临时表格文书

它是作者单位临时制作的表格式文书,根据写作目的,将有关统计数据编制成表格。

三、应用文结构的基本内容及写法

(一)标题

标题是文章的眼睛,有着概括全文、揭示中心的作用。因此有"题好一半文"之说。应用文写作的标题要求充分体现主旨,有的标题还有规范要求,这与文学作品形式多样、灵活多变的标题有着明显的不同。

（二）开头

万事开头难，写文章也不例外。应用文的开头，没有一成不变的写法。由于文种不同，内容不同，写法也各不相同。但无论哪一类文种，无论什么内容，在写开头的时候，都要考虑两点：一是紧扣主旨，尽快引出主旨，在开头第一句、第一段就要把读者的思想引到所要说明和解决的问题上；二是能吸引读者。

就应用文的种类而言，不同的文件也有些习惯性的开头。比如请示，一般应首先陈述请示的原因、理由；通知一般是以"根据……""兹定于……"等开头。会议纪要的开头则有比较固定的格式，即依次写出会议时间、地点、主持者、出席者、列席者；而调查报告开头使用最多的是先介绍调查对象的基本情况。

总之，应用文的开头都离不开依据、目的、原因、事件、时间等要素。具体选用哪一种开头，要根据全文内容表达、结构表达的需要来定。

（三）结尾

文章的结尾也就是行文的"收笔"。应用文的结尾大体可分为自由式和比较固定式两类。自由式即随着文章的自然发展，该讲的问题讲完即收。比如法规，该写几条就是几条，最后一条写完即可收尾。

汇报提纲把该汇报的内容讲清楚就可打住。会议纪要也是把会议的要点，分条分段写出，不必再加什么"尾语"。这些文种的结尾没有什么习惯用法，更没有格式。但有些文种的结尾则有一定的格式或习惯用法，我们称它"比较固定式"结尾。比如请示结尾要提出肯定式要求，多用"当否，请批示"等；通知结尾一般用"特此通知"等。

（四）段落和层次

1. 段落

段落是组成文章的最基本单位，又称自然段。它是按照表达层次划分出来的一个个小的结构单位。

在一般情况下，它是同属于一个中心思想的一些句子的连接，是小于篇、大于句子的一个完整的意义单位。在形式上，段落是明显的换行标志。

2. 层次

层次是文章思想内容的表现次序，它反映了作者的思维过程，又称"逻辑段""部分""意义段"等。安排结构层次的常见顺序有以下几个。

（1）以事件的时地为序

以事件的时地为序，即以事件发生的时间或地点作为划分层次的依据，"报告""通报""调查报告"等应用文多采用这种形式。

（2）以逻辑发展为序

以逻辑发展为序，即并列式和递进式。并列式就是说明主旨的各个层次的内容是一种平等、并列的关系，"规章制度""说明书"一般采用这种形式。递进式一般指内容层层推进、环环相扣，"决定""调查报告"等文体多采用这种形式。

（3）总分顺序

一般按照总—分—总、分—总、总—分的关系安排层次，"通知""计划""总结"等文体多采用这种形式。

（4）纵横式

纵横式也称综合式，是指由于应用文内容复杂，可以综合运用几种形式来安排结构层次，如先以时间为序划分大的层次，再以其中的问题为序划分小的层次；或反之。

3. 层次的表述方法

常见的层次表述方法有以下几种。

（1）用小标题表示。如《中共中央关于加快农业发展若干问题的决定》一文的层次即用小标题的形式表示："（一）统一全党对我国农业问题的认识；（二）当前发展农业生产力的二十五条政策和措施；（三）实现农业现代化的部署。"

（2）数量词表示。如一、二、三、四……,（一）、（二）、（三）、（四）……

（3）用表示顺序的词或词组表示。如"首先""其次""最后""会议认为""会议决定"等。

（五）过渡和照应

过渡和照应是使应用文前后连贯、脉络畅通的重要手段。要想把各段文字和各层意思衔接得浑然一体，就必须巧妙地安排过渡和照应。

1. 过渡

应用文的过渡是指上下文之间的衔接、转换。过渡的方式主要是用过渡段、过渡句和关联词语。如"综上所述""总之""为此""故此"等。

应用文常见的过渡有以下几种。

（1）内容开合处：文章内容由总到分或由分到总时需要过渡。

（2）意思转换处：文章内容由一层意思转入另一层意思时需要过渡。

（3）表达变动处：文章内容由叙述转入议论或由议论转入叙述时需要过渡。

2. 照应

应用文的照应是指文章前后内容的关照、呼应。

应用文的照应主要有以下几种形式。

（1）首尾照应：开头与结尾相呼应。

（2）前后照应：前面的内容为后面的内容埋下伏笔，相互呼应。

（3）题文照应：题目与文章的内容相呼应。

第四节　应用文的语言

语言是应用文书的又一基本要素。要想把文章的思想内容表达好，就要注意语言的运用。虽然由于文体、内容、风格的不同，文章会表现出不同的语言特色，但应用文对语言的要求整体上还表现出很多共同特点。

一、应用文语言特点概述

不同的文体有不同的社会功能，也形成了不同的语言特色。应用文的语言特色，主要是和文学作品比较而言。应用文和别的文章一样，都离不开写人、写事。

（一）应用文和文学作品语言特色比较

1. 关于写人

《红楼梦》中的贾雨村是这样出场的："葫芦庙内寄居的一个穷儒——姓贾名化、表字时飞、别号雨村的走来。这贾雨村原系湖州人氏，也是诗书仕宦之族。因他生于末世，父母祖宗根基已尽，人口衰丧，只剩得他一身一口。在家乡无益，因进京求取功名，再整基业。自前岁来此，又淹蹇住了，暂寄庙中安身，每日卖文作字为生，故士隐常与他交接。"

而在一篇调查报告中，介绍一位工程师时却用的是另一种语体："张××，男，现年42岁，1962年清华大学机械系毕业，可阅读英、日文专业资料，工作勤勤恳恳、积极努力。近年来，工厂的几项重大技术课题，都是在他主持下攻克的，被公认为'全厂一号技术尖子'。

"他从1957年起便申请入党，但因出身于地主家庭，哥哥曾被错划'右派'，工厂一些领导认为，对他只能在技术上使用，不能在政治上重用。因此至今仍被关在党组织的'大门之外'。"

2. 关于写事

《水浒传》中有一段"鲁提辖拳打镇关西"，其中对鲁达的三拳是这样描写的："只一拳，正打在鼻子上，打得鲜血迸流，鼻子歪在半边，却便似开了个油酱铺：咸的、酸的、辣的，一发都滚出来。郑屠挣不起来，那把尖刀也丢在一边，口里只叫：'打得好！'鲁达骂道：'直娘贼！还敢应口！'提起拳头来就眼眶际眉梢只一拳，打得眼棱缝裂，乌珠迸出，也似开了个彩帛铺：红的、黑的、绛的，都绽将出来……郑屠当不过，讨饶。

"鲁达喝道：'咄！你是个破落户！若只和俺硬到底，洒家倒饶了你！你如今对俺讨饶，洒家偏不饶你！'又只一拳，太阳上正着，却似做了一个全堂水陆的道场：磬儿、钹儿、铙儿，一齐响。"

而在陕甘宁边区高等法院刑事判决书中对于一段枪杀的叙述，却是另一个样子："当时,黄克功即拔出手枪对刘茜进行威胁恫吓,刘茜亦不屈服。黄克功感情冲动,失去理智,不顾一切,遂下最后的毒手,竟以打敌人的枪弹对准青年革命分子刘茜的腋下开枪。刘倒地未死,尚呼求救,黄复对刘头部再加一枪,刘即毙命。"

从这两组文字的对比看,无论写人还是写事,语体的差别都是显而易见的。

(二)应用文语言特点

从应用文的角度看,语言的使用主要有以下四个特点。

1. 平实

应用文是为了解决实际问题而说服读者的,不是用形象化的描绘去感染读者。因此在阅读中,不包含欣赏的因素。这种特点的突出表现如下。

(1)实在

它不用烘托、渲染等手法,而是实实在在地写下去。同样写人,应用文和小说所使用的语言却大不相同。比如《红楼梦》中写贾雨村,是先写总貌"穷儒",再报姓名字号,然后讲出身、追求,最后写现状。用语是动静结合、动中有静,笔调曲折、有起有伏。

调查报告写张××,则是直接介绍姓名、性别、年龄、经历,平铺直叙、不绕弯子。同样写事件,鲁达的三拳,拳拳描绘、层层深入、有意渲染、色彩斑斓、腾挪跌宕、十分感人。而判决书写枪杀,却是如实叙述、一丝不苟。

(2)质朴

如实地表现事物的本来面目,不允许有类似"燕山雪花大如席""白发三千丈"之类的艺术夸张。妥帖的夸张,在诗歌中会成为名句,而在应用文中则会成为笑话。

为了追求生动性,有些应用文的作者常常在写作时用一连串的修饰语、形象词,类似前些年简报上的什么"红彤彤""气昂昂""凯歌阵阵"等,不仅文章显得虚泛、空洞,丧失说服力,而且形成一种装腔作势、矫揉造作的文风,实在不值得提倡。

(3)通俗

应用文的用词造句,都应当力求大众化,避免用生僻晦涩的字句。在应用文中有人常常喜欢使用一些半文半白的词语,如放着现成的"他"不用而用"其",放着现成的代词不用而要用"与之"。还有的用些半通不通的词句。

例如"他的变化很大,前后简直判若两个人"。把"判若两人"这个文言词组写成"判若两个人",不仅很不和谐,而且成了笑话。还有人故作高雅,在文件中用一些文言虚语,好像《镜花缘》中淑士国里的酒保:"请教先生,酒要一壶乎?两壶乎?菜要一碟乎?两碟乎?"结果,也只能引人发笑。

2. 得体

应用文的语言要和作者的身份、读者对象、所要达到的目的,以及客观环境和谐一致,恰到好处。说什么,不说什么,说到什么程度,用什么语气,选择什么词汇,都要考虑最后的效果。

　　过去曾有一段时期,在我们党和国家领导人接待外宾的通讯报道中,常常使用"接见"两个字,周恩来总理看后,指示记者改成"会见",即双方会见。体现了大小国家一律平等的精神,改得非常得体。

　　要做到得体,还应当和所写的文件的体例相符。比如,请示性公文,用语要谦恭,讲究礼貌,结尾多使用"请批复""请指示"等,以表示下级对上级的尊重。不能用"必须如此"之类口气强硬的语句。

3. 确切

　　应用文多是用来反映情况、指导工作的,一词一句,一个概念,都必须有确定的含义,只能有一种解释,不能有多种解释;更不能给那些善于从文件的文字上钻空子的人留下任何漏洞。如果我们的文件让人读了产生歧义,那就必然会造成思想混乱,给工作带来损失。

4. 概括

　　应用文的用语要求简洁明快,因此应当特别注重使用论断性语言、综合性语言和群众性语言。

二、应用文常用的专用语言

　　除了上述所列的应用文的基本特点外,应用文大多用于处理事务,这就逐步形成了一系列用法较为固定的事务性专用词语。这些词语虽非法定,但已约定俗成,尤其是在公务文书中使用,有助于文章表达得简练。

1. 称谓词

　　称谓词即表示称谓关系的词。在应用文写作中,涉及机关或个人时,通常应直呼机关的全称或规范化的简称,以及对方的职务或"××同志""××先生"。在表述指代关系的称谓时,一般用下列专门用语。

　　第一人称:"本""我",后面加上所代表的单位简称,如"本公司""本局""我厂""我中心"等。

　　第二人称:"贵""你",后面加上所代表的单位简称,如"贵省""贵局""你厂"等。应用文中用"贵"字作为第二人称,表示尊敬与礼貌,一般用于平行文或涉外公文。

　　第三人称:"该",在应用文中使用广泛,可用于指代人、单位或事物,如"该厂""该部""该同学""该产品"等。

2. 引叙词

　　引叙词即用于引出应用文撰写的根据、理由,或应用文具体内容的词。

　　应用文的引叙词多用于文章的开端,引出法律、法规以及国家政策做依据,或引出事实做根据;用在文章的中间,起过渡、衔接的作用。一般情况下,借助引叙词可以使应用文写得开宗明义。常用的引叙词有根据、按照、遵照、为了、接……悉、近悉、惊悉、……收悉、为……特……、前接……、近接……等。

3．经办词

经办词即用来说明工作处理过程的已然时态，表明处理时间及经过情况的词语。

在使用时，应注意这类词语在表述次数和时态方面的差异。常用的经办词有兹经、业经、前经、即经、复经、均经等。

4．承转词

承转词又称过渡语，即承接上文转入下文时使用的关联词、过渡用语。

承转词用于在陈述理由及事实之后引出作者的意见和方案。常用的承转词有为此、据此、故此、综上所述、总而言之、总之等。

5．期请词

期请词即用于向受文者表示请求和希望的词语。

使用期请词的目的在于营造机关之间相互敬重、和谐合作的氛围，从而建立正常的工作关系。常用的期请词有即请查照、希即遵照、希、敬希、希予、请、拟请、恳请、烦请、务求等。

6．商洽词

商洽词即用于征询对方的意见和反映，具有探询的语气的词语。

这类词语一般用于公文的上行文、平行文中。在使用时要确有针对性，即确需征询对方的意见时才使用。常用的商洽词有：当否、可否、妥否、是否可行、是否妥当、是否同意等。

7．受事词

受事词即向对方表示感谢、感激时使用的词。

受事词属于客套语，一般用于平行文或涉外的公文，如有蒙、承蒙。

8．命令词

命令词即表示命令或告诫语气的词语。

命令词的作用在于增强公文的严肃性与权威性，引起受文者的高度注意。常用的命令词有着令、着、特命、责成、着即、切切、毋违、不得有误、严格办理等。

9．目的词

目的词即直接交代行文目的的词语。

人们撰写应用文尤其是公文，都有明确而具体的目的，对此，需要有针对性地使用简洁的词语加以表述，以便受文者正确理解并加速办理。

用于上行文、平行文的目的词，还需加上期请词，常用的有请批复、函复、批示、告知、批转、转发。

用于下行文的有查照办理、遵照办理、参照执行。

用于知照性文件的有周知、知照、备案、审阅。

10. 表态词

表态词又称回复用语,即针对对方的请示、问函,表示明确意见时使用的词语。

在使用表态词时,应对公文中的下行文和平行文严加区别。常用的有照办、同意、可行、不宜、不可、同意、不同意、遵照执行等。

11. 结尾词

结尾词即置于正文最后,表示正文结束的词语。

使用结尾词,有助于使文章表达得简练、严谨并富有节奏感,从而赋予文章庄严、严肃的色彩。常用的有此致、此布、特此报告、为要、为盼、为荷、特此函达、敬礼、谨致谢忱等。

小贴士

应用文写作的渊源

应用写作历史悠久,源远流长。应用文在我国已有 3000 多年的历史,它在漫长的社会发展进步中发挥着重要的作用,并在长期的使用过程中逐渐形成了自己文体特定而又稳定的格式。

成书于先秦时期的《尚书》,是我国现存的最早的公文集。它收入了虞、夏、商、周四代的文告 22 篇,虽仅是记言,却形成了典、谟、训、诰、誓、命六种文体,体现了当时公文的基本形式。它是我国最早的一部应用文总集,从中可以窥见我国古代应用文文本的雏形。

秦始皇统一中国后,建立了封建专制的中央集权政权,实行"书同文"。政治和文字的统一,为公务应用文体制的统一创造了条件。当时由李斯等人制定了公文程式,把皇帝的命令称为"制""诏",臣子的上书称为"奏",写作上订立了"避讳"制度、"抬头"制度、"用印"制度以及开头、结尾用语程式。这一切都标志着公务应用文的逐渐成熟。

【本章小结】

应用文写作是一门与社会同步发展的学科,它来源于社会、服务于社会。学好应用文写作对于我们适应日常的工作、学习以及现代社会的需求是十分必要的。因此,我们要认真学习,努力掌握应用文写作的基础知识,为应用文写作打下坚实的基础。

【拓展实训】

一、判断题

1. 人类创造"写作"的初衷是"实用"。

（　　）

2. "应用文"一词古已有之。　　　　　　　　　　　　　　　　（　　　）

3. 应用文就是"应"付生活、"用"于实务的"文"章。　　　　　　（　　　）

4. 有的应用文文种是"约定俗成"的。　　　　　　　　　　　　（　　　）

5. 应用文可分为公务、私务两类。　　　　　　　　　　　　　（　　　）

6. 应用文的建构具有相对固定的模式。　　　　　　　　　　　（　　　）

7. 学习应用写作必须学以致"用"、"习"以为常。　　　　　　　（　　　）

8. 应用文材料可以虚构。　　　　　　　　　　　　　　　　　（　　　）

9. 应用文主题要准确、鲜明、专一、周严。　　　　　　　　　（　　　）

10. 模式化、清晰度、适应性是应用文的语体特征。　　　　　　（　　　）

二、单项选择题

1. 下列词语表示"征询"的有（　　　）。

A. 是否可行、妥否、当否、是否同意　　　B. 蒙、承蒙、妥否、当否、是否同意

C. 敬希、烦请、恳请、希望、要求　　　　D. 可行、不可行、希望、妥否

2. 下列词语表示"期请"的有（　　　）。

A. 是否可行、妥否、当否、是否同意　　　B. 蒙、承蒙、妥否、当否、是否同意

C. 敬希、烦请、恳请、希望、要求　　　　D. 可行、不可行、希望、妥否

3. 下列词语表示"经办"的有（　　　）。

A. 业经、敬悉、希望、恳切　　　　　　　B. 妥否、是否可以、当否、意见如何

C. 业经、前经、即经、复经　　　　　　　D. 获悉、据悉、收悉、欣闻

三、评议改错题

1. 根据应用文体语言的特征，评改下文。

时间如白驹过隙，一转眼的工夫 2013 年就要过去了，在过去的一年中，我公司的经济效益犹如穿云破雾的燕子，迅速飞向百尺竿头，比去年有大幅度的上升。公司上下兴高采烈，喜笑颜开，精神振奋。在新的一年即将来临之际，我们对刚刚过去的一年的工作做了初步的回顾与反思，现总结如下：……

2. 下面是当年林语堂先生为讽刺白话文而撰写的一份向木工讨油灰的纸条，请从应用文体的表述特点出发，评析其好坏得失：

××宝号啊！你们岂不记得在不久的以前——似乎是十天以前吧——你们曾取得我的同意，把我们家里的铁丝障安装起来，这是毋庸置疑的事实。现在边沿并不紧贴，发生空线，竟然有半个生丁之距离，已比蚊子高度多两倍了。现在满屋都是蚊子，嗡嗡，其数量至不可思议之程度。

在这懒洋洋的夏天，这是如何地压迫人啊！这铁丝障已然无疑的终于等于虚设了。

倘若你们不相信,可以来参观,事实终必胜于雄辩的啊!事实告诉我们,你们有修补这些空线的义务,而铁丝障又有被修补之必要。那么,我派人来给你们取点油灰补好它,料想不至于被拒绝吧?

四、思考题

1. 在社会经济发展的"新常态"下,如何学好应用写作?

2. 下面同是人物活动场所的交待,阅读后请谈谈应用文本与文学作品的区别。

(1)杭州,像一个天真无邪的少女,不管你的心情如何,她都以同样妩媚、温柔的目光来迎接你。鲜艳的夕阳的光辉,像调和得适度的脂粉,淡淡涂抹在亭亭玉立的小孤山上,涂抹在高耸的楼房顶端。浸浴在晚霞中的垂柳,像无数条缀满着珠宝的缎带。今晚的风,饱含着西湖里荷叶的清香,迎面吹拂。

——陆柱国《踏平东海万顷浪》

(2)本报讯　8月下旬,关中地区连降大雨、暴雨,各地洪灾严重。市电线厂门前长百余米的河堤底部被冲垮,电线厂、锅炉厂及周围广大人民群众的生命财产受到威胁。在此关键时刻,××校团委及时组织一批学生前往抗洪第一线,团结奋战,谱写了一曲动人的青春颂歌。

——摘改自新闻消息

3. 应用文体的主旨有哪些基本特征?

第二篇

党政机关公文

第 三 章

党政机关公文的种类和体式

【学习目标】

知识目标：

掌握党政机关公文的含义，了解其种类和特点，掌握党政机关公文格式。

能力目标：

能够辨识党政机关公文，能够运用党政机关公文的格式行文。

【情景导入】

经典党政机关公文：党的十九大报告的鲜明特点

党的十九大是在全面建成小康社会决胜阶段、中国特色社会主义进入新时代的关键时期召开的一次十分重要的大会。党的十九大报告亮点很多，最突出的可以概括为"七个新"：新成就、新时代、新思想、新矛盾、新使命、新目标、新要求。

一是新成就。党的十八大以来，以习近平同志为核心的党中央科学把握当今世界和我国发展大势，顺应人民愿望，以巨大的政治勇气和强烈的责任担当，推出一系列重大战略举措，出台一系列重大方针政策，解决了许多长期想解决而没有解决的难题，办成了许多过去想办而没有办成的大事。

党的十九大报告从 10 个方面总结了过去 5 年的工作和历史性变革，强调 5 年来的成就是全方位的、开创性的，5 年来的变革是深层次的、根本性的。特别是我们党勇于面对重大风险考验和党内存在的突出问题，以顽强意志品质正风肃纪、反腐惩恶，消除了党和国家内部存在的严重隐患，党内政治生活气象更新，党内政治生态明显好转，党的创造力、凝聚力、战斗力显著增强，党的团结统一更加巩固，党群关系明显改善，党在革命性锻造中更加坚强，焕发出新的强大生机活力，为党和国家事业发展提供了坚强政治保证。这些深刻阐述，是对 5 年来巨大成就和历史性变革的科学总结，具有重大而深远的意义。

二是新时代。党的十九大报告指出:"经过长期努力,中国特色社会主义进入了新时代,这是我国发展新的历史方位。"作出这一重大政治判断,是党的十八大以来巨大成就和历史性变革决定的,是改革开放以来我国经济社会发展必然趋势决定的,是我们党领导人民开创更加美好生活的需要决定的。中国特色社会主义进入新时代,意味着近代以来久经磨难的中华民族迎来了从站起来、富起来到强起来的伟大飞跃,意味着科学社会主义在21世纪的中国焕发出强大生机活力,意味着中国特色社会主义拓展了发展中国家走向现代化的途径,给世界上那些既希望加快发展又希望保持自身独立性的国家和民族提供了全新选择,为解决人类问题贡献了中国智慧和中国方案。

那么,新时代到底是怎样的时代呢?十九大报告作出了明确回答:新时代是中国特色社会主义承前启后、继往开来的时代,是要全面建成小康社会,进而全面建设社会主义现代化强国的时代,是中国人民将要过上更加美好生活、实现共同富裕的时代。一句话,就是实现中国人民从站起来、富起来到强起来的时代,是强国富民、实现中华民族伟大复兴中国梦的时代。由此可见,从党的十八大到21世纪中叶,都是新时代历史时期。

三是新思想。新成就标志着新时代,新时代呼唤着新思想。党的十八大以来,党内外对如何概括习近平总书记系列重要讲话有过许多建议。十九大报告首次提出"新时代中国特色社会主义思想"的概念,作了"八个明确"的阐述,即总任务、社会主要矛盾、总体布局、全面深化改革总目标、全面依法治国总目标、强军目标、中国特色大国外交、党的建设总要求,同时阐述了"十四条坚持"的基本方略。我们过去讲的"五基本":基本理论、基本路线、基本纲领、基本经验、基本要求,简化成了现在的"三基本":基本理论、基本路线、基本方略。

必须强调的是,党的十九大决定把"习近平新时代中国特色社会主义思想"写进党章,成为党领导人民实现中华民族伟大复兴中国梦必须长期坚持的指导思想。这是马克思主义中国化的又一次历史性飞跃,是党的十九大的最大理论成果。当然,随着时间的推移和实践的不断发展,对于习近平新时代中国特色社会主义思想的研究必然进一步深化,其科学内涵、精神实质、理论体系必然进一步完备。

——人民网

第一节 党政机关公文概述

公文即人们通常所说的公务文书,是人类在治理社会、管理国家的公务实践中创造和运用的应用文书。

一、党政机关公文的概念

党政机关公文是党政机关实施领导、履行职能、处理公务的具有特定效力和规范体式的文书,是传达贯彻党和国家方针政策,公布法规和规章,指导、布置和商洽工作,请示和答复问题,报告、通报和交流情况等的重要工具。

主要指中共中央办公厅和国务院办公厅于 2012 年 4 月 16 日联合发布、2012 年 7 月 1 日起施行的《党政机关公文处理工作条例》(以下简称《条例》)中列出的 15 种党政机关公文,即决议、决定、命令(令)、公报、公告、通告、意见、通知、通报、报告、请示、批复、议案、函、纪要。

二、党政机关公文的特点

1. 法定性

公文的作者只能是根据国家有关法律规定设立的各级机关、团体和机构,以及各企事业单位这些法定机关或组织,代表着法定机关或组织的意图,在法定机关或组织的权限范围内,具有法定的权威性和约束力。

2. 政策性

公文作为处理公务问题的重要工具,其直接作用是使党和国家的各项方针、政策逐级贯彻、落实到具体工作中去,这样各级机关才能在党和国家的方针、政策指导下,更好地开展各项工作。

3. 实用性

制发公文的目的就是解决实际问题,推动工作顺利进行,每一份公文都有其具体的制发目的和公务职能。公文内容越具体明确,越有针对性,受文单位越重视,公文的实际作用越强。

4. 时效性

为了迅速、及时地处理公务活动中的实际问题,对于公文的制发和实施有着严格的时间要求,公文的效用也是有时间限制的。

5. 规范性

公文不可以任意撰写,根据国家有关部门的严格规定,公文从文种名称到行文关系,从制发程序到文件体式都有统一、规范的要求,从而维护了公文的权威性和严肃性。

三、党政机关公文的种类

(一)按照行文关系和行文方向划分

按照行文关系和行文方向,可将公文分为上行文、平行文、下行文三种。

1. 上行文

上行文指下级机关向所属上级机关呈送的公文,如请示、报告、意见等。

2. 平行文

平行文指向同级机关或不相隶属的机关送交的公文,如函、议案等。

3．下行文

下行文指上级机关向下级机关发送的公文，如决议、命令（令）、决定、公报、公告、通告、通知、通报、批复等。

（二）按照紧急程度划分

按照紧急程度，可将公文分为紧急公文与常规公文。其中紧急公文还分为特急和加急两类。

（三）按照有无保密要求及秘密等级划分

按照有无保密要求及秘密等级，可将公文分为无秘密要求的普通公文和有秘密要求的保密公文。其中保密公文还分为绝密文件、机密文件、秘密文件三类。

1．绝密文件

绝密文件是秘密等级最高的文件，它所反映的通常是党和国家的核心秘密。按国家保密局规定，绝密文件的保密期为 20～30 年。

2．机密文件

机密文件是秘密等级较高的文件，它包含着党和国家的重要秘密。按国家保密局规定，机密文件的保密期为 10～20 年。

3．秘密文件

秘密文件是秘密等级较低的文件，它所反映的是党和国家的一般秘密。按国家保密局规定，秘密文件的保密期为 10 年以内。

第二节　党政机关公文体式

党政机关公文的体式主要指党政机关公文的构成要素、排列顺序及其印装规格等。体式固定、规范是党政机关公文的一大突出特征，也为公文发挥其作用提供了重要保证。

一、党政机关公文的构成要素和标识规则

中华人民共和国国家标准（GB/T 9704—2012）《党政机关公文格式》，将版心内的公文格式各要素划分为版头、主体、版记三部分。公文首页红色分隔线（宽度同版心，即156mm）以上的部分称为版头；公文首页红色分隔线（不含）以下、公文末页首条分隔线（不含）以上的部分称为主体；公文末页首条分隔线以下、末条分隔线以上的部分称为版记。页码位于版心外。

公文一般由份号、密级和保密期限、紧急程度、发文机关标志、发文字号、签发人、标

题、主送机关、正文、附件说明、发文机关署名、成文日期、印章、附注、附件、抄送机关、印发机关和印发日期、页码等组成。

（一）版头

公文版头部分主要标识份号、密级和保密期限、紧急程度、发文机关标志、发文字号、签发人、版头中的分隔线等要素。

1. 份号

公文印制份数的顺序号，即将同一文稿印制若干份时每份公文的顺序编号。涉密公文应当标注份号。顶格编排在版心左上角第一行。

2. 密级和保密期限

即公文的秘密等级和保密期限。涉密公文应当根据涉密程度分别标注"绝密""机密""秘密"。保密期限是对公文秘密等级时效规定的说明。

公文如需标注密级和保密期限，一般用 3 号黑体字，两字之间空 1 字，顶格编排在版心左上角第二行；保密期限中的数字用阿拉伯数字标注，密级和保密期限之间用"★"隔开。

3. 紧急程度

即公文送达和办理的时限要求。根据紧急程度，紧急公文应当分别标注"特急""加急"，紧急电报应当分别标注"特提""特急""加急""平急"。

公文如需标注紧急程度，一般用 3 号黑体字，两字之间空 1 字，顶格编排在版心左上角；如需同时标注份号、密级和保密期限、紧急程度，按照份号、密级和保密期限、紧急程度的顺序自上而下分行排列。

4. 发文机关标志

它由发文机关全称或者规范化简称加"文件"二字组成，如"国务院文件""北京市人民政府文件""××省人民政府文件""××大学文件""××公司文件"；也可以使用发文机关全称或者规范化简称。联合行文时，发文机关标志可以并用联合发文机关名称，也可以单独用主办机关名称。

发文机关标志居中排布，上边缘至版心上边缘为 35mm，推荐使用小标宋体字，颜色为红色，以醒目、美观、庄重为原则。

联合行文时，如需同时标注联署发文机关名称，一般应当将主办机关名称排列在前；如有"文件"二字，应当置于发文机关名称右侧，以联署发文机关名称为准上下居中排布。

5. 发文字号

发文字号简称文号，是发文机关在同一年度制发的公文排列的顺序号。由发文机关代字、年份、发文顺序号组成，如国发〔2012〕1 号，"国"是发文机关国务院的代字，"2012"是发文年份，"1 号"是发文顺序号，表明这份公文是国务院在 2012 年制发的第 1 号公文。

联合行文时,使用主办机关的发文字号。

编排在发文机关标志下空两行位置,居中排布。年份、发文顺序号用阿拉伯数字标注;年份应标全称,用六角括号"〔　　〕"括入;发文顺序号不加"第"字,不编虚位(即 1 不编为 01),在阿拉伯数字后加"号"字。

上行文的发文字号居左空一字编排,与最后一个签发人姓名处在同一行。

6. 签发人

签发人指最后审定公文文稿并签字印发的行文机关负责人。上报的公文(上行文)需标识签发或会签人姓名,平行排列于发文字号右侧。

由"签发人"三字加全角冒号和签发人姓名组成,居右空一字,编排在发文机关标志下空两行位置。"签发人"三字用 3 号仿宋体字,签发人姓名用 3 号楷体字。

如有多个签发人,签发人姓名按照发文机关的排列顺序从左到右、自上而下依次均匀编排,一般每行排两个姓名,回行时与上一行第一个签发人姓名对齐。

7. 版头中的分隔线

即在发文字号之下 4mm 处居中印一条与版心等宽的红色分隔线。

(二) 主体

公文主体部分主要标识标题、主送机关、正文、附件说明、发文机关署名、成文日期、印章、附注、附件等要素。

1. 标题

公文标题是对公文主要内容准确、简要的概括。由发文机关名称、事由和文种组成。发文机关名称、事由和文种被称为构成公文标题的三个基本要素。在实际运用中,公文标题的三个要素出现和组合的情况不同,因此可划分为四种类型。

第一种是由发文机关名称、发文事由和公文种类全部三要素构成的标题。如《国务院关于发布〈国家行政机关公文处理办法〉的通知》,"国务院"是发文机关;"发布《国家行政机关公文处理办法》"是发文事由,是对公文内容的高度概括,在事由之前通常有介词"关于";"通知"是公文种类。

第二种是由发文事由和公文种类两个要素构成的标题。如《关于成立中华人民共和国澳门特别行政区基本法起草委员会的决定》,"成立中华人民共和国澳门特别行政区基本法起草委员会"是发文事由,"决定"是公文种类。这种标题常见于冠有红色版头的公文中。

第三种是由发文机关名称和公文种类两个要素构成的标题。如《中华人民共和国公安部公告》,"中华人民共和国公安部"是发文机关名称,"公告"是公文种类。这种标题常见于公开发布的公文中。

第四种是只标明公文种类的标题,如"通告"。这种标题主要用于公开发布的公文中,不大常用。

标题一般用 2 号小标宋体字,编排于红色分隔线下空两行位置,分一行或多行居中排布;回行时,要做到词意完整、排列对称、长短适宜、间距恰当,标题排列应当使用梯形或菱形。

2．主送机关

主送机关是指公文的受文办理机关,应当使用全称、规范化简称或统称。

通常情况下,上行文(如请示、报告)、专发性下行文(如批复、通知)、平行文(如函),只写一个主送机关;普发性下行文(如决定、通知、通报、意见等)写多个主送机关,为使行文简洁,可统称受文机关,如"各省、自治区、直辖市人民政府";公开发布的周知性公文(如公告、通告)可以不写主送机关。

主送机关编排于标题下空一行位置,居左顶格,回行时仍顶格,最后一个机关名称后标全角冒号。如主送机关名称过多导致公文首页不能显示正文时,应当将主送机关名称移至版记。

3．正文

即公文的主体,用来表述公文的内容。公文正文是一份公文的核心部分。正文一般包括开头、主体、结尾三部分。

公文首页必须显示正文。一般用 3 号仿宋体字,编排于主送机关名称下一行,每个自然段左空两字,回行顶格。文中结构层次序数依次可以用"一、""(一)""1.""(1)"标注;一般第一层用黑体字、第二层用楷体字、第三层和第四层用仿宋体字标注。

4．附件说明

即公文附件的顺序号和名称。附件是附在主件之后,对文件内容起补充和说明作用的文字材料,主要包括随文颁发的规章、制度,随文转发、报送的文件,以及文件中的报表、统计数字、人员名单等。

公文如有附件,在正文下空一行左空两字编排"附件"二字,后标全角冒号和附件名称。如有多个附件,使用阿拉伯数字标注附件顺序号(如"附件:1.××××");附件名称后不加标点符号。附件名称较长需回行时,应当与上一行附件名称的首字对齐。

5．发文机关署名

署发文机关全称或者规范化简称。

6．成文日期

即公文生效的时间。署会议通过或者发文机关负责人签发的日期。联合行文时,署最后签发机关负责人签发的日期。

成文日期一般右空四字编排,用阿拉伯数字将年、月、日标全,年份应标全称,月、日不编虚位(即 1 不编为 01)。

7. 印章

公文中有发文机关署名的,应当加盖发文机关印章,并与署名机关相符。有特定发文机关标志的普发性公文和电报可以不加盖印章。

(1) 加盖印章的公文

成文日期一般右空四字编排,印章用红色,不得出现空白印章。

单一机关行文时,一般在成文日期之上,以成文日期为准居中编排发文机关署名,印章端正、居中下压发文机关署名和成文日期,使发文机关署名和成文日期居印章中心偏下位置,印章顶端应当上距正文(或附件说明)一行之内。

联合行文时,一般将各发文机关署名按照发文机关顺序整齐排列在相应位置,并将印章一一对应、端正、居中下压发文机关署名,最后一个印章端正、居中下压发文机关署名和成文日期,印章之间排列整齐、互不相交或相切,每排印章两端不得超出版心,首排印章顶端应当上距正文(或附件说明)一行之内。

(2) 不加盖印章的公文

单一机关行文时,在正文(或附件说明)下空一行右空两字编排发文机关署名,在发文机关署名下一行编排成文日期,首字比发文机关署名首字右移两字,如成文日期长于发文机关署名,应当使成文日期右空两字编排,并相应增加发文机关署名右空字数。

联合行文时,应当先编排主办机关署名,其余发文机关署名依次向下编排。

(3) 加盖签发人签名章的公文

单一机关制发的公文加盖签发人签名章时,在正文(或附件说明)下空两行右空四字加盖签发人签名章,签名章左空两字标注签发人职务,以签名章为准上下居中排布。在签发人签名章下空一行右空四字编排成文日期。

联合行文时,应当先编排主办机关签发人职务、签名章,其余机关签发人职务、签名章依次向下编排,与主办机关签发人职务、签名章上下对齐;每行只编排一个机关的签发人职务、签名章;签发人职务应当标注全称。

签名章一般用红色。

8. 附注

即公文印发传达范围等需要说明的事项。一般为公文的传达范围、使用方法的规定、名词术语的解释等。如"此件发至省军级"或"此件发至县团级,口头传达到群众";"此件可以登报、广播"等。

公文如有附注,居左空两字加圆括号编排在成文日期下一行。

9. 附件

公文正文的说明、补充或者参考资料。附件应当另面编排,并在版记之前,与公文正文一起装订。"附件"二字及附件顺序号用3号黑体字顶格编排在版心左上角第一行。附件标题居中编排在版心第三行。附件顺序号和附件标题应当与附件说明的表述一致。附件格式要求同正文。

如附件与正文不能一起装订,应当在附件左上角第一行顶格编排公文的发文字号并在其后标注"附件"二字及附件顺序号。

(三)版记

公文版记部分主要标识抄送机关、印发机关和印发日期等要素。

1. 抄送机关

这是指除主送机关外需要执行或者知晓公文内容的其他机关,应当使用机关全称、规范化简称或者同类型机关统称。

公文如有抄送机关,一般用 4 号仿宋体字,在印发机关和印发日期之上一行、左右各空一字编排。"抄送"二字后加全角冒号和抄送机关名称,回行时与冒号后的首字对齐,最后一个抄送机关名称后标句号。

如需把主送机关移至版记,除将"抄送"二字改为"主送"外,编排方法同抄送机关。既有主送机关又有抄送机关时,应当将主送机关置于抄送机关之上一行,之间不加分隔线。

2. 印发机关和印发日期

印发机关指公文的印制主管部门,一般是发文机关的办公厅(室)或文秘部门。印发日期指公文付印的具体日期。

印发机关和印发日期一般用 4 号仿宋体字,编排在末条分隔线之上。印发机关左空一字,印发日期右空一字,用阿拉伯数字将年、月、日标全,年份应标全称,月、日不编虚位(即 1 不编为 01),后加"印发"二字。

版记中如有其他要素,则应当将其与印发机关和印发日期用一条细分隔线隔开。

3. 版记中的分隔线

版记中的分隔线与版心等宽(156mm),首条分隔线和末条分隔线用粗线(推荐高度为 0.35mm),中间的分隔线用细线(推荐高度为 0.25mm)。首条分隔线位于版记中第一个要素之上,末条分隔线与公文最后一面的版心下边缘重合。

4. 页码

一般用 4 号半角宋体阿拉伯数字,编排在公文版心下边缘之下,数字左右各放一条一字线;一字线上距版心下边缘 7mm。单页码居右空一字,双页码居左空一字。

公文的版记页前有空白页的,空白页和版记页均不编排页码。公文的附件与正文一起装订时,页码应当连续编排。

二、党政机关公文的印装规格

公文用纸采用国际标准 A4 型纸,成品幅面尺寸为 297mm×210mm(长×宽)。

1. **公文页边与版心尺寸**

公文用纸天头（上白边）为：37mm±1mm

公文用纸订口（左白边）为：28mm±1mm

版心尺寸为：156mm×225mm（不含页码）

2. **公文排版规格**

正文用 3 号仿宋体字，文中如有小标题可用 3 号小标宋体字或黑体字，一般每面排 22 行，每行排 28 个字。

版面干净无底灰，字迹清楚无断划，尺寸标准，版心不斜，误差不超过 1mm。

3. **印刷要求**

双面印刷；页码套正，两面误差不得超过 2mm。黑色油墨应达到色谱所标 BL100％，红色油墨应达到色谱所标 Y80％，M80％。印品着墨实、均匀；字面不花、不白、无断划。

4. **装订要求**

公文应当左侧装订，不掉页，两页页码之间误差不超过 4mm，裁切后的成品尺寸允许误差±2mm，四角成 90°，无毛茬或缺损。

骑马订或平订的公文应当：

（1）订位为两钉外订眼距版面上下边缘各 70mm 处，允许误差±4mm；

（2）无坏钉、漏钉、重钉，钉脚平伏牢固；

（3）骑马订钉锯均订在折缝线上，平订钉锯与书脊间的距离为 3～5mm。

包本装订公文的封皮（封面、书脊、封底）与书芯应吻合、包紧、包平、不脱落。

【本章小结】

《党政机关公文处理工作条例》自 2012 年 7 月 1 日施行，党政机关的公文处理工作日趋科学化、制度化、规范化，充分发挥着实施领导、处理公务、沟通信息、联系事务、传达决策的重要作用。

本章对《党政机关公文处理工作条例》中关于党政机关公文的基础知识、公文的种类、格式等内容进行了较细致的阐述，有利于公文作者提高公文制作的水平和质量。

【拓展实训】

下面是一份规范的公文，请按照正式行文要求，为本文拟制完整体式（包括版头、主体与版记部分）。

金山市地质矿产局关于拟购一台普通"奥迪"轿车需要经费补助的请示

省国土资源厅：

我局工作用车只有一台 1995 年购买的"桑塔纳"轿车,已运行了 20 多万公里,即将报废。目前,全省其他 13 个市的地质矿产局的工作车辆情况都好于我局。我局克服了这一困难,在省厅的领导下,今年矿产开发许可证换证工作任务已完成了 99％,矿产资源补偿费收缴工作亦能在年底完成,其他工作也在严格有序地进行。

为适应工作的迫切需要,我局拟购一台普通"奥迪"轿车,价格约 25 万元,拟自筹 10 万元,尚缺 15 万元,请省厅帮助解决。

是否妥当,请批示。

金山市地质矿产局(印章)

2017 年 12 月 8 日

第 四 章

通知、通报、通告

【学习目标】

知识目标：

掌握通知、通报的含义，了解其种类和特点。

能力目标：

能够撰拟规范的通知、通报、通告，能够运用正式公文的格式行文。

【情景导入】

张宁大学毕业后到一家公司做经理助理。国庆期间，公司准备组织全体员工去张家界旅游，经理让张宁写一份通知。张宁该怎么写呢？

第一节 通 知

一、通知的含义

《党政机关公文处理工作条例》对通知所下的定义为：适用于发布、传达要求下级机关执行和有关单位周知或者执行的事项，批转、转发公文。

二、通知的特点

1. 功能的多样性

在下行文中，通知的功能最为丰富。它可以用来布置工作、传达指示、晓谕事项、发布规章、批转和转发文件、任免干部等，总之，下行文的主要功能它几乎都具备。但通知在下行文中的权威性低于命令、决定等文种。

2. 运用的广泛性

通知的发文机关范围十分广泛,大到国家级的行政机关,小到基层的企事业单位、社会团体,都可以发布通知。通知的受文对象也很广泛。在基层岗位上工作的人员接触最多的上级公文就是通知。从整体上看通知是下行文,但晓谕事项的通知也可以发往不相隶属的机关。

3. 一定的指导性

多数通知都具有一定程度的指导性。用通知来发布规章、转发文件、传达指示、布置工作都是通知的指导功能的体现,受文机关对通知的内容要认真学习,并在规定时间内完成通知布置的任务。

4. 较强的时效性

通知常常要求受文机关在规定的时间内立刻办理、执行或知晓某事项,不得延误。有些通知只在指定时间内生效。

三、通知的分类

根据《条例》的适用规定,通知可分为批示性通知、指示性通知、告知性通知、任免性通知。

(一)批示性通知

这类通知可分为颁发型通知、转发型通知、批转型通知。

1. 颁发型通知

颁发型通知又称发布型通知或印发型通知,指用来颁发行政法规和规章或印发有关文件的通知。例如,《国务院关于发布〈通用规范汉字表〉的通知》(国发〔2013〕23 号)、《国务院办公厅关于印发大气污染防治行动计划实施情况考核办法(试行)的通知》(国办发〔2014〕21 号)。

2. 转发型通知

转发型通知指用来转发上级机关、同级机关和不相隶属机关的公文的通知。例如,《国务院办公厅转发发展改革委等部门关于促进扩大内需鼓励汽车家电以旧换新实施方案的通知》(国办发〔2009〕44 号)、《北京市人民政府办公厅转发市交通委关于调整本市公路养路费免征范围文件的通知》(京政办发〔2007〕56 号)。

3. 批转型通知

批转型通知指用来转发下级机关发来的公文的通知。例如,《国务院批转发展改革委关于 2010 年深化经济体制改革重点工作意见的通知》(国发〔2010〕15 号)、《广西壮族自治区人民政府批转自治区地方税务局关于农用土地出租和转让收入征免所得税有关问题意见的通知》(桂政发〔2007〕33 号)。

（二）指示性通知

这类通知又称规定性通知或布置性通知。当上级机关宣布要求下级机关办理或执行的事项,但限于发文机关的权限,或因其内容不宜用命令(令)、指示等文种行文时,可用指示性通知。

例如,《国务院关于进一步加强企业安全生产工作的通知》(国发〔2010〕23号)、《国务院办公厅关于进一步做好房地产市场调控工作有关问题的通知》(国办发〔2011〕1号)。

（三）告知性通知

这类通知一般用来告知某一具体事项,其用途比较广泛。比如,设立或撤销机构、迁移办公地址、调整办公时间、启用或更换公章、修改行政规章、修正或补充文件内容、安排假期等各种事项,都可使用这类通知。

例如,《国务院关于设立国务院食品安全委员会的通知》(国发〔2010〕6号)、《国务院办公厅关于2011年部分节假日安排的通知》(国办发明电〔2010〕40号)、《国务院关于更改新华通讯社香港分社、澳门分社名称的通知》。

会议通知是告知性通知的一个重要的类别,其用途仅限于告知会议的召开及相关会议事项。例如,《关于召开2006年颜料行业工作会议的通知》(中涂协〔2006〕18号)。

（四）任免性通知

这类通知是用来传达任命或免去国家工作人员职务的通知。例如,《关于香港特别行政区政府陈国基、白韫六职务任免的通知》(国人字〔2011〕27号)。

四、通知的写法

由于通知的功能多、种类多,因此写法上有较大的区别。在分类时,我们已经有意识地对各种通知的写法作了一些介绍,这里只概括介绍一些通知写作的基本方法。

（一）通知标题和主送机关

1. 通知的标题

通知的标题一般采用公文标题的常规写法,由发文机关＋主要内容＋文种组成。如《中共中央办公厅、国务院办公厅关于严禁用公费变相出国(境)旅游的通知》。

也可以省略发文机关,由主要内容＋文种组成标题。如《关于印发〈规范国有土地租赁若干意见〉的通知》。

发布规章的通知,所发布的规章名称要出现在标题的主要内容部分,并使用书名号。

批转和转发文件的公文,所转发的文件内容要出现在标题中,但不一定使用书名号。

如《国务院办公厅转发教育部等部门关于进一步加快高等学校后勤社会化改革意见的通知》。

2．通知的主送机关

通知的发文对象比较广泛，因此，主送机关较多，要注意主送机关排列的规范性。如人事部《关于解除国家公务员行政处分有关问题的通知》的主送机关：

"各省、自治区、直辖市人事（人事劳动）厅（局）、监察厅（局）；国务院各部委、各直属机构人事（干部）部门、监察局（室）："

由于级别、名称不同，主送机关的称法和排列非常复杂，这个序列显然是经过深思熟虑后确定下来的。

（二）通知的正文

1．通知缘由

发布指示、安排工作的通知主要用来表述有关背景、根据、目的、意义等。

如《国务院关于更改新华通讯社香港分社、澳门分社名称问题的通知》的缘由，鉴于中央人民政府已经对香港、澳门恢复行使主权，为更好地贯彻"一国两制""港人治港""澳人治澳"、高度自治的方针和《中华人民共和国香港特别行政区基本法》《中华人民共和国澳门特别行政区基本法》（以下均简称基本法），支持特别行政区政府依照基本法施政，保障中央人民政府驻香港、澳门的工作机构按照授权履行职责，这是采用了根据与目的相结合的开头方式。

《国务院办公厅关于成立国家信息化工作领导小组的通知》的开头是这样的："为了加强对全国信息化工作的领导，国务院决定成立国家信息化工作领导小组。"这则通知采用的是以"为了"领起的"目的式"开头方式。

批转、转发文件的通知，根据情况，可以在开头表述通知缘由，但多数以直接表达转发对象和转发决定为开头，无须说明缘由。

发布规章的通知，多数情况下篇段合一，无明显的开头部分，一般也不交代缘由。

2．通知事项

这是通知的主体部分，所发布的指示、安排的工作及提出的方法、措施和步骤等，都需在这一部分中有条理地进行表达。内容复杂的需要分条列款。

有些通知需要列出新成立的组织的成员名单，以及改变名称或隶属关系之后职权的变动等。

3．执行要求

发布指示、安排工作的通知，可以在结尾处提出贯彻执行的有关要求。如无必要，可以没有这一部分。

其他篇幅短小的通知，一般不需要专门的结尾部分。

【例文一】

国务院办公厅关于印发《为烈属、军属和退役军人等家庭悬挂光荣牌工作实施办法》的通知

国办发〔2018〕72 号

各省、自治区、直辖市人民政府,退役军人事务部:

《为烈属、军属和退役军人等家庭悬挂光荣牌工作实施办法》已经国务院同意,现印发给你们,请认真贯彻执行。

悬挂光荣牌是落实中央决策部署、弘扬拥军优属优良传统、推进军人荣誉体系建设的重要举措。各地区要牢固树立"四个意识",充分认识做好悬挂光荣牌工作的重要意义,切实加强组织领导,建立工作机制,列支相关经费,周密安排部署,精心组织实施,确保悬挂光荣牌对象准确、档案齐全。各地区要于 2019 年 5 月 1 日前完成为既有全部对象悬挂光荣牌的任务,并将有关情况报送退役军人事务部。

国务院办公厅

2018 年 7 月 29 日

【例文评析】

这是一则批示性通知。标题由发文机关＋主要内容＋文种构成,标题有"印发"字样,是印发有关文件的通知。主送机关为"各省、自治区、直辖市人民政府,退役军人事务部"。主体部分主要表述工作要求。这则通知简明扼要。

【例文二】

国务院关于在全国推进"证照分离"改革的通知

国发〔2018〕35 号

各省、自治区、直辖市人民政府,国务院各部委、各直属机构:

"证照分离"改革在上海市浦东新区试点并在更大范围复制推广以来,有效降低了企业制度性交易成本,取得了显著成效。为进一步破解"准入不准营"问题,激发市场主体活力,加快推进政府职能深刻转变,营造法治化、国际化、便利化的营商环境,在前期试点基础上,国务院决定在全国推进"证照分离"改革。现就有关事项通知如下:

一、总体要求

(一)指导思想

全面贯彻党的十九大和十九届二中、三中全会精神,坚持以习近平新时代中国特色社会主义思想为指导,按照党中央、国务院决策部署,牢固树立和贯彻落实新发展理念,紧紧围绕简政放权、放管结合、优化服务,落实"证照分离"改革要求,进一步厘清政府与市场关

系,全面改革审批方式,精简涉企证照,加强事中事后综合监管,创新政府管理方式,进一步营造稳定、公平、透明、可预期的市场准入环境,充分释放市场活力,推动经济高质量发展。

(二)基本原则

1. 突出照后减证,能减尽减,能合则合

除涉及国家安全、公共安全、金融安全、生态安全和公众健康等重大公共利益外,分别采用适当管理方式将许可类的"证"分离出来,尽可能减少审批发证,有效区分"证""照"功能,着力破解"准入不准营"难题。

2. 做到放管结合,放管并重,宽进严管

该放给市场和社会的权一定要放足、放到位,该政府管的事一定要管好、管到位。始终把放管结合置于突出位置,做好审批和监管的有效衔接,从事前审批向强化事中事后监管转变,加强综合监管。

3. 坚持依法改革,于法有据,稳妥推进

做好顶层设计,依法推动对涉企行政审批事项采取直接取消审批、审批改为备案、实行告知承诺、优化准入服务等改革方式,涉及修改法律、行政法规、国务院决定及相关规章的,要按法定程序修改后实施。

(三)工作目标

2018年11月10日起,在全国范围内对第一批106项涉企行政审批事项分别按照直接取消审批、审批改为备案、实行告知承诺、优化准入服务等四种方式实施"证照分离"改革。加强事中事后监管,建立部门间信息共享、协同监管和联合奖惩机制,形成全过程监管体系。建立长效机制,同步探索推进中央事权与地方事权的涉企行政审批事项改革,做到成熟一批复制推广一批,逐步减少涉企行政审批事项,在全国有序推进"证照分离"改革,对所有涉及市场准入的行政审批事项按照"证照分离"改革模式进行分类管理,实现全覆盖,为企业进入市场提供便利。

二、重点内容

(一)明确改革方式

对纳入"证照分离"改革范围的涉企(含个体工商户、农民专业合作社)行政审批事项分别采取以下四种方式进行管理。

1. 直接取消审批

对设定必要性已不存在、市场机制能够有效调节、行业组织或中介机构能够有效实现行业自律管理的行政审批事项,直接取消。市场主体办理营业执照后即可开展相关经营活动。

2. 取消审批,改为备案

对取消审批后有关部门需及时准确获得相关信息,以更好地开展行业引导、制定产业政策和维护公共利益的行政审批事项,改为备案。市场主体报送材料后即可开展相关经营活动,有关部门不再进行审批。

3. 简化审批,实行告知承诺

对暂时不能取消审批,但通过事中事后监管能够纠正不符合审批条件行为的行政审批事项,实行告知承诺。有关部门要履职尽责,制作告知承诺书,并向申请人提供示范文本,一次性告知申请人审批条件和所需材料,对申请人承诺符合审批条件并提交有关材料的,当场办理审批。市场主体要诚信守诺,达到法定条件后再从事特定经营活动。有关部门实行全覆盖例行检查,发现实际情况与承诺内容不符的,依法撤销审批并予以从重处罚。

4. 完善措施,优化准入服务

对关系国家安全、公共安全、金融安全、生态安全和公众健康等重大公共利益的行政审批事项,保留审批,优化准入服务。要针对市场主体关心的难点痛点问题,精简审批材料,公示审批事项和程序;要压缩审批时限,明确受理条件和办理标准;要减少审批环节,科学设计流程;要下放审批权限,增强审批透明度和可预期性,提高登记审批效率。

(二)统筹推进"证照分离"和"多证合一"改革

通过"证照分离"改革,有效区分"证""照"功能,让更多市场主体持照即可经营,着力解决"准入不准营"问题。营业执照是登记主管部门依照法定条件和程序,对市场主体资格和一般营业能力进行确认后,颁发给市场主体的法律文件。

"多证合一"改革后,营业执照记载的信息和事项更加丰富,市场主体凭营业执照即可开展一般经营活动。许可证是审批主管部门依法颁发给特定市场主体的凭证。这类市场主体需持营业执照和许可证方可从事特定经营活动。各地要统筹推进"证照分离"和"多证合一"改革。对于"证照分离"改革后属于信息采集、记载公示、管理备查类的事项,原则上要通过"多证合一"改革尽可能整合到营业执照上,真正实现市场主体"一照一码走天下"。

(三)加强事中事后监管

加快建立以信息归集共享为基础、以信息公示为手段、以信用监管为核心的新型监管制度。切实贯彻"谁审批、谁监管,谁主管、谁监管"原则,行业主管部门应当切实承担监管责任,针对改革事项分类制定完善监管办法,明确监管标准、监管方式和监管措施,加强公正监管,避免出现监管真空。

全面推进"双随机、一公开"监管,构建全国统一的"双随机"抽查工作机制和制度规范,逐步实现跨部门"双随机"联合抽查常态化,推进抽查检查信息统一归集和全面公开,建立完善惩罚性赔偿、"履职照单免责、失职照单问责"等制度,探索建立监管履职标准,使基层监管部门在"双随机"抽查时权责明确、放心履职。

健全跨区域、跨层级、跨部门协同监管机制，进一步推进联合执法，建立统一"黑名单"制度，对失信主体在行业准入环节依法实施限制。探索对新技术、新产业、新模式、新产品、新业态采取包容审慎的监管方式，着力为新动能成长营造良好政策环境。强化企业的市场秩序第一责任人意识，建立完善信用修复机制，更好发挥专业服务机构的社会监督作用，引导社会力量共同参与市场秩序治理，逐步构建完善多元共治格局。

（四）加快推进信息归集共享

各地区、各部门要依托已有设施资源和政府统一数据共享交换平台，进一步完善全国和省级信用信息共享平台、国家企业信用信息公示系统，在更大范围、更深层次实现市场主体基础信息、相关信用信息、违法违规信息归集共享和业务协同。

加快完善政府部门涉企信息资源归集目录，建立全国统一标准的企业法人单位基础信息资源库。健全市场监管部门与行政审批部门、行业主管部门之间对备案事项目录和后置审批事项目录的动态维护机制，明确事项表述、审批部门及层级、经营范围表述等内容。

市场监管部门应当按照统一的数据标准，通过省级人民政府统一数据共享交换平台将信息及时推送告知行政审批部门、行业主管部门。行政审批部门、行业主管部门应当将备案事项和后置审批事项信息通过"信用中国"网站和国家企业信用信息公示系统记于相对应市场主体名下，并对外公示。

三、保障措施

（一）加强组织领导

各省、自治区、直辖市人民政府要加强统筹，层层压实责任，确保积极稳妥推进"证照分离"改革。各地区、各部门要结合实际，针对具体改革事项，细化改革举措和事中事后监管措施，逐一制定出台直接取消审批、审批改为备案、实行告知承诺、优化准入服务的具体管理措施，并于 2018 年 11 月 10 日前将具体措施报送市场监管总局备案，同时向社会公开；要推动修改完善相关法律法规，做好相关规章和规范性文件立改废工作。各级市场监管部门要切实肩负起责任，勇于担当，主动作为，扎实推进改革。

（二）强化宣传培训

各地区、各部门要运用通俗易懂的宣传方式，做好改革政策宣传解读工作，扩大各项改革政策的知晓度，及时回应社会关切，营造有利于改革的良好氛围。要加强培训，提升工作人员业务素质和服务意识，确保改革顺利推进。

（三）狠抓工作落实

各地区、各部门要以钉钉子精神全面抓好改革任务落实，健全激励约束机制和容错纠错机制，充分调动推进改革的积极性和主动性，鼓励和支持创新开展工作。要强化督查问责，对抓落实有力有效的，适时予以表彰；对未依法依规履行职责的，要严肃问责。

附件：第一批全国推开"证照分离"改革的具体事项表

国务院

2018 年 9 月 27 日

【例文评析】

这是一则指示性通知。开头表述背景和缘由，主体部分分条表述总体要求、重点内容和保障措施。这则通知条理清楚。

【例文三】

关于国务院食品安全委员会办公室机构设置的通知

中央编办发〔2010〕202 号

国务院食品安全委员会各成员单位：

根据《国务院关于设立国务院食品安全委员会的通知》（国发〔2010〕6 号），为进一步加强食品安全工作，设立国务院食品安全委员会办公室，作为国务院食品安全委员会的办事机构。经国务院和中央编委领导同志同意，现就有关事项通知如下：

国务院食品安全委员会办公室的主要职责是：组织贯彻落实国务院关于食品安全工作方针政策，组织开展重大食品安全问题的调查研究，并提出政策建议；组织拟订国家食品安全规划，并协调推进实施；承办国务院食品安全委员会交办的综合协调任务，推动健全协调联动机制、完善综合监管制度，指导地方食品安全综合协调机构开展相关工作；督促检查食品安全法律法规和国务院食品安全委员会决策部署的贯彻执行情况；督促检查国务院有关部门和省级人民政府履行食品安全监管职责，并负责考核评价；指导完善食品安全隐患排查治理机制，组织开展食品安全重大整顿治理和联合检查行动；推动食品安全应急体系和能力建设，组织拟订国家食品安全事故应急预案，监督、指导、协调重大食品安全事故处置及责任调查处理工作；规范指导食品安全信息工作，组织协调食品安全宣传、培训工作，开展有关食品安全国际交流与合作；承办国务院食品安全委员会的会议、文电等日常工作；承办国务院食品安全委员会交办的其他事项。

国务院食品安全委员会办公室不取代相关部门在食品安全管理方面的职责，相关部门根据各自职责分工开展工作。

国务院食品安全委员会办公室设综合司、协调指导司、监督检查司、应急管理司 4 个内设机构，机关党委办事机构设在综合司。机关行政编制 30 名。其中：主任 1 名、副主任 1 名，司局级领导 12 名。

国务院食品安全委员会办公室的机关财务、后勤及离退休干部工作由国务院机关事务管理局代为管理。

中央编办

2010 年 12 月 6 日

【例文评析】

这是一则告知性通知。开头写通知根据和缘由,主体部分具体表述设立国务院食品安全委员会办公室的有关事项。

【例文四】

关于香港特别行政区政府陈国基、白韫六职务任免的通知

国人字〔2011〕27 号

香港特别行政区政府:

依照《中华人民共和国香港特别行政区基本法》的有关规定,根据香港特别行政区行政长官曾荫权的提名和建议,国务院 2011 年 3 月 21 日决定:任命陈国基为入境事务处处长,免去白韫六的入境事务处处长职务。

国务院

2011 年 3 月 21 日

【例文评析】

这是一则任免性通知。通知写明依据的法律和相关工作程序,不表述原因,显示出通知的权威性。

第二节 通 报

一、通报的含义

《党政机关公文处理工作条例》对通报所下的定义为:适用于表彰先进、批评错误、传达重要精神和告知重要情况。

二、通报的特点

1. 态度的严肃性

写作通报在动笔之前必须审慎地将事实调查核对清楚,使说明的情况确凿无误,对情况进行分析、判断要以事实为基础,以有关法律、规定为依据,使结论科学严谨,从而体现通报的严肃性。

2. 题材的典型性

通报的题材,不论是表彰性的、批评性的,还是通报情况的,都要求有典型意义。典型就是既有普遍性、代表性,又有个性和新鲜感的事实。只有普遍性而没有个性的题材,不能给读者以深刻印象;只有个性而没有普遍意义的题材,缺乏广泛的指导价值。通报的题材,要做到个性与共性的统一。

3．思想的教育性

通报的价值并不仅仅在于宣布对事件的处理结果,而是要树立学习榜样,或者提供鉴戒,使读者能够总结经验、汲取教训,思想上受到启迪,获得教益。

4．制发的时效性

通报的制发是为了推进当前工作顺利进行,因此无论是先进典型、错误事实,还是重要情况一旦出现就要迅速及时地进行通报,以免时过境迁,使通报内容失去现实意义。

三、通报的类型

根据《条例》的适用规定,通报可分为表彰性通报、批评性通报和传达性通报。

1．表彰性通报

这类通报是用来表彰先进人物或先进集体,介绍先进事迹、推广典型经验,号召广大干部、群众向先进单位或个人学习,把工作做得更好的通报。例如,《山东省人民政府关于表彰中国第 9 批援坦桑尼亚医疗队及为甘连喜同志记一等功的通报》(鲁政字〔2008〕37号)。

2．批评性通报

这类通报是针对某一错误事实或某一有代表性的错误倾向而发布的,是用来批评违法违纪事件,惩戒错误,使广大干部、群众能够引以为戒,吸取教训,防止发生类似问题的通报。

例如,《国务院办公厅关于违规修建办公楼等楼堂馆所案件调查处理情况的通报》(国办发〔2007〕41 号)、《国家广播电影电视总局关于处理影片〈苹果〉违规问题的情况通报》。

3．传达性通报

这类通报是用来向有关部门和人员传达重要精神,发布重要情况,使人们了解形势,掌握情况,明确问题,便于统一思想和行动,协调一致地完成工作的通报。例如,《国家统计局、国家计委、国家经贸委关于上半年全国工业经济效益情况的通报》。

四、通报的写法

通报的标题大多采用发文机关＋事由＋文种的常规写法。主送机关一般都比较多,以体现"通"的特点。正文的写法因类而异,下面分别进行介绍。

(一)表彰性通报

表彰性通报的正文分为以下四个部分。

1．介绍先进事迹

这一部分用来介绍先进人物或集体的行动及其效果,要写清时间、地点、人物、基本事件过程。表达时使用概括叙述的方式,只要将事实讲清楚即可,不能展开绘声绘色的描绘,篇幅也不可过长。

如果是基层单位表彰个人先进事迹的通报,事迹还可以更具体一些。

2. 先进事迹的性质和意义

这部分主要采用议论的写法,但并不要求有严谨的推理,而是在概念清晰的前提下,以判断为主。既要注意文字的精练,又要注意措辞的分寸感和准确性,不能出现过誉或夸饰的现象。

3. 表彰决定

这部分写什么会议或什么机构决定,给予表彰对象以什么项目的表彰和奖励。

如果表彰的是若干个人,或者有具体的奖励项目,则可分别列出。要注意的主要是清晰、简练,用词精当的问题。

4. 希望号召

这是表彰通报必须有的结尾部分,用来提出希望、发出号召。希望号召部分表述的是发文的目的,也是全文的思想落脚点,要写得完整、得体,富有逻辑性。

(二)批评性通报

批评性通报也分为以下四个部分。

1. 错误事实或现象

如果是对个人的错误进行处理的通报,则这部分要写明犯错误人的基本情况,包括姓名、所在单位、职务等,然后是对错误事实的叙述,要写得简明扼要、完整清晰。

如果是对部门、单位的不良现象进行通报,则这部分将要占较大的篇幅。

如果是针对普遍存在的某一问题进行通报,则这部分要从不同地方、不同单位的许多同类事实中选择出一些有代表性的进行综合叙述。

2. 错误性质或危害性的分析

若为处理单一错误事实的通报,则这部分要对错误的性质、危害进行分析,一般都写得比较简短。

若是对综合性的不良现象或问题进行通报,则这部分的分析性文字可能要复杂一些。对不良现象或问题的性质和原因,要分析得全面、深刻,为下文提出纠正措施打下基础。

3. 惩罚决定或治理措施

若对个人单一错误事实进行处理,则要写明根据什么规定,经什么会议讨论决定,给予什么处分等。

若对普遍存在的错误问题或现象进行处理,则在这部分中要提出治理、纠正的方法措施。内容复杂时,这部分可以分条列项。

4．提出希望要求

在结尾部分,发文机关要对受文单位提出希望要求,以便受文单位能够高度重视、认清性质、汲取教训、采取措施。

如果是针对一些违纪比较严重的现象进行通报,则结尾部分的措辞还可以更严厉一些,譬如提出继续违反要严惩、要登报公布等警告。

(三)传达性通报

传达性通报正文由三个部分构成。

1．缘由与目的

传达性通报的开头要首先叙述基本事实,阐明发布通报的根据、目的、原因等。

作为开头,文字不宜过长,要综合归纳、要言不烦。

2．情况与信息

主体部分主要用来叙述有关情况、传达某些信息,通常内容较多,篇幅较长,要注意梳理归类,合理安排结构。

3．希望与要求

在明确情况的基础上,对受文单位提出一些希望和要求。这部分是全文思想的归结之处,写法因文而异,总的原则是抓住要点,切实可行,简练明白。

【例文五】

2018年第二季度全国政府网站抽查情况通报

为深入贯彻习近平新时代中国特色社会主义思想和党的十九大精神,落实全国网络安全和信息化工作会议要求,按照工作安排,国务院办公厅政府信息与政务公开办公室(以下简称国办信息公开办)近期组织开展了2018年第二季度全国政府网站抽查。现将有关情况通报如下:

一、总体情况

截至2018年6月1日,全国正在运行的政府网站22 206家(含中国政府网)。其中,国务院部门及其内设、垂直管理机构政府网站1839家,省级政府门户网站32家,省级政府部门网站2265家,市级政府门户网站518家,市级政府部门网站13 614家,县级政府门户网站2754家,县级以下政府网站1183家。

第二季度,国办信息公开办随机人工抽查各地区和国务院部门政府网站441个,总体合格率96%。其中,北京等22个地区政府网站抽查合格率为100%;北京、天津、江苏、浙江、山东、湖南、海南、四川、贵州、云南、陕西、甘肃、青海连续四个季度抽查合格率达100%。各地区、各部门共抽查本地区、本部门政府网站12 286个,占运行政府网站总数的55%,总体合格率97%。经抽样复核,地区和部门抽查情况整体真实准确,抽查情况和问题网站名单已在中国政府网公开。

第二季度，各地区、各部门继续加大对不合格政府网站责任单位和相关人员的问责力度，共有 300 人被问责，其中 190 名责任人被上级主管单位约谈，32 人作出书面检查，68 人被通报批评，7 人被调离岗位，2 人被党内警告，1 人被停职。"我为政府网站找错"平台收到网民有效留言 15 885 条，总体办结率 99%。内蒙古、上海、江苏、发展改革委、教育部等 38 个地区和部门留言按期办结率达 100%，较一季度增加 12 家。

各级政府网站及政务新媒体积极配合做好"群众办事百项堵点疏解行动"。其中，第一批堵点难点征集活动（截至 4 月底），全国共有 18 620 家政府网站和 9179 个政务新媒体进行了推广宣传；第二批堵点难点征集活动（截至 5 月底），全国共有 19 676 家政府网站和 1 0921 个政务新媒体进行了推广宣传。

二、主要问题

1. 部分网站管理不到位

山西省"大同市南郊区卫生局网"、新疆维吾尔自治区"乌鲁木齐市人事考试网"等网站申请关停后，未按规定完成下线流程，仍在违规运行。辽宁省庄河市人民政府同时开设两个门户网站，其中一个网站信息长期不更新。

黑龙江省"中国中小企业黑龙江网"于 2017 年第一季度被通报不合格后，整改工作未举一反三，仍存在空白栏目、链接不可用等问题。"国资委建材离退休干部局网站"首页长期不更新，且发稿日期造假。福建省"莆田市水利信息网"、河北省"张家口市交通运输局网"、广西壮族自治区龙胜各族自治县"龙胜教育信息网"互动栏目长期不回应。

2. 一些网站办事服务水平不高

本次抽查的 441 家网站中，约 10% 存在办事指南信息不完整、不准确问题，如甘肃省定西市"通渭政务服务网"、重庆市"垫江县市政园林局网"等；约 24% 存在搜索不准确、不实用，甚至没有搜索功能的情况，如"住房和城乡建设部网""国家粮食和物资储备局网""新疆生产建设兵团安全生产监督管理局网"等。

3. 少数网站"我为政府网站找错"渠道不畅通

市场监管总局"国家企业信用信息公示系统网"、山东省临沂市"蒙山旅游区管理委员会网"、辽宁省"辽宁建设工程信息网"、上海市"浦东新区政府采购中心网"等未按规定添加"我为政府网站找错"平台入口，未注明网站标识码等内容，其中"蒙山旅游区管理委员会网"未在全国政府网站信息报送系统中填报。

4. 政务新媒体运行管理有待加强

媒体报道，近年来虽然政府网站"僵尸""睡眠"等问题得到有效解决，但类似问题在政务新媒体上时有发生。不少政务移动客户端内容长期不更新、功能不可用，公众评分和下载量较低；个别政务微博、微信公众号等发布信息不认真、不严肃，对群众的咨询回复敷衍了事，甚至出现"雷人雷语"，引发社会关注，给政府形象和公信力造成不良影响。

三、下一步工作要求

各地区、各部门要深入贯彻习近平总书记网络强国战略思想,进一步按照政府网站发展指引要求,切实履行监管职责,不断提高政府在线服务水平。

1. 加大常态化监管力度

在不断提高自查比例的同时,深入开展查遗补漏工作,加强对问题网站的督促整改,确保监管无死角、问题不反弹。进一步做好党政机关网站标识、"我为政府网站找错"平台入口、网站标识码、ICP 备案编号、公安机关备案标识等内容的规范添加工作。积极配合机构改革,切实做好相关网站改版、整合、迁移、下线等工作,并及时在全国政府网站信息报送系统中填报完善信息。

2. 提升网站服务水平

全面准确公开办事指南信息,推进办事服务"网上公开、网上办理、网上反馈、网上留痕"。注重服务功能的实用性,让公众"找得到、用得了、办得成"。畅通互动交流渠道,完善网民留言的处理转办回应机制,做好网民意见建议受理反馈情况的公开工作,确保"件件有落实、事事有回音"。

3. 加强政务新媒体管理

按照政务新媒体基本情况调查摸底有关要求,认真做好信息统计报送等工作,及时解决摸底过程中发现的问题,对维护不力的政务新媒体要尽快加强保障力量或关停整合。加强政务新媒体内容保障和日常监管,不断提高信息发布、解读和回应质量,努力提升政府在移动端的办事服务能力。

各地区、各部门请于 9 月 20 日前将第三季度网站抽查情况书面报送国办信息公开办。对本次通报的问题网站,各有关地区和部门要采取有力措施进行整改,整改情况与抽查情况一并报送。

附件:

1. 2018 年第二季度网站监管工作成效明显的地区和部门
2. 各地区政府网站运行和抽查情况
3. 抽查发现存在突出问题的政府网站名单

国务院办公厅政府信息公开办

2018 年 8 月 6 日

【例文评析】

这是一则批评性通报。该通报首先用非常简洁的语言叙述抽查情况,为后面写通报的缘由作了必不可少的铺垫,其指示性要求写得明确、具体。全文语气严肃,责令确切,体现了上级机关的权威性。

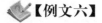**【例文六】**

国务院办公厅关于对 2017 年落实有关重大政策措施
真抓实干成效明显地方予以督查激励的通报

国办发〔2018〕28 号

各省、自治区、直辖市人民政府，国务院各部委、各直属机构：

为进一步加大正向激励，充分调动和激发各地从实际出发干事创业的积极性、主动性和创造性，推动形成主动作为、竞相发展的生动局面，根据《国务院办公厅关于对真抓实干成效明显地方加大激励支持力度的通知》（国办发〔2016〕82 号），结合国务院大督查、专项督查和部门日常督查情况，经国务院同意，对 2017 年落实推进供给侧结构性改革、适度扩大总需求、深化创新驱动、优化营商环境、保障和改善民生等有关重大政策措施真抓实干、取得明显成效的 25 个省（区、市）、82 个市（地、州、盟）、116 个县（市、区、旗）等予以督查激励，相应采取 24 项奖励支持措施。希望受到督查激励的地方珍惜荣誉，再接再厉，取得新的更大成绩。

2018 年是全面贯彻党的十九大精神的开局之年，是改革开放 40 周年，是决胜全面建成小康社会、实施"十三五"规划承上启下的关键一年。各地区、各部门要更加紧密地团结在以习近平同志为核心的党中央周围，高举中国特色社会主义伟大旗帜，以习近平新时代中国特色社会主义思想为指导，全面深入贯彻党的十九大和十九届二中、三中全会精神，坚持稳中求进工作总基调，坚持新发展理念，坚持以供给侧结构性改革为主线，围绕大力推动高质量发展、加大改革开放力度、打好三大攻坚战，锐意进取、积极作为，真抓实干、埋头苦干，以钉钉子精神狠抓各项工作落实，确保党中央、国务院决策部署不折不扣落实到位，圆满完成全年经济社会发展主要目标任务，为决胜全面建成小康社会、夺取新时代中国特色社会主义伟大胜利作出新的贡献。

附件：2017 年落实有关重大政策措施真抓实干成效明显的地方名单及激励措施

国务院办公厅
2018 年 4 月 28 日

【例文评析】

这是一则表彰性通报。先讲通报的缘由和根据，然后列举表彰单位的名单，最后提出号召和希望。

【例文七】

国务院办公厅关于部分地方优化营商环境典型做法的通报

国办函〔2018〕46 号

各省、自治区、直辖市人民政府,国务院各部委、各直属机构:

党中央、国务院高度重视优化营商环境工作,作出重要部署。各地区、各部门认真贯彻落实,坚持问题导向和需求导向,持续深化简政放权、放管结合、优化服务改革,加快政府职能深刻转变,降低制度性交易成本,着力打造国际一流、公平竞争的营商环境,取得积极成效,创造和积累了一系列好的经验做法。为促进各地区、各部门交流互鉴,进一步推动形成竞相优化营商环境的良好局面,经国务院同意,现将开展企业投资项目承诺制改革等 28 项优化营商环境的典型做法通报如下。

一、部分地方优化营商环境典型做法

(1) 改革投资审批等制度方面 8 项:企业投资项目承诺制改革、"多规合一"和完善工程建设项目审批体系改革、并联审批和"多图联审"等改革、区域评估改革、"标准地"改革、限时联合验收改革、强市放权改革、制定政府部门内部审批事项清单。

(2) 便利企业开办和经营方面 3 项:"一照多址"和"一证多址"改革、涉税业务"全市通办"、以"线上税银互动"缓解企业融资难题。

(3) 提升贸易便利化水平方面 3 项:推行"一站式阳光价格"清单、贸易服务事项只进"一扇门"、海关特殊监管区域"四自一简"监管模式。

(4) 创新监管理念和方式方面 4 项:信用风险分类监管、制定新兴行业分类指导目录、大数据监管、跨区域网络市场协同监管。

(5) 提供优质公共服务方面 4 项:"互联网＋医疗健康"和"互联网＋教育""互联网＋医保"、公用服务企业入驻政务服务中心、获得电力便利化改革。

(6) 推进政务服务"一网、一门、一次"改革方面 6 项:政务服务一张网、审批服务标准化、集成套餐服务、民生服务"指尖"办理、不动产登记改革、建设统一政务咨询投诉举报平台。

二、工作要求

各地区、各部门要坚决贯彻落实党中央、国务院决策部署,深刻认识优化营商环境的重要性、紧迫性,以更大决心、更强力度、更实举措推进"放管服"改革,持续优化营商环境,聚焦市场主体和人民群众办事创业的痛点难点,突出重点,把该放的权放给市场主体,营造公平竞争的市场环境,更大限度激发市场活力、调动人的积极性和社会创造力。

各地区要主动对标先进,相互学习借鉴,从自身实际出发,锐意探索创新,切实解决企业群众办事创业面临的困难问题,在优化营商环境方面创造更多管用可行的创新举措。

国务院各有关部门要结合工作职能,加强业务指导,支持地方先行先试,为地方改革创新探索创造条件,帮助解决实际困难。国务院推进政府职能转变和"放管服"改革协调小组办公室要会同有关部门,密切跟踪各地区优化营商环境工作进展,及时总结推广好的经验做法。

　　附件:部分地方优化营商环境典型做法

国务院办公厅

2018 年 7 月 24 日

【例文评析】

　　这是一则传达性通报。先讲通报的缘由和根据,然后列举优化营商环境的典型做法,最后提出要求和希望。

第三节　通　　告

一、通告的含义

　　《党政机关公文处理工作条例》对通告所下的定义为:适用于在一定范围内公布应当遵守或者周知的事项。

二、通告的特点

1. 法规性

　　通告常用来颁布地方性的法规,这些法规一经颁布,特定范围内的部门、单位和民众都必须遵守、执行。例如,《××省无线电管理委员会办公室关于清理整顿无线电通信秩序的通告》,对有关事宜作了八条规定;《××市人民政府关于坚决清理非法占道经营的通告》,为改善交通秩序和市容环境,作了五条规定。

2. 周知性

　　通告的内容,要求在一定范围内的人们或特定的人群普遍知晓,以使他们了解有关政策法令,遵守某些规定事项,共同维护社会公务管理秩序。

3. 实务性

　　所有的公文都是实用文,从根本性质上说都应该是务实的。但它们之间还是有一些区别的,有的公文只是告知某事,或者宣传某些思想、政策,并不指向具体事务。通告则是一种直接指向某项事务的文种,务实性比较突出。

4. 行业性

　　不少通告都具有鲜明的行业性特点,如税务局关于征税的通告,机动车管理部门关于机动车辆年度检验的通告,银行关于发行新版人民币的通告,房产管理局关于对商品房销售面积进行检查的通告等,都是针对其所负责的那一部分的业务或技术事务发出的通告。因此,通告行文中要时常引用本行业的法规、规章,也免不了使用本行业的术语、行话。

三、通告的分类

通告有法规性通告和知照性通告两大类型。这两种通告是以法规性的强弱不同为标准来区分的,二者之间没有绝对的界限。法规性的通告不可能没有知照性,知照性的通告完全没有法规内容的也不多见。但二者在性质上毕竟有所区别,如《关于坚决清理非法占道经营的通告》,强制性措施较多,属于法规性通告;关于因施工停水、停电的通告,主要起通知事项的作用,没有强制性措施,属于知照性通告。

四、通告的写法

(一)通告的标题和发文字号

1.通告的标题

通告的标题主要有以下两种写法。

一是全题写法,也就是公文标题的常规写法,由发文机关、主要内容、文种三者共同构成。如《河南省地方税务局关于认真落实〈事业单位、社会团体、民办非企业单位企业所得税征收管理办法〉的通告》《广西工商行政管理局广西国有资产管理局关于办理20××年度企业法人年检及国有资产产权登记的通告》等。

二是省略主要内容的写法,由发文机关、文种组成。如《中华人民共和国公安部通告》《××市房地产管理局通告》等。

通告也可以由主要内容和文种构成标题,还有的通告标题只有文种"通告"二字。

通告标题还有一种特殊的写法,将标题分为两个部分:第一部分是发文机关加文种,即"××××通告";第二部分是通告的主要内容。例如《中国人民银行通告明日起发行1990年版壹圆券人民币》。

2.通告的发文字号

通告的发文字号不像一般公文那样只用常规方式,在实践中有多种情况并存。

如果是政府发布通告,要有正规的发文字号,如《北京市昌平区人民政府关于对部分机动车采取交通管理措施降低污染物排放的通告》,发文字号就是"昌政发〔2014〕11号"。

如果是某一行业管理部门发布通告,则可采用"第×号"的方式,标示位置在标题之下正中。

一些基层企事业单位发布的通告,也可以没有字号。

(二)通告的正文

正文采用公文通用结构模式撰写,共分三大部分。

1. 通告缘由

作为开头部分,通告缘由主要用来表述发布通告的背景、根据、目的、意义。

这个开头部分主要写了发布通告的前景、根据和目的。

2. 通告事项

这是主体部分,文字最多,内容最复杂。较多采用分条列项的写法,以做到条理分明,层次清晰。如果内容比较单一,则可采用贯通式写法。

3. 通告结语

这是结尾部分,写法比较简单,多采用"本通告自发布之日起实施"或"特此通告"的模式化结语。

【例文八】

上海市人民政府关于首届中国国际进口博览会
期间实行临时价格干预措施的通告

首届中国国际进口博览会(以下简称"进口博览会")将于 2018 年 11 月 5 日至 10 日在上海举行。为保持进口博览会期间价格稳定,营造良好的价格秩序和环境,根据《中华人民共和国价格法》的有关规定,经市政府研究,对全市酒店旅馆、网约出租汽车和部分公共停车场(库)实行临时价格干预措施。现将有关事项通告如下:

一、临时价格干预措施实施期间

2018 年 10 月 26 日至 2018 年 11 月 14 日。

二、临时价格干预措施实施范围

(一)全市所有具有住宿企业经营许可的酒店旅馆及其客房销售企业。

(二)全市所有网约出租汽车。

(三)国家会展中心(上海)周边 6 个区(青浦、闵行、长宁、嘉定、普陀、松江)实行市场调节价的公共停车场(库)。

三、临时价格干预措施

(一)酒店旅馆客房价格

1. 全市所有酒店旅馆销售的临时价格干预措施实施期间各类客房的实际交易价格(包含线上、线下所有交易渠道),不得高于 2017 年 10 月 1 日至 11 月 30 日期间该酒店旅馆同等房型、同等服务条件客房的最高交易价格。

2. 2017 年 12 月 1 日以后新开业的酒店旅馆,应当参照同等地段、同等档次酒店旅馆客房价格水平,确定临时价格干预措施实施期间各类客房最高销售价格,并向所在区旅游主管部门申报。其中,2017 年 12 月 1 日至本通告施行前新开业的酒店旅馆,应当在本通告开始施行后 10 个工作日内申报;本通告开始施行后新开业的酒店旅馆,应当在开业前 10 个工作日内申报。区旅游主管部门应当在受理酒店旅馆申报后 5 个工作日内,会同区价格主管部门出具审核意见,并抄送区市场监管部门。酒店旅馆销售的临时价格干预措施实施期间各类客房的实际交易价格(包含线上、线下所有交易渠道),不得高于相关部门核准的价格。

(二)网约出租汽车运价

1. 本通告施行前已在沪运营的网约出租汽车平台,其在临时价格干预措施实施期间各类车型运价(包括各运价组成部分的价格),不得高于通告施行前一日该平台实际执行运价(包括各运价组成部分的价格),同时,不得新增其他收费项目。各平台经营者应当在通告开始施行后10个工作日内,将通告施行前一日本平台运价表及临时价格干预措施实施期间拟实行的运价表报送市价格主管部门。

2. 本通告开始施行后在沪新投入运营的网约出租汽车平台,其在临时价格干预措施实施期间各类车型运价(包括各运价组成部分的价格),不得高于通告施行前已在沪运营网约出租汽车平台在通告施行前一日相同或相似车型的最高运价(包括各运价组成部分的价格)。各平台经营者应当在投入运营前10个工作日,将临时价格干预措施实施期间本平台拟实行的运价表报送市价格主管部门。

(三)实行市场调节价的公共停车场(库)价格

1. 本通告施行前,国家会展中心(上海)周边6个区已对外经营的公共停车场(库)在临时价格干预措施实施期间,机动车停放收费标准不得高于本通告施行前经营者办理公共停车场(库)经营备案时报送的收费标准。

2. 本通告开始施行后,国展会展中心(上海)周边6个区首次办理经营备案的公共停车场(库)机动车停放收费标准在临时价格干预措施实施期间,不得高于所在区域同等场(库)政府指导价上限。

四、临时价格干预措施实施要求

(一)各经营单位应当严格执行临时价格干预措施的有关规定,规范自身价格行为,认真做好明码标价。市、区有关部门要抓紧开展酒店旅馆、交通等专项检查,严厉查处未执行临时价格干预措施等违法行为,维护市场价格秩序。

(二)公民、法人或者其他组织对违反临时价格干预措施的行为,可以通过"12358"价格举报服务热线和"12358"价格监管平台等途径进行监督举报。

(三)依据《中华人民共和国价格法》《价格违法行为行政处罚规定》的有关规定,对不执行法定价格干预措施的,责令改正,没收违法所得,并处违法所得5倍以下的罚款;没有违法所得的,处10万元以上100万元以下的罚款;情节较重的处100万元以上500万元以下的罚款;情节严重的,责令停业整顿。

本通告自2018年8月15日起施行,有效期至2018年11月14日。

上海市人民政府

2018年8月10日

【例文评析】

这是一则法规性通告。第一部分为通告缘由,随后用"现将有关事项通告如下"引出正文,正文逐项列出通告内容。收尾运用了规范的说明式结尾。全文短小精悍,语言简练,是一篇简洁干练的通告。

【本章小结】

通知、通报、通告都是党政机关公文中比较常见的文种,且通知又以使用频率极高而在公文中著称。本章分别从含义、特点、分类以及写法等方面对三种文体进行了阐释,并辅之以例文分析。在学习本章文体知识以及写作规范等内容之后,应与实际应用相结合,力求做到准确选择文种,正确表达思想,规范使用公文,高效发挥作用。

【拓展实训】

一、判断下列事项可以用哪类公文行文,试拟出公文标题

1. 某学院印发一项学生管理规定。
2. 某学校召开教学工作会议,告知各系、部事先做好准备。
3. 某单位批评一国资管理干部玩忽职守,给国家造成经济损失的行为。
4. 四川省人民政府批转绵阳市卫生局关于做好地震灾后防疫工作的意见。
5. 某学院就校园门口空地泊车事宜告知有关人士。

二、请改正下列标题的错误

1. 北京市教委转发北京青年政治学院关于进一步做好 2011 届毕业生就业工作意见的通知
2. 金盏乡人民政府关于印发朝阳区人民政府〔2011〕10 号文件通知
3. 中国网通总部关于转发云南省中国网通分部《关于建立电信安全岗位责任制经验总结》的通知
4. 北京市旅游局关于批转国家旅游局《旅行社管理暂行条例》的通知

三、下文是一则消息,请将其改写为一份布置活动工作的通知。材料不足之处可自己进行合理虚构补充

提示:以你所在学院学生工作处名义拟文,面向全院各相关部门制作一份关于举办

"红五月"歌咏比赛的通知。

歌唱、青春、舞动、梦想——"红五月"歌咏比赛举行

5 月 24 日的大礼堂气氛热烈、热闹非常。以"歌唱 青春 舞动 梦想"为主题的"红五月"歌咏比赛在这里举行。

我院各系、泰尔弗分院及东校区，均派出强力阵容参加此次比赛。按比赛的有关程序规定，每个参赛队演唱两首歌曲，共青团团歌为必选曲目。担任本次大赛的评委是张胜、王宝成、朱明芳、王丽娜、冉晓松、赵晓辉。

比赛在精彩的角逐中进行。赛场上，各参赛队以饱满的热情、激昂的情绪，展示出青春活力，显现出各系及分院的风采。台下观众的喝彩声一浪高过一浪，不时地为各参赛队的精彩表现加油助威。

经过近两个小时的激烈争锋，艺术系凭借出色的发挥摘得桂冠，东校区、管理系则以微弱的分差并列第二。

第五章

报告、请示、批复

【学习目标】

知识目标：

掌握报告、请示、批复的含义，了解其种类和特点，理解报告与请示的异同，理解请示与批复的对应关系。

能力目标：

能够撰拟规范的报告、请示、批复，能够运用正式公文的格式行文。

【情景导入】

李楠是一个文艺青年，新学期通过竞聘争取到校办公室实习的机会，他踌躇满志，下决心有所作为。这个学期，学校要承办市大学生运动会（简称"大运会"），但是，学校体育设施比较简陋，不能满足大运会的需求。学校领导商议后，准备对体育场地进行改造。由于学校力量有限，需要向上级部门申请资金。

某日，校领导把李楠喊来，说："咱们开运动会经费短缺，得打个报告说明情况，争取点经费，你来写吧。"

于是，李楠通宵达旦赶出来一篇报告，从学校的情况到运动会的需求，洋洋洒洒几千字。第二天兴冲冲地交给校领导。可领导一看，说："怎么写成报告了？"李楠懵了，说道："您不是说打个报告吗？"

这是怎么回事呢？李楠该用什么文种行文呢？

第一节　报　　告

一、报告的含义

《党政机关公文处理工作条例》对报告所下的定义为：适用于向上级机关汇报工作、

反映情况,回复上级机关的询问。

二、报告的特点

1. 应用的广泛性

报告的用途十分广泛,具体而言,报告可以向上级机关汇报工作,使上级机关全面掌握工作进展的情况;报告也可以用来向上级机关反映情况,使上级机关及时准确了解具体情况;报告还可以用来答复上级机关的询问,告知上级机关本单位对询问事项的安排处理情况。

2. 行文的单向性

与请示不同的是报告为下级机关向上级机关汇报工作、反映情况、提出建议时使用的单方向上行文,上级机关只需要审阅其内容即可,不需要给予批复。

3. 内容的陈述性

报告要将本机关的工作或情况向上级一一陈述清楚,所表达的内容和使用的语言都是陈述性的。陈述性公文主要使用叙述和说明的表达方式。

4. 时机的事后性

在机关工作中,有"事前请示,事后报告"的说法。多数报告都是在工作开展了一段时间之后,或是在重大、突发情况发生之后向上级作出的汇报。

三、报告的类型

从不同的角度,可将报告划分为不同的种类。按其性质划分,有综合报告和专题报告;按其适用内容划分,有情况报告、答复报告和报送报告。

1. 综合报告

综合报告涉及面宽,应涉及主要工作范围之内的方方面面,可以有主次的区分,但不能有大的遗漏。大到国务院提供给人民代表大会的政府工作报告,小到某单位向上级提供的年度、季度、月份工作报告,都属于这种类型。

2. 专题报告

专题报告的涉及面窄,只针对某一方面的工作或者某一项具体工作进行汇报,如党政机关关于"三讲"工作的报告,行政机关关于技术革新工作的报告等。

3. 情况报告

情况报告是向上级机关或业务主管机关反映本单位、本地区突发情况或临时出现的问题的报告。一般来说,在发生特殊情况、较大事故、突发事件时,应该及时将有关情况向上级机关原原本本地进行汇报;对于一些带有倾向性的新问题、新现象、新动态、新事物,也要向上级机关报告。凡此种种,常常采用情况报告。

4. 答复报告

答复报告是答复上级机关或业务主管机关询问事项的报告。这种报告内容针对性最强,上级询问什么,就答复什么,不能答非所问。对待上级机关的询问,一定要慎重,如果不了解实情,就要经过深入的调查研究后再作答复。

5. 报送报告

报送报告是向上级机关报送重要文件或物件时使用的报告。正文通常非常简略,只需写明报送文件或物件的名称、数量,以"请收阅""请查收"结尾即可。真正有意义的内容都在所报送的文件里。

四、报告的写法

(一)报告的标题和主送机关

1. 报告的标题

报告的标题有两种写法:一是发文机关＋主要内容＋文种的写法,如《中共中央纪律检查委员会关于清理党政干部违纪违法建私房和用公款超标准装修住房的报告》;二是主要内容＋文种的写法,如《关于进一步加强我市公共场所防火工作的报告》。

2. 报告的主送机关

行政机关的报告,主送机关应尽量少,一般只送一个上级机关即可。但行政机关受双重领导的情况比较多见,只报送其中一个上级机关显然不妥,因此,有时主送机关可以不止一个。报告应报送自己的直接上级机关,一般情况下不要越级行文。

(二)报告的正文

1. 报告导语

导语指报告的开头部分,它起着引导全文的作用,所以称为导语。

不同类型的报告,其导语的写法也有较大不同。概括起来,报告的导语有以下几种类型。

(1)背景式导语,即交代报告产生的现实背景。

(2)根据式导语,即交代报告产生的根据。

(3)叙事式导语,在开头简略叙述一个事件的概况,一般用于反映情况的报告。

(4)目的式导语,将发文目的明确阐述出来作为导语。

报告导语的写法不止以上四种,运用时可以举一反三,融会贯通,灵活处理。

2. 报告主体

报告的主体也有多种写法,下面择要介绍几种常见形态。

（1）总结式写法

这种写法主要用于工作报告。主体部分的内容，以成绩、做法、经验、体会、打算、安排为主，在叙述基本情况的同时，有所分析、归纳，找出规律性认识，类似于工作总结。

总结式写法最需要注意的是结构的设计安排。按照总结出来的几条规律性认识来组织材料、安排层次，是最常用的结构方式。

（2）"情况—原因—教训—措施"四步写法

这种结构多用于情况报告。先将情况叙述清楚，然后分析情况产生的原因，接着总结经验教训，最后提出下一步的行动措施。例如《××省商业厅关于××市百货大楼重大火灾事故的报告》，采用的就是这种写法。

（3）指导式写法

这种结构多用于建议报告。希望上级部门采纳建议，批转给有关部门执行、实施，是建议报告的基本写作目的。为此，建议要针对某项工作提出系统完整的方法、措施和要求，对工作实行全面的指导。形式上采用分条列项的方法逐层表达。

3．报告结语

报告的结语比较简单，可以重申意义、展望未来，也可以采用模式化的套语收结全文。模式化的写法大致是："特此报告""以上报告，请审阅""以上报告如无不妥，请批转执行"等。

【例文一】

关于市中小企业局2010年政府信息公开年度工作报告

市政府信息公开办：

根据市政府《关于做好2010年度我市行政机关政府信息公开年度报告工作的通知》的有关精神和要求，我们对2010年我局的政府信息公开工作做了认真梳理。现将2010年政府信息公开工作情况总结如下：

一、概述

2010年，我局认真贯彻落实《中华人民共和国政府信息公开条例》和市政府信息公开有关规定，进一步健全制度、落实责任、强化督查，大力推进政府信息公开工作，政府信息公开工作逐步走上了制度化、常态化、规范化轨道，截至2010年12月31日，我局在政府门户网站共公开政府信息25条，受理网上依申请信息1条。

1．组织机构建设逐步加强

为推进政府信息公开工作，我局成立了以薄云副局长为组长，综合处处长为副组长，各处处长为成员的政府信息公开工作领导小组，负责指导、协调、监督、落实政府信息公开工作。领导小组下设办公室，具体负责本单位政府信息公开工作，明确了工作人员，确保了此项工作顺利开展。

2．健全规章制度，加强保密审查

我局始终把制度建设贯穿于政府信息公开工作之中，认真完善各项规章制度。

一是规范了公文发布流程。在公开工作过程中，我们从发文源头入手，修改发文单，增加公开意见、法律审核、保密审核项目，将公开的审核融于文件生成的过程中。机关各处室起草公文完毕后，填写发文单，承办处室负责人签署意见并注明文件是否公开，若不公开写明理由。

二是建立了信息发布保密审查制度。对于确定公开的文件，经调研处法律审核、文字审修和综合处保密审核后，报局领导签发，同时承办处室负责报送红头文件 3 份，公文电子版报送政府信息公开办进行网上公开和邮寄。严格要求信息公开工作人员，发布信息时需经相关部门保密审查后方能发布，对因工作人员失职造成泄密事件，将依据有关规定追究其责任。2010 年，我局无泄密事件发生。

二、主动公开政府信息情况

按《政府信息公开条例》和有关要求，我们编制了《天津市中小企业局信息公开指南》和《天津市中小企业局信息公开目录》。今年我局公开信息共 25 条，主要包括政府职能、政府规章性文件、人事任免等信息。

三、依申请公开政府信息情况

我局明确了综合处为依申请公开政府信息的受理机构，并拟定了详细的受理程序，发布在政府信息公开网站上，以方便群众知晓其受理程序、要求、受理机构、受理时间、受理方式，从而方便快捷地为公众提供本单位依申请公开的政府信息。今年我局只接到一个公民在网上提出的申请，由于所提内容不在我局范围之内，已给申请者圆满答复。

四、行政复议、行政诉讼情况

截至 2010 年 12 月 31 日，我局尚未收到公民、法人和其他组织因政府信息公开引发的申诉、行政复议和行政诉讼案件。

五、存在的主要问题

（1）思想认识上存在一定的差距。个别干部对政务公开认识上某些时候存在一定的偏差，有待进一步加强学习，提高政务服务水平，提高思想认识。

（2）政务公开制度建设有待加强。政务公开的内容、程序、形式和监督保障措施还有待进一步健全；政务公开的重点还没有完全反映人民群众普遍关心、涉及人民群众切身利益的问题。

（3）由于我局无行政审批职能，主要以服务企业、区县经济和示范园区为主，人员少，平时业务量大，无专职人员负责此项工作。信息公开工作质量创新上还需进一步提高。

六、2011 年工作打算

（1）进一步加强组织机构建设。健全政府信息公开工作组织机构，建立政府信息公开工作人员档案,明确政府信息公开责任分工,要求每个处室固定地明确一名同志具体负责本处的政府信息公开工作,以保持工作的稳定性和连续性,解决政府信息公开工作有人抓、有人管的问题。

(2)进一步健全信息公开制度。进一步建立健全政府信息公开管理办法和制度、政府信息公开办理工作流程、政府信息公开保密审查制度、政府信息日常督查制度、政府信息公开考核制度、以保障政府信息公开工作有章可循。

附件:政府信息公开年度报告表

天津市中小企业发展促进局

2011 年 3 月 15 日

【例文评析】

这是一则汇报工作的专题报告。由标题可以看出,这则报告主要汇报本单位本年度政府信息公开情况。开头使用根据式导语。正文分六部分,第一部分概述本单位本年度的政府信息公开情况;第二至四部分,分别汇报本单位本年度政府信息公开工作情况的三个方面;第五部分列举主要存在的问题;第六部分主要表述下一年的工作打算。正文使用总结式写法。报告条理清楚,层次分明。

【例文二】

关于张××同志职称评定问题的答复报告

××市人民政府办公室:

接市办 5 月 20 日查询我单位张××同志有关职称评定情况的通知后,我们立即进行了调查。现将有关情况报告如下:

张××同志是我集团公司二分厂工程师。该同志 1962 年起曾在××工程学院受过四年函授教育,学习了有关课程。由于"文革"而未能取得学历证明。因缺乏学历证明,在今年上半年职称评定时,根据上级有关文件精神,我单位职称评委会决定暂缓向上一级职称评委会推荐评定他的高级工程师职称,待取得学历证明后补办。该同志认为这是在刁难他,因而向市政府提出了申诉。

接到市政府办公厅查询通知后,我们专程派人去××工程学院查核有关材料,得到××工程学院的支持,正式出具了该同志的学历证明。现在,我集团公司职称评委会已为张××同志补办了有关评定高级工程师的推荐手续,并向该同志说明了情况。对此,他本人已表示满意。

特此报告。

××集团公司

2005 年 5 月 30 日

【例文评析】

这是一则答复报告。正文开门见山写接到市办查询通知及已进行了调查，这是行文的背景。接着以文种承启语"现将有关情况报告如下"导出主体。主体写缘由、调查和处理的情况，有理有据。结尾提到张××本人对处理结果的态度，是本文很关键的一笔。

第二节　请　　示

一、请示的含义

《党政机关公文处理工作条例》对请示的定义为：适用于向上级机关请求指示、批准。

二、请示的适用范围

请示作为报请性的上行文，应用范围十分广泛。大致可归纳为以下几个方面。

（1）下级机关遇到新情况、新问题，因无章可循而没有对策或没有把握，需要上级机关给以指示的时候，要用请示行文。

（2）下级机关在处理较为重要的事件和问题时，因涉及有关方针政策必须慎重对待，需要报请上级机关批准时，要用请示行文。

（3）下级机关在工作中遇到问题，虽然有解决的办法，但由于职权、条件的限制，没有权力或没有能力实施这些办法，需要上级帮助解决的时候，要用请示行文。

（4）下级机关遇到某方面的困难，要报请上级机关（特别是主管机关）给予财力、物力或人力上的援助，通常是向主管机关要钱、要物、要人时，要用请示行文。

（5）下级机关对有关方针、政策和上级机关发布的规定、指示有疑问，需要上级机关给予解答时，要用请示行文。

（6）下级机关之间在较重要的问题上出现意见分歧，需要上级机关裁决时，要用请示行文。

三、请示的特点

1. 求复性

在公文体系中，请示是为数不多的双向对应文种之一，与它相对应的文种是批复。下级机关有一份请示报上去，上级机关就会有一份批复发下来。不管上级机关是否同意下级机关的请示事项，都必须给请示机关一个回复。因此可以说，写请示最直接的目的就是得到上级机关的批复。

2. 单一性

与其他上行文相比，请示更强调遵循"一文一事"的原则。在一份请示中，只能就一项工作或一种情况、一个问题作出请示，不得在一份公文中就若干事项请求指示或批准。如果确有若干事项需要同时向同一上级机关请示，则应写出若干份请示，它们各自是一份独立的公文，有不同的发文字号和标题。而上级机关则会分别对不同的请示作出不同的批复。

3．请求性

请示的行文有很强的请求性。凡属本机关职权范围内可以解决的问题，或上级机关以往政策中明确的问题，不能使用请示。必须针对本机关没有对策、没有把握或没有能力解决的重要事件和问题，才能使用请示。不得动辄就向上级请示，那样似乎是尊重上级，实际上却是把矛盾交给上级，而自己躲避责任的表现。

4．超前性

请示必须在办理事项之前行文，在批复后才能实施，不允许出现先斩后奏的情况。

四、请示的类型

根据《条例》的适用规定，请示可分为请求指示的请示和请求批准的请示。

1．请求指示的请示

用于遇到有关方针、政策的界限难以界定的问题；遇到新情况、新问题；把握不准或无章可循的事项；情况特殊；有意见分歧；无法办理，需要上级机关给予指示意见时所写的请示。

2．请求批准的请示

用于单位职权范围内不能解决的问题，或要做某项工作而需要或缺少一定的财力、物力、人力，要请求上级机关予以帮助时所写的请示。

五、请示的写法

（一）标题

请示的标题可以由发文机关、事由、文种构成，如《××省人民政府关于增拨防汛抢险救灾用油的请示》；也可以由事由和文种构成，如《关于成立老干部办公室的请示》。

（二）主送机关

请示的主送机关就是负责受理和答复请示的机关。请示在确定主送机关时，要注意以下三点。

1．主送机关只能有一个

国务院办公厅规定："请示一般只写一个主送机关，如需同时送其他机关，应当用抄送的形式。"中共中央办公厅也规定："向上级机关行文，应当主送一个上级机关，受双重领导的机关向上级机关行文，应当写明主送机关和抄送机关，由主送机关负责答复其请示事项。"请示如果多头行文，很可能得不到任何机关的批复。

2．只能主送上级机关，不能送领导者个人

请示主送的是上级机关，不能是某领导者个人。对此，国务院办公厅的规定是："除上级机关负责人直接交办的事项外，不得以机关名义向上级机关负责人报道'请示'。"中共中央办公厅的规定是："不应直接送领导者个人。"

3．不得越级请示

国务院办公厅规定："一般不得越级请示和报告。"中共中央办公厅规定："党委各部门应当向本级党委请示问题。未经本级党委同意或授权，不得越过本级党委向上级党委主管部门请示重大问题。"

（三）正文

请示的正文由开头、主体、结语三部分构成。

1．开头

开头主要表述请示的缘由，是上级机关批复的主要依据。一般而言，这部分要写明所遇到的新情况、新问题，或自身没有能力解决的困难，要写得充分、恰当、具体。

如果请示仅仅是为了履行一下规定的程序，开头可以写得简略一些。

内容简略、篇段合一的请示，开头也可以是表达行文目的和意义的一两句话，不独立成段。

2．主体

主体是表明请示事项的部分，也是请示最核心、最重要的部分。请求指示的请示，主体要写明想在哪些具体问题、哪些方面得到指示。请求批准的请示，要把要求批准的事项分条列款一一写明。如果在请求批准的同时还需要人、财、物等方面的支持和帮助，更需要把编制、数量、途径等表达清楚、准确，以便上级及时批准。

如果请示内容十分复杂，则可以在条款之上分列若干小标题，每一小标题下再分条列款。

3．结语

请示的结语比较简单，在主体之后，另起一段，按程式化语言写明期复请求即可。期复请求用语常见的有"当否，请批示""妥否，请批复""以上请示如无不当，请批准""以上请示如无不妥，请批转有关部门执行"等。

【例文三】

××加工厂关于执行绩效薪酬分配政策问题的请示

××省劳动厅：

为全面贯彻绩效薪酬分配原则，进一步调动职工的劳动积极性，现就绩效薪酬分配政

策两项具体问题请示如下:一是拟用××××年全厂超额利润的××‰为全厂职工晋升工资,其中,××××年××月××日在册职工每人晋升一级,凡班(组)长和车间先进生产(工作)者再依次晋升一级,全厂技术突击组成员每人浮动一级工资;二是拟用××××年全厂超额利润的××‰,一次性为全厂职工每人增发奖金,具体金额按劳动绩效(出勤率、完成额定和超额)计算。

　　以上请示,妥否,请批示。

××加工厂
2012 年 10 月 2 日

【例文评析】

　　这是一则请求上级指示的请示。正文第一句为请示缘由,主体部分为请示事项,分两条叙述,最后一句使用惯用结语。用语规范,条理清楚,结构符合请示要求。

【例文四】

北京市卫生和计划生育委员会关于北京肿瘤医院申请新增 PET-CT 的请示

京卫药械字〔2014〕55 号

国家卫生和计划生育委员会:

　　近日,我委接到北京肿瘤医院申报配置正电子发射型断层扫描仪的有关材料。北京肿瘤医院是集医、教、研于一体的三级甲等肿瘤专科医院和肿瘤防治研究中心,现有编制床位 790 张,设有 29 个临床科室和包括核医学科在内的 13 个医技科室。2013 年度,该院门急诊量为 459 617 人次,出院人数为 40 779 人次,住院病人手术量为 13 763 人次。医院核医学科现有工作人员 26 名,其中高级职称 4 人,中级职称 7 人,相关医技人员均已取得大型医用设备上岗证书。

　　该科室 2009 年 11 月首次配置 PET-CT 一台,2010 年的检查人数为 2400 人,2011 年为 3700 人,2012 年为 4900 人,2013 年达到 5800 人。相关医技人员每天工作超过 12 小时,设备严重超负荷运转。此外,该科室近期启用了医用回旋加速器,增加了多种新型示踪剂,检查人数增长较快。鉴于医院门急诊工作量日益提升,PET-CT 检查人数也大幅增加,现有的一台 PET-CT 已难以满足临床及科研需求,因此该院拟申请政府全额拨款配置第二台 PET-CT。

　　根据以上情况,我委认为北京肿瘤医院作为北京市的三甲肿瘤专科医疗机构,医技力量雄厚,临床科研水平高,功能定位合理,基本符合《2011—2015 年全国正电子发射型断层扫描仪配置规划》中的相关要求,结合该院病种分配及工作量情况,经研究,拟同意该院新增 PET-CT 一台。

　　妥否,请批示。

附件：

1. 甲类大型医用设备配置申请表
2. 可行性研究报告
3. 医疗机构执业许可证复印件
4. 医技人员的大型医用设备上岗证复印件
5. 资产负债表复印件
6. 收入支出总表复印件

北京市卫生和计划生育委员会

2014 年 4 月 21 日

（联系人：王×；联系电话：83970715）

【例文评析】

这是一则请求上级批准的请示。正文由请示的缘由、请示的事项和结语等三项内容组成。第一句交代依据；第二句陈述请示事项；最后一句话使用了请示的惯用结语。这是一则结构完整、陈述有据、文字简洁、写作规范的请示。附件可以有效节省正文的篇幅，而且方便上级机关查阅相关文件。

第三节　批　　复

一、批复的含义

《党政机关公文处理工作条例》对批复所下的定义为：适用于答复下级机关请示事项。

二、批复的特点

1. 指导性

上级机关在批复中对政策所作出的解释、提出的指导性意见以及表明的批准或不批准的态度，具有权威性和指令作用，下级机关必须遵照执行。

2. 政策性

批复针对请示事项作出的答复，无论可否，都应以党和国家的各项政策为依据，要坚持原则，照章办事，不能任意行事。

3. 针对性

批复的针对性极强，下级机关请示什么事项或问题，上级机关的批复就指向这一事项或问题，决不能答非所问，也无须旁牵他涉。

4. 被动性

批复和请示是相互对应的一组公文，下级有请示，上级才会有批复。批复不是主动行文,而是根据下级机关的请示事项被动制发的公文。

三、批复的类型

根据《条例》的适用规定,批复可分为指示性批复和审批性批复。

1. 指示性批复

指示性批复是针对下级机关的请示事项给予政策、认识上的指示性意见的批复。

2. 审批性批复

审批性批复是针对下级机关的请示事项给予批准、认可事项的批复。

四、批复的写法

(一) 批复的标题和主送机关

1. 批复的标题

批复的标题一般采用公文常规模式写法,即发文机关＋主要内容＋文种。略有不同的是,批复往往在标题的主要内容一项中,明确表示对请示事件的意见和态度,而一般公文标题中的主要内容部分一般只点明文件指向的中心事件或问题,多数不明确表示态度和意见。

例如《国务院关于同意陕西省撤销榆林地区设立地级榆林市的批复》,其中"同意"两字就是用来表明态度和意见的。如果不批准请求事项,标题中可以不出现态度和意见,到正文中再表态。如果是答复请求指示的请示,也无须在标题中表态。

2. 批复的主送机关

批复的主送机关一般只有一个,那就是发出请示的下级机关。

(二) 批复的正文

批复的正文由三部分组成,分别是批复依据、批复事项、执行要求。

1. 批复依据

批复依据主要涉及两个方面:一是对方的请示;二是与请求事项有关的方针政策和上级规定。

对方的请示是批复最主要的论据,要完整引用请示的标题并加括号注明其请示的发文字号,例如,"你省《关于唐山市城市总体规划(2008—2020 年)的请示》(冀政〔2009〕15号)收悉。"

上级有关的文件和规定是答复请求的政策和理论依据。可表述为:"根据××关于××的规定,现作如下答复。"必要时,可标引文件名、文件编号和条款序号。如果下级请示的事项在上级文件和规定中找不到依据,这样的文字便不需出现了。

2．批复事项

针对下级机关请示所发出的指示、做出的批准决定，以及补充的有关内容，都属于批复事项。如果内容复杂，可分条表述，但必须坚持一文一批的原则，不得将若干请示合在一起用列条的方式分别给以答复。

3．执行要求

对下级执行批复的要求可写在结尾处，文字要简约。如《国务院关于同意陕西省撤销榆林地区设立地级榆林市的批复》的结尾："榆林市的各级机构均应按照'精简、效能'的原则设置，所需人员编制和经费由你省自行解决。"如果只是批准事项，无须提出要求，此段可免。

批复撰写要注意及时、明确、庄重周严、言简意赅。

 【例文五】

中共中央国务院关于对《河北雄安新区规划纲要》的批复

中共河北省委、河北省人民政府，国家发展改革委：

你们《关于报请审批〈河北雄安新区规划纲要〉的请示》收悉。现批复如下：

一、同意《河北雄安新区规划纲要》（以下简称《雄安规划纲要》）。《雄安规划纲要》深入贯彻习近平新时代中国特色社会主义思想，深入贯彻党的十九大和十九届二中、三中全会精神，坚决落实党中央、国务院决策部署，牢固树立和贯彻落实新发展理念，紧扣新时代我国社会主要矛盾变化，按照高质量发展要求，紧紧围绕统筹推进"五位一体"总体布局和协调推进"四个全面"战略布局，着眼建设北京非首都功能疏解集中承载地，创造"雄安质量"和成为推动高质量发展的全国样板，建设现代化经济体系的新引擎，坚持世界眼光、国际标准、中国特色、高点定位，坚持生态优先、绿色发展，坚持以人民为中心、注重保障和改善民生，坚持保护弘扬中华优秀传统文化、延续历史文脉，符合党中央、国务院对雄安新区的战略定位和发展要求，对于高起点规划、高标准建设雄安新区具有重要意义。

二、设立河北雄安新区，是以习近平同志为核心的党中央深入推进京津冀协同发展作出的一项重大决策部署，是继深圳经济特区和上海浦东新区之后又一具有全国意义的新区，是千年大计、国家大事。雄安新区作为北京非首都功能疏解集中承载地，与北京城市副中心形成北京新的两翼，有利于有效缓解北京"大城市病"，探索人口经济密集地区优化开发新模式；与以2022年北京冬奥会和冬残奥会为契机推进张北地区建设形成河北两翼，有利于加快补齐区域发展短板，提升区域经济社会发展质量和水平。要以《雄安规划纲要》为指导，推动雄安新区实现更高水平、更有效率、更加公平、更可持续发展，建设成为绿色生态宜居新城区、创新驱动发展引领区、协调发展示范区、开放发展先行区，努力打造贯彻落实新发展理念的创新发展示范区。

三、科学构建城市空间布局。雄安新区实行组团式发展，选择容城、安新两县交界区域作为起步区先行开发并划出一定范围规划建设启动区，条件成熟后再稳步有序推进中期发展区建设，划定远期控制区为未来发展预留空间。要坚持城乡统筹、均衡发展、宜居宜业，形成"一主、五辅、多节点"的城乡空间布局。起步区随形就势，形成"北城、中苑、南淀"的空间布局。要统筹生产、生活、生态三大空间，构建蓝绿交织、疏密有度、水城共融的空间格局。

四、合理确定城市规模。坚持以资源环境承载能力为刚性约束条件，科学确定雄安新区开发边界、人口规模、用地规模、开发强度。要坚持生态优先、绿色发展，雄安新区蓝绿空间占比稳定在70%，远景开发强度控制在30%。要合理控制用地规模，启动区面积20～30平方公里，起步区面积约100平方公里，中期发展区面积约200平方公里。要严守生态保护红线，严控城镇开发边界，严格保护永久基本农田，加强各类规划空间控制线的充分衔接，形成规模适度、空间有序、用地节约集约的城乡发展新格局。

五、有序承接北京非首都功能疏解。雄安新区作为北京非首都功能疏解集中承载地，要重点承接北京非首都功能和人口转移。积极稳妥有序承接符合雄安新区定位和发展需要的高校、医疗机构、企业总部、金融机构、事业单位等，严格产业准入标准，限制承接和布局一般性制造业、中低端第三产业。要与北京市在公共服务方面开展全方位深度合作，引入优质教育、医疗、文化等资源，提升公共服务水平，完善配套条件。要创新政策环境，制定实施一揽子政策举措，确保疏解对象来得了、留得住、发展好。

六、实现城市智慧化管理。坚持数字城市与现实城市同步规划、同步建设，适度超前布局智能基础设施，打造全球领先的数字城市。建立城市智能治理体系，完善智能城市运营体制机制，打造全覆盖的数字化标识体系，构建汇聚城市数据和统筹管理运营的智能城市信息管理中枢，推进城市智能治理和公共资源智能化配置。要根据城市发展需要，建设多级网络衔接的市政综合管廊系统，推进地下空间管理信息化建设，保障地下空间合理开发利用。

七、营造优质绿色生态环境。要践行绿水青山就是金山银山的理念，大规模开展植树造林和国土绿化，将生态湿地融入城市空间，实现雄安新区森林覆盖率达到40%，起步区绿化覆盖率达到50%。要坚持绿色发展，采用先进技术布局建设污水和垃圾处理系统，提高绿色交通和公共交通出行比例，推广超低能耗建筑，优化能源消费结构。强化大气、水、土壤污染防治，加强白洋淀生态环境治理和保护，同步加大上游地区环境综合整治力度，逐步恢复白洋淀"华北之肾"功能。

八、实施创新驱动发展。瞄准世界科技前沿，面向国家重大战略需求，积极吸纳和集聚创新要素资源，高起点布局高端高新产业，大力发展高端服务业，构建实体经济、科技创新、现代金融、人力资源协同发展的现代产业体系。布局建设一批国家级创新平台,加强与国内外一流教育科研机构和科技企业合作,建立以企业为主体、市场为导向、产学研深度融合的技术创新体系。制定特殊人才政策,集聚高端创新人才,培育创新文化和氛围。创新科技合作模式,加强知识产权保护及综合运用,构建国际一流的创新服务体系。

九、建设宜居宜业城市。按照雄安新区功能定位和发展需要,沿城市轴线、主要街道、邻里中心,分层次布局不同层级服务设施,落实职住平衡要求,形成多层级、全覆盖、人性化的基本公共服务网络。构建具有雄安特色、国内领先、世界一流的教育体系。增加雄安新区优质卫生资源总量,建设体系完整、功能互补、密切协作的现代医疗卫生服务体系。提供多层次公共就业服务,创新社会保障服务体系。建立多主体供给、多渠道保障、租购并举的住房制度和房地产市场调控长效机制,严禁大规模房地产开发。优化调整雄县、容城、安新3个县城功能,妥善解决土地征收、房屋拆迁、就业安置等事关群众切身利益的问题,维护社会大局和谐稳定,为雄安新区规划建设营造良好社会氛围和舆论环境,让人民群众有更多的幸福感、获得感。

十、打造改革开放新高地。要把改革开放作为雄安新区发展的根本动力,总结吸收我国改革开放40年来的经验成果,进一步解放思想、勇于创新,探索新时代推动高质量发展、建设现代化经济体系的新路径。对符合我国未来发展方向、对全国起重要示范带动作用、对雄安新区经济社会发展有重要影响的体制机制改革创新在新区先行先试,争取率先在重要领域和关键环节取得新突破,率先在推动高质量发展的指标体系、政策体系、标准体系、统计体系、绩效评价和考核体系等方面取得新突破,形成一批可复制可推广的经验,为全国提供示范。

十一、塑造新时代城市特色风貌。要坚持顺应自然、尊重规律、平原建城,坚持中西合璧、以中为主、古今交融,做到疏密有度、绿色低碳、返璞归真,形成中华风范、淀泊风光、创新风尚的城市风貌。要细致严谨做好单体建筑设计,追求建筑艺术,强化对建筑体量、高度、立面、色调等要素的规划引导和控制,原则上不建高楼大厦,不能到处是水泥森林和玻璃幕墙。要注重保护弘扬中华优秀传统文化,保留中华文化基因,体现中华传统经典建筑元素,彰显地域文化特色,体现文明包容,打造城市建设的典范。

十二、保障城市安全运行。牢固树立和贯彻落实总体国家安全观,以城市安全运行、灾害预防、公共安全、综合应急等体系建设为重点,构建城市安全和应急防灾体系,提升综合防灾水平。科学确定雄安新区防洪和抗震等安全标准,高标准设防、高质量建设,确保千年大计万无一失。按照以水定城、以水定人的要求,科学确定用水总量,完善雄安新区供水网络,形成多源互补的雄安新区供水格局。实现电力、燃气、热力等清洁能源稳定安全供应,提高能源安全保障水平。

十三、统筹区域协调发展。雄安新区要加强同北京、天津、石家庄、保定等城市的融合发展,与北京中心城区、北京城市副中心合理分工,实现错位发展。要按照网络化布局、智能化管理、一体化服务的要求,加快建立连接雄安新区与京津及周边其他城市、北京新机场之间的轨道和公路交通网络,构建快速便捷的交通体系。要加强对雄安新区及周边区域的管控力度,划定管控范围和开发边界,建设绿色生态屏障,统一规划、严格管控,促进区域协调发展。

十四、加强规划组织实施。雄安新区是留给子孙后代的历史遗产,要有功成不必在我的精神境界,保持历史耐心,合理把握开发节奏,稳扎稳打,一茬接着一茬干,一张蓝图干到底,以钉钉子精神抓好各项工作落实。《雄安规划纲要》是雄安新区规划建设的基本依据,必须坚决维护规划的严肃性和权威性,严格执行,任何部门和个人不得随意修改、违规变更。各有关方面要切实增强政治意识、大局意识、核心意识、看齐意识,坚持大历史观,全力推进雄安新区规划建设。在京津冀协同发展领导小组统筹指导下,河北省委和省政府要切实履行主体责任,加强组织领导,全力推进雄安新区规划建设各项工作,建立长期稳定的资金筹措机制,完善规划体系,抓紧深化和制定控制性详细规划及交通、能源、水利等有关专项规划,按程序报批实施。国家发展改革委、京津冀协同发展领导小组办公室要做好综合协调,中央和国家机关有关部委、单位,北京市、天津市等各地区,要积极主动对接和支持雄安新区规划建设。

《雄安规划纲要》执行中遇有重大事项,要及时向党中央、国务院请示报告。

中共中央国务院
2018 年 4 月 14 日

【例文评析】

这是一则既表态又有指示的批复。正文第一部分首先引入标题,便于收文者明确是哪篇请示的批复;主体部分分条叙述批复事项;最后提出执行要求。

【本章小结】

报告、请示、批复是党政机关公文中比较常见的文种,报告用途广泛,请示与批复相伴出现,在党政机关工作中发挥着极其重要的作用。但是,日常工作中,将请示、报告混为一谈或以此代彼的现象极为普遍。

本章分别从含义、特点、分类以及写作等方面对三种文体进行了阐释,并辅之以例文分析,目的在于引导人们经过不断的学习和实践,真正掌握这几个文种的写作规范,做到准确选择文种,正确表达思想,规范使用公文,高效发挥作用。

【拓展实训】

一、分析下列公文的错误之处并修改成一份规范的公文

关于邀请×校长、×书记参加"10356211"工程奠基仪式并致辞的请示报告

校长办公室、党委办公室并呈×校长、×书记：

根据"校长办公会议决"，我院成立了专门的"10356211"工程指挥小组，在校领导的指导和指挥小组的努力下，前期准备工作已经就绪。现定于十月二十一日举行工程奠基仪式，届时想请×校长、×书记参加仪式并致辞，请校长办公室提供方便。热切盼望×校长、×书记的到来！

此致

敬礼！

附件一：讲话稿；
附件二：议程。

资环学院
2008 年 10 月 11 日

二、问答题

花州新天地集团有限公司近期推出了公司今年重点开发的高档房地产项目"花庭运局"，但销售情况并不理想。营销策划部因此计划在市中心繁华地带的花庭路与花湖街交汇处设置一个 3m×8m 临时性的简易角铁架大型广告牌用以宣传，但此举需要得到城市市容管理局的批准。公司就把拟写这份请示的任务交给了营销策划部的侯琳琳。假设你是侯琳琳，如何完成好这个任务？

第六章

函、纪要

【学习目标】

知识目标：
掌握函、纪要的含义，了解其种类和特点。

能力目标：
能够撰拟规范的函、纪要，能够运用正式公文的格式行文。

【情景导入】

安琪同学在法学院院长办公室做实习助理。这个学期学院要安排一批学生去实习，需要跟一些相关单位联系，有的是政府部门，比如法院，还有一些社会单位，比如律师事务所。院长让安琪撰写相关的文件。请问：该用哪些文种呢？

第一节　函

一、函的含义

《党政机关公文处理工作条例》对函的定义为：适用于不相隶属机关之间商洽工作、询问和答复问题、请求批准和答复审批事项。

二、函的特点

1. 使用范围的广泛性

函对发文机关的资格要求很宽松，高层机关、基层单位；党政机关、社会团体、企事业单位等各类平级机关和不相隶属机关之间均可发函。

2. 写法的灵活简便性

函的写法灵活简便,不受内容繁简和事情大小、轻重的限制,篇幅短小,制作程序、手续一般较为简易。

三、函的类型

根据《条例》的适用规定,函按行文方向划分,可分为去函和复函;按内容划分,可分为商洽性函、询问性函、请求性函、答复性函。

1. 按行文方向划分的函

(1)去函是本机关为询问事项或请求批准而主动制发的函。

(2)复函是为答复受文机关所提出的问题或回复批准事项而被动制发的函。

2. 按内容划分的函

(1)商洽性函是平级机关或不相隶属机关之间用于商量和接洽工作的函。

(2)询问性函是平级机关或不相隶属机关之间用于询问问题、征求意见的函。

(3)请求性函是平级机关或不相隶属机关之间用于请求帮助或配合、请求批准的函。

(4)答复性函是平级机关或不相隶属机关之间用于答复问题的函。

四、函的写法

(一)函的标题、主送机关

1. 函的标题

作为正式公文的函,其标题和一般公文的写法一样,由发文机关名称、主要内容(事由)、文种组成。较完全的写法如《国务院办公厅对国家工商行政管理局关于贯彻〈食用盐加碘消除碘缺乏危害管理条例〉有关问题请示的复函》《国务院办公厅关于羊毛产销和质量等问题的函》等。也可以采用省略发文机关名称的写法,如《关于请求批准××市节约能源中心编制的函》。

2. 函的主送机关

一般情况下,函的行文对象是明确、单一的,所以大多数函的主送机关只有一个。但有时内容涉及部门多,也有排列多个主送机关的情况。

(二)函的正文

1. 发函缘由

这是函的开头部分,主要用来说明发函的根据、目的、原因等。如果是复函,则先引用对方来函的标题、发文字号,然后再交代根据,说明缘由。这部分结束时,常用一些习用的套语转入下一部分,如"现将有关情况说明如下""现就有关问题函复如下"等。

2. 事项

这是函的主体部分,有关某项工作展开商洽、有关某一事件提出询问或作出答复、有关事项提请批准等主要内容,都在这一部分予以表达。

3. 希望请求

这是结尾部分,向对方提出希望或请求。或希望对方给予支持和帮助,或希望对方给予合作,或请求对方提供情况,或请求对方给予批准等。最后,另起一行以"特此函商""特此函询""请即复函""特此函告""特此函复"等惯用结语收束。

写作函时要注意用语的分寸,因是平行文,语言要平和礼貌,但要避免阿谀逢迎。还要注意针对性和时效性。

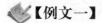【例文一】

关于加强节能与新能源汽车示范推广安全管理工作的函

国科办函高〔2011〕322 号

各节能与新能源汽车示范推广试点城市办公厅:

为贯彻落实 2011 年 7 月 27 日国务院常务会议关于加强交通等重点领域安全生产的会议精神,切实保障节能与新能源汽车示范运行安全,科技部、财政部、工信部、发展改革委等四部门,就加强节能与新能源汽车示范运行安全管理函告如下:

一、充分认识节能与新能源汽车示范推广安全管理的重要意义

节能与新能源汽车正处于规模化进入市场的起步阶段,也是市场培育和产业化发展的关键时期,节能与新能源汽车示范推广的安全问题不仅涉及人民群众的生命财产安全,也关系到战略性新兴产业的培育,事关节能与新能源汽车发展大局,要坚持走科学发展的道路,坚持以人为本,处理好速度质量效益的关系,把安全高于一切的理念落实到示范、管理的全过程。各试点城市和节能与新能源汽车生产、运营单位要高度重视生产安全,把保障安全放在工作首位,在产品设计、制造安装、运行使用等环节,牢牢把握安全关,确保节能与新能源汽车安全示范推广。

二、加强节能与新能源汽车示范运行安全管理的具体措施

(一)试点城市要立即开展全面、系统、彻底的安全隐患排查,对发现的安全隐患,必须限期改正。要针对排查出的突出隐患,狠抓制度落实,切实纠正责任不到位的现象,真正做到依法监管。各级领导及相关工作人员要牢固树立安全意识,常抓不懈,抓紧完善安全管理体系,实行安全责任制并落实到人,制定和完善安全管理制度,制定安全事故处理预案,加强防范监管,狠抓落实。

(二)试点城市要进一步加强示范运行车辆的安全监控。所有示范运行的节能与新能源汽车应与《节能与新能源汽车示范推广应用工程推荐车型目录》确认的技术状态严格一致,对投入示范运行的插电式混合动力汽车、纯电动汽车要全部安装车辆运行技术状态实时监控装置,特别是要加强对动力电池和燃料电池工作状态的监控。对混合动力汽车按一定比例进行实时监控。

(三)试点城市要建立事故预警信息系统及事故紧急处置机制。依托试点城市示范运行信息管理平台,实时跟踪车辆运行状态,如发现异常情况,应及时向驾驶员、车辆运营和维护单位及相关政府部门发布警示信息,做到早发现、早处置。各城市要建立安全事故报告制度,制定事故处理预案,一旦有安全事故发生,事故处置要做到高效、有序,力争把损失降低到最小。

(四)试点城市要加强对相关从业人员的技术培训。要研究编制安全技术培训教材,对车辆驾驶员、充换电站从业人员、车辆维修人员等进行专业的安全技术培训,考核合格后才能上岗,重要岗位的工作人员要实行持证上岗。

(五)车辆运营单位要建立车辆定期检查、维护制度,特别是要加强对动力电池在内的动力系统的检查维护,不仅要重视动力电池本身的技术状态,还要重视电池单体间、模块间的联接点、电力线等环节,避免因接点松动、污染,导致电阻增加产生电火花和自燃,因而引发事故。

(六)充换电站运营单位要制定严格的安全管理规章制度,做到"规章制度上墙、任务责任到人",在为车辆充换电过程中要认真按照操作规程进行规范操作,避免人为因素误操作导致安全事故。同时,要对充电设施的线路、设备进行定期检查,及时排查安全隐患,做到防患于未然。

(七)试点城市应积极开展节能与新能源汽车安全技术研究。根据车辆示范运行实际情况,积极组织车辆制造、运营单位开展安全技术专项研究,特别是针对载客量大的电动公交客车,应在运行实践中不断摸索和应用行之有效的主动安全和被动安全产品技术,加强阻燃型车用新材料和车载快速灭火装置的研发应用。

(八)节能与新能源汽车整车及关键零部件设计、制造单位,要牢固树立"质量至上"的意识,建立汽车产品质量责任制,强化产品安全技术研究,强化产品安全试验,严格按照国家相关产品管理要求和技术标准为市场提供安全、可靠的产品,保证产品一致性,在源头上杜绝安全隐患。同时,要积极配合试点城市及车辆运营单位,做好车辆的维护保障,以及产品技术改进,加强汽车产品售后服务。

(九)试点城市要在8月底前组织一次全面的安全大检查,9月20日以前将相关工作措施及检查结果报四部委。

(十)试点城市要充分发挥舆论监督作用,加强电动汽车示范运行安全和产品质量宣传报道,营造试点城市和节能与新能源汽车生产、运营单位重视安全、质量、服务的社会氛围。

(十一)四部委将节能与新能源汽车示范运行安全管理摆在试点城市工作考核的突出位置,并将成立试点城市工作评估督导专家组,结合试点城市评估工作,不定期对各城市安全管理工作进行检查。

请各试点城市认真按照国家有关安全生产的管理规定和本通知的要求,做好节能与新能源汽车的安全运行管理工作,确保节能与新能源汽车示范推广工作科学、安全发展。

特此函达。

科技部　财政部
工信部　发展改革委
2011 年 8 月 18 日

【例文评析】

这是一则由四个部门联合发出的去函。正文分四个层次:其一写行文的缘由、背景;其二写此项工作的意义;其三为主要部分,表述此项工作的具体措施;其四请求对方认真执行。例文思路清晰、条理清楚。

【例文二】

关于同意北京市开征地方教育附加的复函

财综函〔2011〕57 号

北京市人民政府:

你市《关于申请征收地方教育附加的函》(京政函〔2011〕37 号)收悉。经研究,现就有关问题函复如下:

一、为贯彻落实《国家中长期教育改革和发展规划纲要(2010—2020 年)》精神,根据《中华人民共和国教育法》和《财政部关于统一地方教育附加政策有关问题的通知》(财综〔2010〕98 号)的有关规定,同意你市对本市行政区域内缴纳增值税、消费税、营业税(以下简称"三税")的单位和个人(包括外商投资企业、外国企业及外籍个人),按照其实际缴纳"三税"税额的 2‰征收地方教育附加。

二、地方教育附加由你市地方税务部门征收,征收时应使用市级财政部门统一印制的财政票据,就地缴入地方国库,纳入地方财政预算,实行"收支两条线"管理。缴库时填列《政府收支分类科目》103 类"非税收入"01 款"政府性基金收入"27 项"地方教育附加收入",支出时填列 205 类"教育"10 款"地方教育附加支出"。

地方税务部门征收地方教育附加所需费用由同级财政部门通过部门预算统筹安排,不得从地方教育附加收入中扣除或提取手续费。

三、你市征收的地方教育附加应专项用于改善办学条件,不得用于发放教职工工资福利和奖金。

四、上述规定自 2012 年 1 月 1 日起执行。请你市严格按照有关规定做好地方教育附加征管工作,并尽快制定地方教育附加征收使用管理办法,报我部备案。

此复。

财政部
2011 年 7 月 22 日

【例文评析】

这是一则复函。正文开头引述对方来函标题及发文字号,以作复函缘由,继而用"经研究,现就有关问题函复如下"一语过渡到主体部分。主体部分先回应对方来函,表明自己的态度。然后提出具体方案和相关要求,最后提出执行日期和执行要求。例文针对性强,态度诚恳,表述严谨,行文规范。

第二节　纪　　要

一、纪要的含义

《党政机关公文处理工作条例》对纪要的定义为:适用于记载会议主要情况和议定事项。

二、纪要的特点

1. 纪实性

会议纪要是对会议情况的纪实,即必须真实、全面地反映会议的基本情况,传达会议议定的事项和形成的决议。会议纪要的纪实性特点,使得它具有依据凭证作用和文献资料参考价值。会议纪要的撰写者不能随意改动会议议定的事项、会议上达成的共识和形成的决定,也不能对会议内容进行评论。

2. 概括性

顾名思义,纪要即记录要点。撰写会议纪要不能有言必录,面面俱到,而是要在正确领会会议精神,全面掌握会议情况的前提下,抓住要点,高度概括地把会议的主要精神、讨论议定的重要事项反映出来。

3. 指导性

会议纪要应当将会议情况和会议精神传达给下级机关以及需要知晓的其他机关,要求与会机关和相关单位以此为依据开展工作,贯彻落实会议的议定事项。体现出会议纪要具有指导工作的特点。

三、纪要的类型

根据《条例》的适用规定,会议纪要按内容和功用的不同可分为决策型会议纪要、交流型会议纪要、研讨型会议纪要三种类型;按会议性质划分,可分为日常行政工作会议纪要和大型专题工作会议纪要两种类型。

1. 决策型会议纪要

以会议形成的决定、决议或者议定事项为主要内容的会议纪要,称为决策型会议纪要。这种会议纪要的特点是指导性强,会议上确定的工作重点,对工作的步骤、方法和措施的安排,都要求与会单位共同遵守或执行。这种会议纪要的内容有些类似于指示和安排工作的通知,只是发出的指导性意见不是由领导机关作出的,而是由会议讨论议定的。这样的会议纪要,除大家共同遵守的内容外,还常常会有一些工作分工,每个与会单位除完成共同任务之外,还要完成会议确定自己承担的那些工作。

如《关于改革北京、太原铁路局管理体制的会议纪要》,就议定了成立北京铁路管理局,下设北京、太原、天津、石家庄四个铁路局,不再设铁路分局。确定山西煤炭运输主要由北京、太原及相关的郑州铁路局承担,有一些具体的分工,并对各方如何协调工作进行了安排。由于最后议定的事项是与会单位的共识,这样的指导性公文落实起来应该是比较顺利的。

2. 交流型会议纪要

以思想沟通或情况交流为主要内容的会议纪要,属于交流型会议纪要。它的主要特点是:以统一思想、达成原则共识或树立学习榜样为目的,而不布置具体工作,有明显的思想引导性,但没有明显的工作指导性。一些理论务虚会、经验交流会形成的会议纪要,大多属于这种类型。这样的会议纪要,往往多处采用"会议认为"的说法来表达会议在原则问题上达成的共识,或者将会议上介绍的先进经验以及与会单位的评价、态度作为主要内容。

3. 研讨型会议纪要

这种会议纪要的鲜明特点是并不以共识和议定事项为主要内容,而是以介绍各种不同的观点和争鸣情况为主。研讨会和学术讨论会的纪要多是这种类型。会议开完了,各家的观点也发表过了,但是并没有形成统一意见,当然更谈不上确定什么议定事项,在这种情况下,仍然有必要发会议纪要,以便让更多的人了解会议的情况,了解不同的观点及其争鸣过程。这对启发和活跃思想,对百花齐放、百家争鸣的学术空气的形成是有促进作用的。

四、会议纪要的写法

(一)会议纪要的标题和成文日期

1. 会议纪要的标题

会议纪要的标题与一般公文略有不同,因为会议纪要是以会议的名义发出的,而不是以领导机关的名义发出的,所以会议纪要的标题多是由会议名称、文种两个要素构成。

例如,《东北三省四市工商行政管理工作第五次协作会议纪要》《××物理学会 X 射线专业委员会第三届学术交流会会议纪要》。也有采用一般公文标题写法的,由主要内容(事由)加文种组成,如《关于解决粮食购销体制改革后遗留问题的会议纪要》。

2. 会议纪要的成文日期

会议纪要的成文日期一般加括号标写于标题之下正中位置,以会议通过日期或领导人签发日期为准。也有出现在正文之后的。

(二)会议纪要的正文

会议纪要的正文分为前言、主体、结尾三大部分。

1. 前言

前言的写法与一般公文区别较大,主要用来记述会议的基本情况,包括召开会议的时间、地点,以及会议名称、主持人、主要出席人、会议主要议程、讨论的主要问题等。对会议基本情况的介绍,要根据需要把握好详略。这部分表达完毕后,可用"会议纪要如下"或"会议确定了如下事项"为过渡,转入主体部分。

2. 主体

主体是会议纪要的核心部分,会议的主要精神、会议议定的事项、会议上达成的共识、会议对与会单位布置的工作和提出的要求、会议上各种主要观点及争鸣情况等,都在这一部分予以表达。决议型、交流型、研讨型的会议纪要,各自在主体部分的写作有较大的不同,前面在分类时已有介绍。

由于这部分内容复杂,多数情况下都需要分条分项撰写。不分条的,也多用"会议认为""会议指出""会议提出"等惯用语作为各层意思的开头语,以体现内容的层次感。

3. 结尾

结尾比较简短,通常用来强调意义、提出希望和号召等。

结尾处还可以对会议的情况作一些补充说明。

在不影响全文结构完整的前提下,也可以省略专门的结尾部分。

【例文三】

生鲜乳质量安全监管工作会议纪要

2008 年 12 月 12 日,市畜牧兽医局召开全市会议,部署推动生鲜乳质量安全监管工作。市畜牧兽医局副局长王红军同志出席会议并就近期生鲜乳收购及运输管理、奶畜饲养监管等工作进行了安排部署,市奶业管理办公室有关同志讲解了"两证、一单、三表"的审批程序及相关注意事项。

有农业的区县畜牧兽医局、市和区县动物卫生监督所、市畜产品质量安全检测中心、市奶业管理办公室等有关单位负责同志参加了会议。现将会议有关情况纪要如下。

会议指出,《乳品质量安全监督管理条例》(以下简称《条例》)颁布以来,畜牧兽医管理部门积极开展宣贯和培训工作,建立了一系列工作制度,印制了生鲜乳收购许可证、生鲜乳准运证及相关记录,为《条例》落实做好了充分准备。

会议要求，各区县、各有关部门要继续深入落实《条例》和国务院《奶业整顿和振兴规划纲要》，并着力抓好以下工作。

一、切实强化生鲜乳收购和运输管理

一是严格生鲜乳收购许可证审批工作。从 12 月 15 日起，要全面开展生鲜乳收购许可证的审批发放工作。各区县在审批中要严把主体资格审查关，只有取得工商登记的乳制品生产企业、奶畜养殖场和奶农专业生产合作社才能申办生鲜乳收购许可证，对其他主体申办生鲜乳收购许可证的一律不得审批；严把条件审查和要件审核关，按照《条例》第二十条、农业部《生鲜乳收购管理办法》第十八条的规定及我市有关文件要求，对申办资料要件逐项逐条审查并实施现场检查，合格一个审批一个，对不合格的坚决不得审批；严格遵守审批时限，并尽可能提前审批，做好服务。

二是严格生鲜乳准运证明审批工作。要严格执行只有取得生鲜乳许可证的收购站才能申请办理生鲜乳准运证明的规定，要在审查相关要件的基础上，严格依照国家有关技术标准做好运输车辆和奶罐等设施设备的现场勘验；要注重审批后监管，对运输车辆及设施条件发生变化不再符合条件的，要及时收回准运证明，坚决杜绝徇私舞弊等违法违规行为发生。

三是严格执行生鲜乳交接单管理制度。各级监管部门要建立交接单发放记录，交接单与准运证明要互相衔接一致，生鲜乳运输车辆必须随车携带生鲜乳交接单。

二、切实规范奶畜养殖行为

一是认真做好奶业规划。各区县要积极按照我局《关于制定奶业规划提出生鲜乳收购站布局的通知》要求做好奶站规划和布局，市奶业办公室要在各区县工作基础上，做好全市奶业的总体规划。

二是全力推进奶牛养殖场备案工作。凡存栏 50 头以上的奶牛养殖场、存栏 500 头以上的奶牛养殖小区，符合《畜牧法》和《乳品质量安全监督管理条例》规定条件的要督促其抓紧备案。备案工作务必在 12 月 30 日前完成，2009 年 1 月 15 日前要将汇总表报送市奶业办公室。

三是切实规范养殖行为。要积极推行依标生产，督促养殖者按照《生鲜乳生产技术规程》完善养殖条件、规范养殖行为，全市奶牛养殖场要力争三年内达到《奶牛场卫生规范》规定标准，达不到标准的必须停产整顿；要督促和指导奶畜养殖场、奶畜养殖小区依法建立科学、规范的养殖档案，准确填写有关信息。要监督养殖者按照农业部制定的生鲜乳生产技术规程从事奶畜养殖，防止盲目使用抗生素、兽药，杜绝非法添加违禁物质和有毒有害物质现象发生。

四是加强奶牛两病的检疫净化工作。近期，农业部将发布布病和结核病防治规划大纲，提出用 5～7 年左右时间有效控制和减少两病的发生。我市要在坚持检疫净化工作的基础上，积极开展两病的流行病学调查，进一步摸清奶牛两病的防治工作底数，并重点做好奶牛布病服苗情况的调查、统计和记录,以及奶牛结核病的检疫净化,为下一步防治工作奠定基础。

三、切实加强生鲜乳质量安全监管

《条例》赋予了畜牧兽医管理部门奶畜饲养以及生鲜乳生产环节、收购环节的监督管理职权。主要包括如下几种。

(一)对饲养环节的监管。包括:奶畜养殖场、奶畜养殖小区是否建立养殖档案;是否按规定使用饲料、饲料添加剂、兽药等投入品;奶畜是否符合规定的健康标准,并接受强制免疫;是否做好动物防疫工作,对染疫或者疑似染疫的,及时采取措施进行处理;是否遵守生鲜乳生产技术规程,从事挤奶的人员是否持有有效的健康证明;对挤奶设施、储存设施是否及时清洗、消毒;生鲜乳是否冷藏;奶畜养殖场、养殖小区是否按规定备案;是否出售禁止出售的生鲜乳等8项。

(二)生鲜乳收购环节的监管。包括:是否及时对挤奶设施、储存运输设施等进行清洗、消毒,并对收购的生鲜乳进行常规检测;是否建立生鲜乳收购、销售和检测记录;是否收购禁止收购的生鲜乳以及对禁止收购的生鲜乳采取销毁或者其他无害化处理措施;生鲜乳储存容器是否符合标准、运输车辆是否符合条件、是否取得准运证明、生鲜乳交接单是否符合规定;运输生鲜乳的驾驶员、押运员健康情况是否符合规定等5项。

为切实落实好《条例》赋予的职权,我局在《条例》颁布之后立即对条例进行了梳理,将监管类职权和处罚类职权委托市动物卫生监督所执行。为更好地履行《条例》赋予的职责,我们建议各区县也要将上述职能分解落实到具体的部门、具体的人员,做到职责清楚、任务到人。在此基础上应做好以下几项工作。

一是强化生鲜乳抽样检测。全市的抽样检测计划由局畜牧处会同市奶业办公室制定,市动物卫生监督所落实采样和送检任务,市畜产品质量安全检测中心负责检测。各区县监管部门也要积极制定本辖区的生鲜乳检测计划,落实检测经费,目前暂不具备检测条件的区县,要及时将抽检样品送市畜产品质量安全检测中心进行检测,确保监督抽检工作正常开展。

二是强化日常监管。要建立定期监督检查制度。对生鲜乳生产、收购、运输等各个环节,每月至少要检查两次,对重点场、重点收购站点要实现驻场监管。要进一步细化和完善监督检查工作内容、流程和工作要求,坚决防范和打击非法添加有毒有害物质等危害生鲜乳质量安全的行为。要逐步实行标准化管理,严格监督收购站、养殖场等实行依标生产。要强化生产记录工作,日前我局印发了"生鲜乳收购记录""检测记录"和"销售记录",各区县要及时转发到各收购站,并监督其认真、准确填写。

三是强化人员培训。各区县要选择业务精、素质高的工作人员专门从事审批、监管和检测等工作,要切实加强人员培训,特别是从事审批和执法的工作人员,都应熟练掌握相关法律法规、技术标准和工作要求,切实承担起生鲜乳质量安全监督管理工作。

会议强调,加强生鲜乳质量安全监管是全面整顿和振兴奶业的关键,是全面建设现代奶业的迫切需要。各级畜牧兽医部门要结合学习和实践科学发展观活动,进一步完善生鲜乳质量安全监管工作的体制和机制、提高监管工作能力和水平,为维护公共卫生安全、保障人民群众身体健康作出应有的贡献。

【例文评析】

这是一则决策型会议纪要。开头部分为会议基本情况介绍,包括会议召开的时间、发起单位、主要议题及与会人员。然后用"现将会议有关情况纪要如下"自然过渡,引出下文。主体部分分条列项写出会议的三项要求。结尾部分对工作的执行提出要求。例文指导思想明确,层次分明,语言明晰。

【例文四】

沿长江五市对外开放研讨会纪要

（××××年×月××日）

沿长江五市(重庆、岳阳、武汉、九江、芜湖)对外开放研讨会,于 2004 年 7 月 15—16 日在庐山经纬宾馆举行。这次会议是在党中央和国务院作出以上海浦东为龙头,进一步开放长江沿岸城市的战略决策之后,由求是杂志社经济部、江西省体改委、九江市人民政府联合召开的,来自五市的领导和有关方面的负责同志及部分新闻单位的代表共 40 余人参加了会议。与会代表围绕着如何搞好沿长江对外开放的问题,进行了热烈发言和深入讨论。

与会代表一致认为,搞好沿长江的对外开放意义深远重大。过去 13 年,我们的开放政策主要是向沿海地域倾斜,这是完全必要的,它为全国的对外开放起了先行探索和示范的作用。现在,中央提出进一步扩大沿长江和沿边的对外开放,这对于在沿海开放的基础上,形成"沿海—沿江—沿边"的整体开放格局,实现我国对外开放"全方位、多元化"的战略目标,推动对外开放向内地深入,促进沿江经济的发展有重要意义。

长江在我国国民经济和社会发展中占有重要地位。长江流域占国土面积的 1/5,人口近 4 亿,工农业总产值占全国的 40％多。这里资源丰厚,交通方便,城市密布,市场发达,人才荟萃,是我国自然地理优势和社会经济发展综合优势结合较紧密的地方,开发潜力巨大,前景良好。扩大沿长江的对外开放,通过利用外资、引进技术和人才,开拓国际市场,可增大开发长江的力度,加快开发步伐,从而为国民经济发展增添后劲。

扩大沿长江的对外开放,对五市来说是机遇和挑战并存。为此,代表们指出,搞好沿长江的对外开放,首先要解放思想、破除迷信,联系理论找差距,真正解决和克服长期束缚人们手脚的认识问题。要增强以经济建设为中心的观念,形成齐抓经济工作的活力;要进一步认识对外开放的重要性和迫切性,开拓搞好对外开放的新思路、新办法和新途径;要强化商品经济意识，克服温饱即满，不愿冒风险，不敢迈大步的小农思想，自觉按照经济规律做事；要树立全局观念，防止和克服狭隘的部门利益思想，树立一盘棋的战略思想。

扩大开放，必须深化改革。代表们提出，与沿海地域相比，沿长江城市在对外开放方面已滞后了一步，旧的体制严重阻碍着对外开放的扩大。因此，应通过深化改革，克服"左"的思想和守旧观念，给企业以更大自主权，使各项政策措施相互配套，逐步完善。改革需要探索，要敢想、敢干、敢闯、勇于实验，对的就大胆推广，错的就加以纠正。开放是促进和带动一切的重要途径和手段。

代表们认为，应围绕开发抓开放，通过开放促开发。通过开放，要开发新产品、新技术、新行业，解决内陆城市产业单调、技术陈旧、产品老化的问题，使经济发展具有新的活力；通过开放，不断开发利用资源，提高资源的综合利用率，提高经济效益；通过开放，把利用外资和老企业嫁接起来，加速技术改造和产品更新换代。

搞好长江的开放开发，必须走联合协作的路子。代表们认为，长江流域自然地理条件的多样性和社会经济发展的综合优势，决定了要通过联合协作的方式来搞好开放开发，如果化整为零，搞区域割据、市场封闭，长江的优势就发挥不出来，开放开发就会事倍功半，甚至会有负效应。

因此，希望国家有关部门尽快拿出长江开放开发的总体规划，各省、各中心城市、各中小经济区域要在总体规划的基础上，通力合作，加强横向联系；要以上海浦东为龙头，加强政策的对接和连贯，使龙头、龙身、龙尾一同摆动，努力在生产力布局、产业结构、交通运输、资源开发利用、长江生态环境保护、市场开发等方面，做到协调一致。

投资环境建设是对外开放的重要内容，代表们认为应把它放在对外开放的重要地位，作为一项持久的基础性工作来抓。既要搞好投资硬环境的建设，努力使"七通一平"符合国际标准，又要加强各项软环境的建设，使有关政策措施符合国际规范。同时，还要大力发展第三产业，培养大批懂业务、善经营、敢开拓的外向型经济人才。

【例文评析】

这是一份研讨型会议纪要。标题由会议名称和文种组成。导言概述会议基本情况，包括会议召开的依据、会议的主办单位、会议召开的时间和地点、与会单位等，并简述会议中心议题，给读者一个总的印象。主体部分，分段记录了会议各项内容的讨论情况。文章注重使用"代表们提出""代表们指出""代表们认为"一类传达会议共识的句式，概括准确，行文有序，结构清晰，有条不紊。

【本章小结】

函和纪要是党政机关公文中使用频率较高的公文。因此，本章的学习，可以为将来从事机关文秘工作或担任企事业单位的行政助理等职务，为处理好本单位的一般会议及重要问题,为不同单位之间顺畅沟通与交流奠定写作的理论基础。

【拓展实训】

一、分析下面这份函在写法上有何不妥之处,请运用所学写作知识加以修改

关于请明珠商厦准备经保工作经验材料的函

江门市商业局:

你局明珠商厦狠抓安全保卫工作,成绩突出。经市综合治理办公室同意,我局准备于 12 月中旬召开全市经保工作经验交流会,请明珠商厦在会上介绍加强内部防范工作的经验。请速通知该单位,于 12 月中旬将此材料报送我局经保处秘书科(写作要求附后)。

此致

敬礼!

江门市公安局(印)

二○○六年十一月二十日

二、请根据下述材料,以北京市教育委员会的名义拟写一份函,材料所提供的信息若有不足之处,请做合理虚构填充

教育部留学服务中心向北京市教育委员会发了一封函,即《关于举办第十六届中国国家教育巡回展的征求意见函》(教留函〔2010〕61 号)。北京市教育委员会收到该函后,经过研究,同意该中心于 2012 年 3 月 12—13 日在中国国际贸易中心展览大厅举办第十六届中国国际教育巡回展,并于 2011 年 12 月 25 日向该中心发函(京教函〔2011〕513 号),明确表态同意,希望该中心按有关规定履行展会各项申报手续,并做好组织和安全工作。

第七章

其他党政机关公文

【学习目标】

知识目标：

掌握决定、公告的含义，了解其种类和特点。

能力目标：

能够撰拟规范的决定、公告，能够运用正式公文的格式行文。

【情景导入】

张扬同学在校长办公室实习，负责文字方面的工作。这学期，学校大三一男生丁宁经常旷课泡酒吧。一次，丁宁从酒吧回到学校，醉醺醺地到教室上课，因为一点小事跟同学林翔发生口角，丁宁借着酒劲对林翔大打出手，将林翔打成重伤。学校决定对丁宁进行处罚，校长让张扬写一份决定。张扬在想：决定的格式是什么样呢？语气该怎样把握呢？

第一节　决　　定

一、决定的含义

《党政机关公文处理工作条例》对决定的定义为：适用于对重要事项作出决策和部署、奖惩有关单位和人员、变更或者撤销下级机关不适当的决定事项。

二、决定的特点

1. 权威性

决定虽然没有命令那样浓的强制色彩，但也是一种权威性很强的下行文。决定是上级机关针对重要事项和重大行动，经重要会议或领导班子研究通过后，对所辖范围内的工作所做的安排。决定一经发布，就对受文单位具有很强的约束力，必须遵照执行。从内容到口气，都坚定确凿，毋庸置疑，体现了决定的权威性特点。

2．指挥性

决定在对重要事项进行决策时，同时也提出工作任务、具体措施和实施方案，要求受文单位依照执行。决定通过原则、任务、措施、方案的确定和安排，指挥下属单位统一思想、统一行动，从而保证工作的顺利开展，并取得预期效果。

3．全局性

决定一般不是向某一个具体单位发出的，行文对象有一定的普遍性。这是由于决定所涉及的事项和解决的问题都有全局性的意义。类似依法行政、西部开发，都是事关全局的重要问题。即使有时涉及的事件比较具体，其意义也必然是全局性的。

例如《中共中央关于接收宋庆龄同志为中国共产党正式党员的决定》，就不能简单地看作接受一个人入党的具体事务性文件，它表达了党中央对宋庆龄一生的评价，也传达了中央的统战政策和组织路线，在宣传党的路线、政策方面，有着相当普遍的意义。

三、决定的分类

1．法规政策性决定

关于建立、修改某项法规的决定，关于贯彻、落实某一法律的决定，关于对某一领域犯罪行为进行专项打击的决定，都属于法规政策性决定。如《全国人民代表大会常务委员会关于修改〈中华人民共和国大气污染防治法〉的决定》《全国人大常委会关于惩治侵犯著作权的犯罪的决定》《关于惩治虚开、伪造和非法出售增值税专用发票犯罪的决定》等。

2．重要事项和重大行动性决定

对重要事项或事关全局的重大行动做出的决定，具有决策的性质。一般要阐述基本原则，提出工作任务、方案、措施、要求。如《国务院关于全面推进依法行政的决定》《国务院关于成立国务院西部开发领导小组的决定》《中共中央关于加强党同人民群众联系的决定》《中共中央关于恢复沈雁冰同志党籍的决定》等。

3．奖惩性决定

决定也可以对一些事迹突出、有典型意义的先进个人或集体进行表彰，或者对一些影响较大、群众关心的事故、错误进行处理。前者如《国务院关于授予赵春娥、罗健夫、蒋筑英全国劳动模范称号的决定》《中共沈阳市委、沈阳市人民政府关于表彰沈阳黎明服装集团公司的决定》等。后者如《国务院关于处理"渤海二号"事故的决定》《国务院关于大兴安岭特大森林火灾事故的处理决定》等。

奖惩性决定跟用于奖惩的命令和通报作用接近，但层次规格不同。从规格上看，决定低于命令，但高于通报。一般性的奖惩或者基层单位的奖惩活动，用通报即可。

用于奖惩的这三种文体，在写法上也比较接近。

四、决定的写法

（一）标题

决定的标题一般采取公文标题的常规模式，即发文机关＋主要内容＋文种的写法，如《国务院关于进一步加强产品质量工作若干问题的决定》。标题中有时可在主要内容部分加书名号，如《全国人民代表大会常务委员会关于批准〈中华人民共和国、俄罗斯联邦和哈萨克斯坦共和国关于确定三国国界交界点的协定〉的决定》，但标题中不得使用其他标点符号。

（二）正文

正文采用公文常用的结构形式，由开头、主体、结尾三部分组成。

1．开头

开头一般是写发布决定的背景、根据、目的、意义。

如果是批准某一文件的决定，则写明批准对象的名称。

如果是表彰、惩戒性的决定，开头部分则要叙述基本事实，也就是先进事迹或事故情况，篇幅要比一般决定长一些。这实际上也属于行文的根据，跟公文结构的基本形式仍是一致的。

2．主体

主体写决定事项。

用于指挥工作的决定，这部分要提出工作任务、措施、方案、要求等，内容复杂时要用小标题或条款显示出层次来。用于批准事项的决定，这部分要表达批准意见，如有必要，还可对批准此事项的根据和意义予以阐述。

用于表彰或惩戒的决定，这部分要写明表彰决定和项目，或处分决定、处罚方法。

3．结尾

结尾主要用来写执行要求或希望号召。

【例文一】

国务院关于 2017 年度国家科学技术奖励的决定

国发〔2018〕2 号

各省、自治区、直辖市人民政府，国务院各部委、各直属机构：

为全面贯彻党的十九大精神，深入贯彻落实习近平新时代中国特色社会主义思想，坚定实施科教兴国战略、人才强国战略和创新驱动发展战略，国务院决定，对为我国科学技术进步、经济社会发展、国防现代化建设作出突出贡献的科学技术人员和组织给予奖励。

　　根据《国家科学技术奖励条例》的规定,经国家科学技术奖励评审委员会评审、国家科学技术奖励委员会审定和科技部审核,国务院批准并报请国家主席习近平签署,授予王泽山院士、侯云德院士国家最高科学技术奖;国务院批准,授予"水稻高产优质性状形成的分子机理及品种设计"等2项成果国家自然科学奖一等奖,授予"华北克拉通破坏"等33项成果国家自然科学奖二等奖,授予"燃煤机组超低排放关键技术研发及应用"等4项成果国家技术发明奖一等奖,授予"水稻精量穴直播技术与机具"等62项成果国家技术发明奖二等奖,授予"特高压±800kV直流输电工程"等3项成果国家科学技术进步奖特等奖,授予"涪陵大型海相页岩气田高效勘探开发"等21项成果国家科学技术进步奖一等奖,授予"多抗广适高产稳产小麦新品种山农20及其选育技术"等146项成果国家科学技术进步奖二等奖,授予厄尔·沃德·普拉默教授等7名外国专家中华人民共和国国际科学技术合作奖。

　　全国科学技术工作者要向王泽山院士、侯云德院士及全体获奖者学习,不忘初心、牢记使命,继续发扬求真务实、勇于创新的科学精神和服务国家、造福人民的优良传统,主动担当起建设世界科技强国的历史重任,深入实施创新驱动发展战略,坚定不移走中国特色自主创新道路,加快建设创新型国家,为决胜全面建成小康社会、夺取新时代中国特色社会主义伟大胜利、实现"两个一百年"奋斗目标和中华民族伟大复兴的中国梦作出新的更大贡献。

国务院
2018年1月1日

【例文评析】

　　这是一则奖惩性决定。第一段写决定的背景和奖励对象,第二段写决定的依据和具体奖励对象及奖励情况,第三段写决定的意义。

第二节　公　　告

一、公告的含义

　　《党政机关公文处理工作条例》对公告的定义为:适用于向国内外宣布重要事项或者法定事项。

二、公告的特点

1. 发文权力的限制性

　　由于公告宣布的是重大事项和法定事项,发文的权力被限制在高层行政机关及其职能部门的范围之内。具体说,国家最高权力机关(全国人大及其常委会),国家最高行政机关(国务院)及其所属部门,各省市、自治区、直辖市行政领导机关,某些法定机关,如税务局、海关、铁路局、人民银行、检察院、法院等,有制发公告的权力。其他地方行政机关,一般不能发布公告。党团组织、社会团体、企事业单位,不能发布公告。

2．发布范围的广泛性

公告是向"国内外"发布重要事项和法定事项的公文,其信息传达范围有时是全国,有时是全世界。譬如,我国曾以公告的形式公布中国科学院院士名单,一方面确立他们在我国科学界学术带头人地位,一方面尽力为他们争取在国际科学界的地位。这样的公告肯定会在世界科学界产生一定的影响。我国有关部门还曾在《人民日报》上刊登公告,公布中国名酒和中国优质酒的品牌、商标和生产企业,以便消费者能认清名牌。

3．题材的重大性

公告的题材必须是能在国际国内产生一定影响的重要事项,或者依法必须向社会公布的法定事项。公告的内容庄重严肃,体现着国家权力部门的威严,既要能够将有关信息和政策公之于众,又要考虑在国际国内可能产生的政治影响。一般性的决定、指示、通知的内容,都不能用公告的形式发布,因为它们很难具有全国和国际性的意义。

4．内容和传播方式的新闻性

公告还有一定的新闻性特点。所谓新闻,就是对新近发生的、群众关心的、应知而未知的事实的报道。公告的内容都是新近的、群众应知而未知的事项,在一定程度上具有新闻的特点。公告的发布形式也有新闻性特征,它一般不用红头文件的方式传播,而是在报刊上公开刊登。

三、公告的分类

1．重要事项性公告

凡是用来宣布有关国家的政治、经济、军事、科技、教育、人事、外交等方面需要告知全民的重要事项的,都属此类公告。常见的有国家重要领导岗位的变动,领导人的出访或其他重大活动,重要科技成果的公布,重要军事行动等。如全国人大常务委员会关于确认全国人大代表资格的公告,新华社受权宣布我国将进行向太平洋发射运载火箭试验的公告,都属此类公告。

2．法定事项性公告

依照有关法律和法规的规定,一些重要事情和主要环节必须以公告的方式向全民公布。《中华人民共和国专利法》第三十九条规定:"发明专利申请经实质审查没有发现驳回理由的,专利局应当作出审定,予以公告。"

《中华人民共和国企业破产法(试行)》第九条规定:"人民法院受理破产案件后,应当在十日内通知债务人并且发布公告。"

《国务院公务员暂行条例》第十六条规定,录用国家公务员要"发布招考公告"。

《中华人民共和国民事诉讼法》规定发布的公告种类繁多,有通知权利人登记公告,送达公告,开庭公告,宣告失踪、宣告死亡公告,财产认领公告,强制迁出房屋、强制退出土地公告等。

上述公告均属法定事项性公告。

四、公告的写法

(一) 公告的标题和发文字号

1. 公告的标题

公告的标题有四种不同的构成形式。

一是公文标题的常规形式,由发文机关＋主要内容＋文种组成,如《国务院关于坚决制止冲击铁路确保铁路运输安全畅通的公告》。

二是省略主要内容的写法,由发文机关＋文种组成。如《国家税务总局公告》《对外经济贸易部公告》。这是公告比较常用的标题形式。

三是省略发文机关,由主要内容＋文种组成。如《中华人民共和国东海防空识别区航空器识别规则公告》。这种标题形式比较少见。

四是只标文种《公告》二字。

2. 公告的发文字号

公告一般不用公文的常规发文字号,而是在标题下文正中标示"第×号"。有些公告可以没有发文字号。

(二) 公告的正文

1. 开头

开头主要用来写发布公告的缘由,包括根据、目的、意义等。

这是公文普遍采用的常规开头方式,多数公告都采用这样的开头。但也有不写公告缘由,一开头就叙述公告事项的。

2. 主体

主体用来写公告事项。因每篇公告的内容不同,所以主体的写法因文而异。有时用贯通式写法,有时需要分条列出。总之,这部分要求条理清楚、用语准确、简明庄重。

3. 结语

一般用"特此公告"的格式化用语作结。不过,这不是唯一的选择,有些公告的结尾专用一个自然段来写执行要求,也有的公告既不写执行要求,也不用"特此公告"的结语,事完文止,也不失为一种干净利落的收束方式。

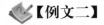【例文二】

中国人民银行公告

〔2011〕第 12 号

中国人民银行定于 2011 年 6 月 16 日发行中国共产党成立 90 周年普通纪念币和 2011 年贺岁普通纪念币各一枚。

一、普通纪念币图案

（一）中国共产党成立 90 周年普通纪念币

该普通纪念币正面图案为国徽，内缘上方刊"中华人民共和国"国名，内缘下方刊"2011"年号。

该普通纪念币背面主景图案为中国共产党党徽、党旗及牡丹、和平鸽、五角星，党徽上方刊"中国共产党成立 90 周年"字样，下方刊"1921—2011"字样。内缘左侧刊"5 元"面额数字。

（二）2011 年贺岁普通纪念币

该普通纪念币正面刊"中国人民银行""1 元"和汉语拼音字母"YIYUAN"及"2011"年号。

该普通纪念币背面主景图案为手举风车的小女孩和兔灯，内缘下方刊"辛卯"字样。

二、普通纪念币面额、规格、材质和发行数量

中国共产党成立 90 周年普通纪念币面额为 5 元，直径为 30 毫米，材质为黄铜合金，发行数量 6000 万枚。

2011 年贺岁普通纪念币面额为 1 元，直径为 25 毫米，材质为黄铜合金，发行数量 3000 万枚。

三、中国共产党成立 90 周年普通纪念币和 2011 年贺岁普通纪念币与现行流通人民币职能相同，与同面额人民币等值流通

中国人民银行

2011 年 6 月 8 日

【例文评析】

这则公告开头直接写正文，没有叙述公告缘由或背景，但是，从第一段我们可以看出，纪念币发行的背景是纪念中国共产党成立 90 周年。结尾省略了"特此公告"字样。主体条理清楚，行文干净利落。

【例文三】

中华人民共和国公安部公告

为更好地贯彻落实"一带一路"和京津冀协同发展战略，构建更为便捷宽松的出入境软环境，经国务院批准，在北京、天津、河北三省市实施部分国家外国人 144 小时过境免办签证政策。现将有关事项公布如下：

一、适用政策国家名单

奥地利、比利时、捷克、丹麦、爱沙尼亚、芬兰、法国、德国、希腊、匈牙利、冰岛、意大利、拉脱维亚、立陶宛、卢森堡、马耳他、荷兰、波兰、葡萄牙、斯洛伐克、斯洛文尼亚、西班牙、瑞典、瑞士、俄罗斯、英国、爱尔兰、塞浦路斯、保加利亚、罗马尼亚、乌克兰、塞尔维亚、克罗地亚、波黑、黑山、马其顿、阿尔巴尼亚、摩纳哥、白俄罗斯、美国、加拿大、巴西、墨西哥、阿根廷、智利、澳大利亚、新西兰、韩国、日本、新加坡、文莱、阿联酋和卡塔尔。

二、适用条件

上述国家人员持有有效国际旅行证件和 144 小时内确定日期、座位前往第三国（地区）的联程客票。对于国际航行船舶的外国船员及其随行家属不适用本政策。

三、入出境口岸

过境外国人可选择从北京首都国际机场、铁路西客站、天津滨海国际机场、天津国际邮轮母港或者河北石家庄正定国际机场、秦皇岛海港中任一口岸入境或出境。

四、停留区域及时间

外国人免签过境停留，应当遵守中国法律规定。符合条件人员可在北京市、天津市和河北省行政区域免签停留 144 小时，不得超出准许停留区域范围或者停留时限。外国人免签过境停留期间，在旅馆住宿的由旅馆为其办理住宿登记，在旅馆以外的其他住所居住或者住宿的，应当在入住后 24 小时内由本人或者留宿人，向居住地的公安机关派出所或者外国人服务站等办理登记。

对超出停留区域范围或者时限，以及未依法办理住宿登记的免签过境外国人，县级以上地方人民政府公安机关或者出入境边防检查机关将依据《中华人民共和国出境入境管理法》予以处理。

本公告政策内容自 2017 年 12 月 28 日起实施。

公安部
2017 年 12 月 27 日

【例文评析】

这则公告第一段写公告缘由，段末用"现将有关事项公布如下"承上启下，引出主体，主体部分分条叙述，结尾使用结束语"本公告政策内容自 2017 年 12 月 28 日起实施"。行文言简意赅，语气坚定，显示出国家部门的权威性。

【本章小结】

本章所介绍的两个文种决定、公告都是重大事项或重要机关团体所使用的公文，虽然日常工作中用得较少，但是作为党政机关公文，也应该了解其基本常识、使用原则和写作规范,一旦工作需要,不至于出现差错。

【拓展实训】

一、判断文种使用是否正确,思考如何修改

某市人民政府发布了一份题为《市政府关于人民防空警报试鸣的公告》的文告,文告全文如下:

市政府关于人民防空警报试鸣的公告

根据《中华人民共和国人民防空法》和《××省实施〈中华人民共和国人民防空法〉办法》规定,市政府决定,每年 5 月 18 日为我市人民防空警报试鸣日。

今年人民防空警报试鸣信号规定为防空袭警报信号。

预先警报:鸣 36 秒,停 24 秒,反复三遍为一个周期;

空袭警报:急促短音鸣 6 秒,停 6 秒,反复 15 遍为一个周期;

解除警报:连续鸣 3 分钟为一个周期。

试鸣时间确定为:2010 年 5 月 18 日上午 11:00 开始,11:30 分结束。

希望全体市民能正确区分和熟记防空袭警报信号,不要惊慌,保持正常的工作生活秩序。

特此公告

××市人民政府

二○一○年五月十三日

二、请阅读下面这则公告,思考如何修改

××市 2014 年残疾人就业招聘洽谈会公告

各用人单位、广大残疾人朋友:

为进一步提升残疾人就业工作水平,使更多残疾人通过劳动就业充分融入社会,实现自身价值。市残联决定于 2014 年 5 月 28 日 9:00—15:00 在××市体育馆内举办"××市 2014 年残疾人就业再就业大型招聘洽谈会"。热忱欢迎各用人单位莅临招才纳贤,广大残疾人朋友积极参与,寻找合适的就业岗位。

联系电话:××××-××××××××

联 系 人:×××

特此公告。

××市残疾人康复就业服务中心

二○一四年五月十七日

第三篇

会议文书

第 八 章

会议文书概述

【学习目标】

知识目标：

认识会议筹备方案和会议通知，理解会议筹备方案和会议通知的作用，掌握会议筹备方案和会议通知的内容与写作方法。

能力目标：

在工作中能拟制大型会议的筹备方案，制发会议通知。

【情景导入】

"新常态"下，企业竞争越来越激烈。国庆节刚过，公司就决定在12月中旬召开全国一级和二级经销商大会。往年到会的人数接近一千人，估计今年将超过一千人。这种会议工作复杂，公司历来将大部分会务工作转包给专业的会务公司。

但今年，由于经济形势下行，以及通货膨胀的影响，公司决定自己筹备此次会议，由公司总经理主持此项工作，总经理秘书负责具体的实施工作。于雪也曾参加过会务工作，但像这样的独掌大局还从未尝试过。面对大型会议复杂的工作，她该如何掌控筹备工作的各项进程，协调各方面的工作呢？

第一节 筹 备 方 案

大型会议在召开之前一般都要拟订会议的筹备方案，筹备方案就相当于会议的召开计划，一份内容完善的会议筹备方案可以保障会议的正常、有序进行。

一、筹备方案的具体内容

（一）确定会议的名称

首先要根据会议的目的确定体现会议内容、性质和类型的会议名称。会议名称一般由会议主办单位的全称、会议的主题、会议的类型三部分组成。

（二）确定会议的规模和规格

会议的规模包括人数、与会者的职务、级别及会议天数；会议的规格指的是会议的档次，一般分高、中、低档三种规格。

（三）确定会议时间与会期

会议时间是会议正式开始的时间；会期指召开会议时间的长短。

（四）确定与会人员

会议出席、列席人员人数，事先应有精确计算。会议的级别、与会者的范围、人数和名单分配都应明确。

（五）选择会场并布置会场

选择会场应根据会议的规模、规格和内容等要求来确定。选择会场时应考虑以下几个因素：一是大小适中；二是交通便利；三是环境适合；四是设备齐全；五是应有停车场所；六是租借成本合理。

会场布置包括座位布局形式、会场布置和座次排列三项主要内容。

1．座位布局形式

一般说来，会场的座位布局是根据环境条件、会议内容及形式来布置的。

2．会场布置

会场布置要讲究"气氛"，会场"气氛"要与会议中心内容相一致。如庆祝会要有热烈欢腾的气氛，履行法定程序的会议要有庄严的气氛。会场的气氛是用会标、会徽、台幕、旗帜、花卉、灯饰、工艺品陈设等来体现的。

3．座次排列

座次排列包括主席台座次排列和会场人员座次排列。

（六）拟定会议议题、议程及日程

1. 拟定议题

秘书部门对收集到的议题进行综合处理，按轻重缓急拟定议题。根据确定的议题，安排会议的议程及日程。

2. 会议议程的制定

会议议程是根据会议内容制定的会议进行的程序。会议议程应当简明概略，并冠以序号使其清晰地表达，如图 8-1 所示。

```
                    ××市经贸洽谈会
议题
    一、专题报告
    二、销售与服务训练演示
    三、分组讨论
    四、大会交流
                              ××市商贸洽谈会秘书处
                              ××××年×月×日
```

图 8-1　经贸洽谈会议题

3. 会议日程的制定

会议日程是指会议议程在时间上的具体安排。它通常包括时间、内容、地点三个方面，一般以日程表的方式列出，如表 8-1 所示。

表 8-1　会议日程表

时 间 安 排	内 容 安 排	地　　点

（七）确定会议筹备机构

大中型会议的筹备和服务工作根据实际情况组建会议筹备机构，或称会议筹备组。会议筹备组通常有会务组、秘书组、接待组、宣传组、财务组、保卫组。

（八）拟制会议文件

会议文件是会议指导思想、主题内容、会议进程等全部活动的反映与记录，是指导会务活动、掌握会议进程、完成会议任务、达到会议目的的主要工具。会议文件的范围主要包括提交会议审议批准的文件，如请示；会议期间使用的文件，如开幕词、讲话稿、主持词等；会议管理性文件，如会议规则、会议值班制度等；会议宣传性文件，如会议简报、新闻简讯等。

（九）制发会议票证

会议票证包括会议证件和会议票券。会议证件是表明与会人员身份的证据。会议证件一般包括代表证、出席证、列席证、来宾证、工作证、记者证等。各类证件的内容栏目大致包括会议名称，与会人员的单位、姓名、职务、证件号码等。

（十）会议经费预算

会议的经费预算一般包括以下费用项：会议费、培训费、资料费、住宿费、餐饮娱乐费、交通费和其他费用。

二、会议筹备方案的作用

（1）确保会议的周密组织。
（2）确保会议服务质量和沟通协调到位。
（3）确保领导意图得以贯彻执行。

【例文一】

广州前沿服饰有限公司
2018 年年中工作总结表彰大会筹备方案

一、会议名称：广州前沿服饰有限公司 2018 年年中工作总结表彰大会
二、会议主题：弘扬先进再铸辉煌
三、会议时间：2018 年 7 月 28 日上午 9：00—12：00
四、会议地点：广州金科酒店国际会议中心
五、与会人员
（一）公司领导班子成员
（二）各子（分）公司、各职能部门主要负责人
（三）工作先进单位代表、优秀工作者、工作积极分子，共计 80 人
六、会议主持：公司监事长

七、会议议程

（一）公司总经理宣读表彰决定；

（二）为先进单位、个人颁奖；

（三）公司董事长作重要讲话；

（四）公司党委书记作重要讲话。

八、会务工作安排

（一）会场布置

1. 横幅标题：广州前沿服饰有限公司 2018 年年中工作总结表彰大会

2. 主席台座次：（略）

3. 代表席座次：（略）

4. 具体准备事项：席卡、音响、音乐、麦克风、投影仪、茶水、鲜花等。

（二）颁奖安排

1. 工作先进单位：广州前沿服饰有限公司南昌分公司，由董事长颁奖；

2. 优秀工作者：（名单略）由公司领导班子成员等颁奖；

3. 工作积极分子：（名单略）由领导班子成员依次上台颁奖。

（三）就餐安排：（略）

（四）交通安排：由公司统一安排乘车前往

九、会议资料准备：由公司办公室负责

十、会议经费预算：（略）

广州前沿服饰有限公司

2018 年 6 月 23 日

【例文评析】

这是一则表彰大会的筹备方案。方案比较详细地安排了会议的每一个环节，条理清楚，语言简练，通俗易懂，便于贯彻执行。

第二节　会议通知

一、会议通知的概念

会议通知是知照性的文书，是会议的主办单位发给参加会议的单位和个人的书面通知。

二、会议通知的内容

会议通知上应写明会议召开的时间、地点、会议名称、主要议题、参加对象，以及需做什么准备,或加注报到日期、地点、接站办法等,最后应有召集单位署名、通知发出日期,且加盖公章。

三、会议通知的写作

会议通知的主体部分一般包括标题、通知对象、正文和落款等部分。

1. 标题

会议通知的标题有两种写法:重要会议的通知标题中要写明主办机关名称、会议的名称,然后标明文种"通知"二字。一般在会议名称前加动词"召开",如"北京市林业局关于召开会计决算编审工作会议的通知"。事务性或例行性会议一般写"会议通知"即可。

2. 通知对象

通知对象是单位的,写单位名称。单位名称可以写特称,如"×××公司";也可以写统称,如"各直属院校"。通知对象如果是个人,一般直接写明姓名。应当注意的是,通知对象有时未必是参加会议的对象。

3. 正文

会议通知的正文部分一般应当写明以下内容。

(1) 会议的目的、名称、缘由和主题,有时可以列出会议的具体议题或讨论的提纲。

(2) 参会人员。

(3) 会议的时间,包括开始时间、报到时间、结束时间。

(4) 会议的地点。应具体写明会场所在的地名、路名、门牌号码、楼号、房间号码、会场名称。必要时画出交通简图,标明地理方位及抵达的公交线路,以方便与会者。

(5) 其他事项。如参加会议的费用、报名的方式和截止日期、有关论文撰写和提交的要求、入场凭证(如"凭入场券入场""凭本通知入场")、联络信息(如主办单位的地址、邮编、银行账号、电话和传真号码、网址、联系人姓名)等。

4. 落款

落款要写主办单位的全称和通知的日期。发出通知的日期应当写具体的年、月、日,不能用"即日"代替。重要会议的通知应当加盖公章。

有的会议通知还需附上回执或报名表,一般制成表格,请出席对象填写姓名、性别、年龄、职务、职称、预订回程票的具体要求等项目,然后寄回,以便统计参加会议的人数和安排会议的接待工作。

【例文二】

国家认监委关于召开全国认证认可工作会议的通知

各直属检验检疫局,各省、自治区、直辖市及新疆生产建设兵团质量技术监督局(市场监督管理部门),各部室、下属单位:

国家认监委定于 2018 年 1 月 16 日（星期二）召开全国认证认可工作会议。现将有关事项通知如下：

一、会议主题

以党的十九大精神为指导，贯彻落实中央经济工作会议、国务院 185 次常务会议、全国质量监督检验检疫工作会议精神，回顾党的十八大以来认证认可事业发展历程，总结 2017 年认证认可工作，部署 2018 年认证认可工作，谋划新时代认证认可事业发展蓝图，加快建设认证认可强国。

二、会议议程

（一）认监委领导作工作报告

（二）经验交流

（三）质检总局领导讲话

（四）分组讨论

（五）大会总结

三、时间、地点

时间：2018 年 1 月 16 日（星期二），会期一天。1 月 15 日（星期一）报到，1 月 17 日（星期三）返程。

地点：北京大成路九号酒店（北京市丰台区大成路 9 号，电话：010－82779999）。

四、参会人员

（一）各直属检验检疫局，各省、自治区、直辖市及新疆生产建设兵团质量技术监督局（市场监督管理部门）分管认证工作的局领导及认证监管部门负责同志。

（二）认监委领导、各部室主要负责人和下属单位党政主要负责人。

会议将邀请全国认证认可工作部际联席会议成员单位，中央纪委驻工商总局纪检组、标准委、质检总局各司局及有关在京直属挂靠单位代表出席会议，部分认证机构代表列席会议。

五、其他事项

（一）请各参会人员于 2018 年 1 月 3 日前使用微信"扫一扫"功能扫描二维码（见附件）进行报名。报名成功后会议服务系统将陆续提供会议材料下载、会场座次、接送站安排、房间安排、就餐安排等信息，请各参会人员关注。

（二）请各参会人员严格落实中央八项规定，严格遵守会议纪律。参会人员着便装，保持整齐、庄重。

联系人：彭健乔 010-82262726、13810986980

杨慧莹 010-82262727、13661006651

附件：会议报名二维码

国家认监委

2017 年 12 月 21 日

【例文评析】

会议通知的正文开头写会议目的和会议名称。文种承启语后，写了会议的时间、地点、议题、与会人员及相关注意事项。文章层次分明，语言简洁、清晰。此外，为与会人员赴会考虑得比较周到，也是本文的一大特点，值得借鉴。

【本章小结】

大型会议的各项工作非常繁复，在会前都要做好相应的筹备工作，以确保会议能够有条不紊地进行。在会前一项至关重要的工作就是拟制好会议筹备方案。在会前另一项重要的工作就是拟制会议通知，曾经有过很多实例，因为会议通知的拟制失误，使原本准备充分的会议功亏一篑。所以，能够正确地拟写会议筹备方案和会议通知是成功召开会议的关键所在。

【拓展实训】

一、改错题

下面是一篇会议通知，请根据所学内容，对不恰当的地方予以指正。

关于召开布置开展增产、劳动竞赛会议的通知

各分公司、分厂、各车间党支部、公司中直属各部门：

为贯彻上级精神，总公司董事会研究决定在全公司范围内广泛开展增产节约、劳动竞赛活动。现在把会议有关问题通知如下：

一、会议时间：10 月 4—8 日

二、会议地点：总公司招待所

三、与会人员：各分公司、分厂、总公司各直属部门主管生产的负责同志、工会主席等。

四、请各单位准备好本单位开展劳动竞赛活动的经验材料，限 5000 字，报到时交给会务组。并请与会人员 10 月 4 日前来报到。

××总公司（公章）

二○××年九月二十日

二、写作实践题

鼎日大酒店成立于 1990 年,总部设在北京。经过十几年的经营与发展,已经在全国十几个省市开设了连锁店,2017 年底酒店经营又上一个台阶,年利润突破了 3 亿元大关。在 2018 年年底,酒店总部决定在这辞旧迎新之际,召集各地分酒店的负责人及优秀员工代表在北京总部召开年底总结大会,会期 3 天。大会的主要内容是总结 2018 年的工作,讨论 2019 年的工作计划,以及表彰为酒店作出突出贡献的员工。

请你根据以上内容为此次会议拟制一份会议筹备方案提纲与会议通知(注:会议方案只写提纲即可)。

第九章

会中文书与会后文书

【学习目标】

知识目标：

了解开幕词、闭幕词、主持词、讲话稿、会议记录和会议纪要的定义，理解它们在会中的作用，掌握其写作技巧。

能力目标：

能够根据所学理论，比较熟练且独立地完成开幕词、闭幕词、主持词、讲话稿、会议记录和会议纪要的写作。

【情景导入】

近年来，在大学生求职的过程中出现了"公务员热"。王成刚是名牌大学中文系毕业的高才生，文笔不错，被分配到市统计局局长办公室当秘书。到局里工作以后，赵局长很注重发挥年轻人的专长，得知小王有写作方面的才能，就经常把局里一些重要的写作任务交给他来完成。

临近年底，局里要举办春节联欢晚会，赵局长邀请了李副市长来参加。可不巧的是李副市长的秘书因为父亲病重请假回家了，起草讲话稿的事情，赵局长就让王秘书来写，告诉他这是李副市长的晚会致辞，且一再叮嘱他一定要好好写，写出水平来。

王秘书酝酿了好几天，终于在最后一天写出了一篇3万字的、热情洋溢的致辞。本来要交给领导审阅一下，凑巧的是那天市里召开紧急会议，局长和李副市长都到市政府开会去了。本以为领导下午能早点回来，谁知市里开了一天的会，晚上两位领导赶过来时又遇上塞车，等他们到时，晚会马上要开始了，根本没时间审查发言稿。

两位领导刚坐定，晚会就在热烈的掌声和喜庆的音乐声中开始了。赵局长拿过王秘书递过来的文件夹对李副市长说："这里面是稿子，该您讲话了。"李副市长走到麦克风前，打开稿子开始念起来。开始大家的兴致很高，听得很认真，可随着时间的流逝，本来兴冲冲的发言者和台下的听众都没有了耐性,台上的李副市长越念眉头皱得越紧,台下的听众开始说话,现场骚乱起来。

半个小时过去了,李副市长终于发言完毕,台上台下都松了一口气。李副市长坐下后说的第一句话就是:"这是谁写的稿子,怎么这么长,也不看看是什么场合,真是懒婆娘的裹脚布!"

第一节　开幕词和闭幕词

一、开幕词和闭幕词的定义及内容

1. 开幕词的定义

开幕词是展开会议主题的序曲,是会议讲话的一种,是党政机关、社会团体、企事业单位的领导人在会议开幕时所作的讲话,旨在阐明会议的指导思想、宗旨、重要意义,向与会者提出开好会议的中心任务和要求。

2. 开幕词的内容

(1) 郑重宣布会议开始,这样可以营造一种特定的会议气氛。

(2) 阐明会议目的、任务和重要意义。

(3) 概括说明会议的议程安排和对与会者的要求。

3. 闭幕词的定义

闭幕词是会议的结束语,与开幕词相呼应。一般闭幕词是由主要领导人向全体会议代表所作的总结性讲话。通常,致闭幕词的领导人跟致开幕词的领导人不是一人。闭幕词从因果关系上与开幕词有机地联系起来。

4. 闭幕词的内容

(1) 总结会议成果,包括经过会议讨论统一认识,做出决定,归纳正确意见和建议,使与会者把握会议精神。

(2) 提出希望或口号,从贯彻会议精神和今后实施的长远眼光去激发与会代表和有关群众的积极性。

(3) 对支持会议的各个方面表示感谢,给人以心理上的满足并留下美好印象。

(4) 宣布会议闭幕,标志着会议的胜利结束。

二、写作格式

开幕词的结构一般由标题、称谓、正文、结束语四部分构成。

1. 标题

一般由事由和文种构成，写作"××会议开幕词"，如"中国共产党第十二次全国人民代表大会开幕词"。

2. 称谓

称谓在标题下一行顶格写，一般根据会议的性质及与会者的身份确定称谓，如"各位代表""各位来宾"等。

3. 正文

正文包括宣布开幕，说明会议名称、性质、参与者情况，以及对会议的指导思想、主要任务和议程安排、意义和作用、希望和要求的阐述。

闭幕词和开幕词的结构基本一致，在标题和称谓之后，另起一段首先说明会议已经完成预定任务，现在就要闭幕了；然后概述会议的进行情况，恰当地评价会议的收获、意义及影响。核心部分要写明：会议通过的主要事项和基本精神；会议的重要性和深远意义；向与会人员提出贯彻会议精神的基本要求；等等。

一般说来，这几方面的内容都不能缺少，而且顺序是基本不变的。写作时要掌握会议情况，有针对性地对会议内容予以阐述和肯定；同时，还可以对会议未能展开却已经认识到的重要问题进行适当强调或补充；行文要热情洋溢、简洁有力，起到激发斗志、增强信念的作用。

4. 结束语

结尾部分一般先以坚定的语气发出号召、提出希望、表示祝愿等；闭幕词可表示对有关各方的感谢，最后郑重宣布"××会议胜利闭幕"。闭幕词出现在会议终了，因此，要写得与开幕词前后呼应、首尾衔接，显示大会开得很圆满、很成功。

三、写作要求

（1）撰写开幕词要注意针对性强，文字简练，其格调要同会议主题相符，要使与会者了解整个会议的概貌，树立开好会议的信心。

（2）撰写闭幕词应从会议的实际出发，认真总结会议所做的工作，不能离开会议的原定目的任务，主观地另搞一套。对经过会议讨论所提高的认识，应予以深化和加强。对会议未尽事宜和存在问题也可适当指出，但不要节外生枝，偏离会议的本意。闭幕词的语言要富于号召力，以激发与会代表的斗志，调动各方面的积极性。

（3）无论开幕词或闭幕词，都要注意呼应和连贯，前后一致，不能开幕词是一个意思，闭幕词是另一个意思。

（4）这两种文书都应具有鼓动性，使与会者受到感染。

第二节 主 持 词

一、主持词的概念

主持词是会议主持人主持各类会议时在会义开头、中间串连、结束总结时的讲话,会议主持词准备充分是顺利召开会议的前提,它是会议主持者主持会议时使用的带有指挥性、引导性的讲话。一般大型或正规的会议都要有会议主持词,所以其使用频率较高。

二、主持词的特点

1. 地位附属

主持词是为领导讲话和其他重要文件服务的,其附属性表现在两个方面:从形式上看,主持词的结构是由会议议程所决定的,必须严格按照会议议程谋篇布局;从内容上看,主持词的内容是由会议的内容所决定的,不能脱离会议内容。主持词的附属性地位,决定了它只能起陪衬作用,不能喧宾夺主。

2. 篇幅短小

主持词的篇幅一般不宜过长,要短小精悍,抓住重点,提纲挈领。而篇幅过长,重复会议内容就会造成主次不分、水大漫桥。

3. 语言平实

为与严肃的会议气氛相适应,会议主持词在语言运用上应该平实、庄重、简明、确切。要开门见山,直入主题,尽量不用修饰和曲笔。说明什么,强调什么,提倡什么,反对什么,有什么要求、建议和意见,都要一清二楚,一目了然,切忌含糊其辞,模棱两可。

4. 重在头尾

会议主持词的主要部分在开头的会议背景介绍和结尾的会议总结任务布置两部分,中间部分分量较轻,只要简单介绍一下会议议程就可以了。因此,会议主持词的撰写,重点在开头和结尾。

5. 结构独立

会议主持词分为开头、中间和结尾三个部分,而且每部分都相对独立。

三、主持词的写作

会议主持词一般包括标题、称谓、正文三个部分。

(一)标题

主持词的标题要力求简洁、明了,不需用修饰性词语,是什么会议就用什么名称。如

"庆祝第×个劳动节主持词""××公司第×次展销会主持词"等。在标题左下方顶格处，可分行写明会议的时间、地点、主持者，或者只在标题正下方中间处注明主持者的姓名（可加小括号）。

（二）称谓

称谓是主持者对广大听众的称呼。称谓可根据与会人员、场合的不同，而选用不同的称呼，一般用泛称。如"各位领导""各位来宾""同学们"等。在特殊情况下，如地位、职务比较高的领导、专家莅临下级单位指导工作时，可以针对某位领导用特称，如"尊敬的××省长""尊敬的××局长"等。会议开始前要有称谓，主持中间还应适当用称谓，起到引起注意、承上启下的作用。

（三）正文

正文由开场白、主体和结束语三部分组成。

1. 开场白

开场白的形式多种多样，可开门见山、直奔主题，也可简单介绍一下会议的召开背景、目的。无论用什么方法开头，都应该紧扣主题，用精练的语言吸引听众，自然地引出下文，不要兜圈子。

另外，在开场白部分还可介绍主席台就座的领导和与会人员（可包括姓名、身份、职务等），如"光临今天会议的领导和来宾有：××市委××书记、××市××市长……""……也出席了今天的交流活动"。介绍出席人员时，必须注意前后顺序，先上级后下级，先来宾后主人。同时对各位来宾的到来，主持者要表示热烈的欢迎和衷心的感谢。

2. 主体

主体部分是会议的主要议程，也是主持词的核心部分。这部分是向与会者全面介绍会议的总体安排，可先总说、后分说，如"今天的交流活动主要有×项议程：一是……，二是……，三是……"，然后分条说，"下面进行第一项议程……"。也可直接分条说，如"今天的大会主要有×项议程，下面进行第一项议程……"。

值得强调的是，在两项议程之间主持者可以做一个简短的、恰如其分的评价，使这两项议程自然地"串"起来，给人以连续感。在顺次介绍会议的每项议程时，切忌千篇一律，要讲究灵活性和多变性，如套用"下面""接下来""下一个议程是"之类的话。

3. 结束语

结束语是主持词的收束。结束语可以总结会议收到的效果，也可以发出号召、邀请，还可以抒情、祝愿，寄托主持者美好的愿望。如："通过今天的交流活动，进一步增进了我们之间的友谊……""最后，祝各位……"

四、写主持词时的注意事项

在主持词的写作过程中,应注意以下几点。

1.清楚议程,认真策划

在写作一篇主持词之前,一定要清楚地知道会议的背景和每一项议程,并认真分析每项议程之间的关系,然后确定议程的各项。排列顺序的过程就是"串联"主持词的过程。确定每项的顺序,没有固定的方法和法则,但要坚持便于会议的顺利进行、提高会议的整体效果和符合逻辑的原则。在确定好会议议程顺序以后,就要认真考虑如何写开场白,如何形成高潮,如何结尾,这都是主持词不可或缺的一部分。

2.注意条理,衔接得当

不管是写什么样的主持词,都要有条理性。没有条理,主持词将失去它存在的价值,也无法将整个会议"串"起来。但仅仅"串"起来还不够,还必须"串"得自然、流畅,衔接得当,这就需要在选词造句时特别要注意考究。如同一词汇不要多次出现,同一意思要选择不同的词汇来表达,力求达到殊途同归的效果。

3.巧于结尾,赢得听众

一件事情的开始和结束阶段留给人的印象最深刻。会议主持词结尾写得怎样,直接关系到会议召开的效果和影响。在起草主持词的结尾部分时,语言要有鼓动性,内容要有号召性,力求营造良好的会场气氛。

主持者要充分展现自信和魄力,正视前进中的困难,坚信事业能够成功,勇往直前,引起听众强烈的共鸣,最大限度地赢得听众,从而使会议的效果化作听众的自主意愿和自觉行动,成为促进工作目标实现的强大动力。

【例文一】

主　持　词

尊敬的各位领导、各位来宾、女士们、先生们,上午好!

(男)中国网络通信集团公司武威市分公司成立庆典现在开始。请全体起立,奏中华人民共和国国歌。

(男)请坐下。

(女)今天,××宾馆高朋满座,喜气洋洋,共同庆祝中国网络通信集团公司武威市分公司的成立,我谨代表中国网络通信集团公司武威市分公司全体同仁,衷心地感谢各位嘉宾的光临。

(女)今天的成立庆典共有六项议程,下面进行第一项,介绍出席今天庆典大会的主要领导和嘉宾。

（男）出席今天成立庆典并在主席台就座的领导同志有：……

（男）我代表中国网络通信集团公司武威市分公司对各位领导和朋友们的到来表示热烈的欢迎和衷心的感谢！

（女）中国网络通信集团公司武威市分公司的成立，是我市通信行业的一件盛事，对我市电信市场形成公平有效的竞争、加快通信事业的发展、推进国民经济和社会信息化，促进武威地方经济发展具有重大而深远的意义。

（男）中国网络通信集团公司武威市分公司的成立，受到了市委、市人大、市政府、市政协及社会各界的广泛关注和大力支持。

（男）大会第二项议程：请中国网络通信集团公司甘肃省分公司副总经理宣读分公司成立文件及分公司领导任职文件。

（女）大会第三项议程：请武威市政协主席与中国网络通信集团公司甘肃省分公司副总经理 为中国网络通信集团公司武威市分公司揭牌。（背景音乐）（施放礼花）

（男）大会第四项议程：请中国网络通信集团公司武威市分公司总经理致辞。

（女）大会第五项议程：请中国网络通信集团公司甘肃省分公司副总经理讲话。

（男）大会第六项议程：请武威市市长助理讲话。

（男）从今天起，中国网络通信集团公司武威市分公司这艘满载各级领导与社会各界希望，满载广大客户的厚爱与期待。

（女）同时也承载中国网络通信集团公司武威市分公司全体员工理想和信念的航船将扬帆起航。

（男）在这里，我们郑重地承诺我们将不负众望、不辱使命，以优质的服务回报社会，服务武威地方经济发展。

（女）中国网络通信集团公司武威市分公司成立庆典圆满结束，再次感谢各位领导和嘉宾的光临。请各位领导和嘉宾到宴会厅参加答谢餐会。

（合）谢谢大家！（奏乐：《好日子》《走进新时代》）

【例文评析】

此主持词开场白采用开门见山的形式，直奔主题——宣布此次会议开始。在播放完庄严的国歌之后，主持人又表达了对参会人员及嘉宾的感谢。主体部分也是核心部分，采用典型的议程串联法，向与会者介绍会议的总体安排。最后的结语部分，宣布会议圆满结束来收束全文，并再次表达对领导与嘉宾的感谢。全文结构完整，层次清晰，语言热烈而诚恳。

第三节　讲　话　稿

一、讲话稿的概念与作用

（一）讲话稿的概念

讲话稿亦称发言稿，有广义和狭义之分。广义的讲话稿是人们在特定场合发表讲话的文稿；狭义的讲话稿即一般所说的领导讲话稿，是各级领导在各种会议上发表带有宣传、指示、总结性质讲话的文稿，是应用写作研究的重要文体之一。

（二）讲话稿的作用

1．交流预备作用

工作离不开交流，讲话稿正是保证各种交流顺利进行的一种有力工具。有了讲话稿，就不至于走题或把话讲错，既可以节省时间，又能比较集中地、有条理地把话讲好，从而收到好的交流效果。

2．联系监督作用

讲话或讲演是面对面进行的，它能使讲话人与听众在时间、空间上紧密地结合在一起，成为一个交流整体。当然，听众不仅"听其言"，更要"观其行"，如果讲话只打雷不下雨，下次听众就不会听了。因此，讲话稿还暗含着监督作用。写作时要注意具体实在，不夸大成绩，不缩小缺点，实事求是。

3．宣传教育作用

讲话稿是组织人、动员人向着一个共同的目标奋斗的一种有利宣传教育形式，通过它不仅能快捷地进行上情下达，而且能把听众的愿望、需求、知识、经验、信息等及时传播出去，成为鼓舞人民、教育人民、提高人民素质的有力杠杆，因此，它既是有组织、有计划地进行宣传教育的工具，也是群众进行自我教育的一种好形式。

二、讲话稿的特点

1．实用性

讲话稿是一种借助口头表达的书面材料，它广泛应用于大小会议和不同场合，如果需要，还可以登报、广播。随着经济交流和现代化科学技术的发展，它的用途越来越广泛，具有反应快、应用广泛、实用性强等特点。

2．时间性

因各种需要举行的会议、集会等都是在一定时间、地点等条件下进行的。因此，讲话稿一般都具有较强的时间性，否则，该在事发之前讲清的问题却在事后讲，就变成"马后炮";应立即做的总结报告或表彰会等却要拖上一段时间,就失去了应有的效力,不会产生什么积极效果。

3. 条理性

讲话主要以声音作为传播的媒介,声音在空中停留短暂,因而,要想使讲话的内容被听众听清、听懂,就要条理清晰、层次分明。否则,所讲内容虽然丰富、深刻,但缺乏清晰严密的逻辑性,不能一环扣一环,一步挨一步地叙事、说理,听众接受起来就困难,势必影响讲话的效果。

4. 通俗性

讲话稿与一般文章不同,要合乎口语,具有说话的特点。这就要求撰写讲话稿要深入浅出、通俗易懂,使用语言时不宜咬文嚼字,句子不要太长,修饰部分要少,以免使听众产生错觉,而不得要领。同时,也应当讲究文采,以便讲起来生动,达到雅俗共赏的效果。

三、讲话稿的写作

讲话稿一般由标题、称谓、正文等三部分构成。

(一)标题

标题常见的有以下两种方式:一种是由讲话人的姓名、职务、事由和文种构成,如《×××董事长在 2018 年产品洽谈会上的讲话》;另一种是由主标题和副标题组成,主标题一般用来概括讲话的主旨或主要内容,副标题则与第一种的构成形式相同。如《进一步学习和发扬鲁迅精神——在鲁迅诞生 110 周年纪念大会上的讲话》。

(二)称谓

称谓即根据不同的听众对象首先发出的称呼,如"同志们、朋友们","女士们、先生们""教师们、同学们"等。称谓要贴切、富有礼仪,这样有利于更好地沟通彼此的感情。

(三)正文

正文包括引言、主体、结尾三部分。

1. 引言

引言亦称开场白,是讲话稿的开头部分。开场白不宜过长,但需精心设计。如果有一个好的开场白,则讲话者从一开始就能主动而有效地控制听众情绪,为引入正题打下基础。

2. 主体

主体亦称本论,是讲话稿的中心部分,这一部分要紧紧围绕中心议题展开论述。在材料编排上,要注意以下几点:一是要中心鲜明,论点突出,做到一以贯之,即全篇仅一个中心论点；二是要讲究条理，前后材料编排要符合表达中心论点的需要；三是要严谨，做到点线相连，不蔓不枝；四是观点与材料、论点与论据要统一；五是奇正相生，把趣味性材料与论证材料巧妙安排，做到庄谐合一。

3. 结尾

结尾亦称收尾，即收结全文，归纳主题。除此外，还可最后一次打动听众，把听众的情绪推向高潮。结尾一是要"结住"，不要狗尾续貂，"再"说上几句；二是要结的"漂亮"。结尾时的风格一般有两种：一种是以坚定有力的语言向听众发出号召，提出希望或要求，给听众以巨大的鼓舞；另一种是以谦敬的语言向听众致谢或致歉，也可以意尽言止，自然结尾。

第四节 会 议 记 录

一、会议记录的概念

在会议过程中，由记录人员把会议的组织情况和具体内容记录下来，就形成了会议记录。

"记"有详记与略记之别。略记是记会议大要，会议上的重要或主要言论。详记则要求记录的项目必须完备，记录的言论必须详细完整。若需要留下包括上述内容的会议记录则要靠"录"。"录"有笔录、音录和像录几种。对会议记录而言，音录、影像录通常只是手段，最终还是要将录下的内容还原成文字。笔录也常常要借助音录、像录，以之作为记录内容最大限度地再现会议情境的保证。

二、会议记录的特点

1. 综合性

会议记录是在对会议中各种材料、与会人员的发言以及会议简报等进行综合分析和概括提炼基础上形成的，它具有整理和提要的基本特点。

2. 指导性

这一特性包含两层含义：一是会议本身的权威性；二是会议记录集中反映了会议的主要精神和决定事项。因而记录一经下发，将对有关单位和人员产生约束力，起着类似于指示、决定或决议等指挥性公文的作用。会议记录还可以作为与会同志向单位领导汇报、向群众传达的文字依据。

3. 备考性

大多会议记录不是为了贯彻执行，而是向上汇报或向下通报情况，必要时可作查阅之用。

三、会议记录的写作

1. 会议记录的格式

一般会议记录的格式包括两部分：一部分是会议的组织情况，要求写明会议名称、时间、地点、出席人数、缺席人数、列席人数、主持人、记录人等；另一部分是会议的内容，要求写明发言、决议、问题。这是会议记录的核心部分。

对于发言的内容，一是详细具体地记录，尽量记录原话，主要用于比较重要的会议和重要的发言；二是摘要性记录，只记录会议要点和中心内容，多用于一般性会议。

会议结束，记录完毕，要另起一行写"散会"二字；如中途休会，要写明"休会"字样。

2. 会议记录的重点

会议记录应突出以下几点重点内容。

(1) 会议中心议题以及围绕中心议题展开的有关讨论内容；

(2) 会议讨论、争论的焦点及其各方的主要见解；

(3) 权威人士或代表人物的言论；

(4) 会议开始时的定调性言论和结束前的总结性言论；

(5) 会议已议决的或议而未决的事项；

(6) 对会议产生较大影响的其他言论或活动。

四、撰写会议记录应注意事项

1. 真实、准确

要如实地记录别人的发言，不论是详细记录还是概要记录，都必须忠于原意，不得添加记录者的观点、主张，不得断章取义，尤其是会议决定之类的东西，更不能有丝毫出入。真实准确的要求具体包括：不添加，不遗漏，依实而记。

2. 要点不漏

记录的详细与简略，要根据情况决定。一般地说，决议、建议、问题和发言人的观点、论据材料等要记得具体、详细。一般情况的说明，可抓住要点，略记大概意思。

3. 始终如一

始终如一是记录者应有的态度。这是指记录人从会议开始到会议结束都要认真负责地记录。

4. 注意格式

会议记录的格式并不复杂，一般由会议名称、会议基本情况、会议内容构成。会议基本情况包括时间、地点、出席人数、主持人、缺席人、记录人；会议内容，这是会议记录的主要部分，包括发言、报告、传达人、建议、决议等。凡是发言都要把发言人的名字记录在前。

【例文二】

××市管委会例会会议记录

时间：3月9日下午

地点：管委会会议室

主持人：李××（管委会主任）

出席者：杨××（管委会副主任）、周××（管委会副主任）、李××（市建委副主任）、肖××（市工商局副局长）、陈××（市建委城建科科长）及建委、工商局有关科室人员；街道居委会负责人

列席者：管委会全体干部

记录人：邹××（管委会办公室秘书）

讨论议题：

1. 如何整顿城市市场秩序。

2. 如何制止违章建筑、维护市容市貌。

会议过程及内容：

1. 杨主任报告城市现状

过去在开发区党委领导下，我区各职能单位同心协力、齐抓共管，在创建文明卫生城市方面取得了一定成绩，城市市场秩序有一定进步，市容街道也较可观。可近几个月以来，市场秩序倒退了，街道上小商贩逐渐多起来，水果摊、菜担、小百货满街乱摆，某些建筑施工单位沿街违章搭棚、乱堆放材料，搬运泥土时撒落的满大街都是。这些情况严重地破坏了市容市貌，使大街变得又乱又脏，社会各界反应很强烈。因此今天请大家来研究：如何整顿市场秩序，如何治理违章建筑、违章作业、维护市容。

2. 讨论发言（按发言顺序记录）

李××（市建委副主任）：去年上半年创建文明卫生城市时，市政府有个7号文件，其中规定施工单位不能乱摆战场；工棚、工场不得临街设置，更不准侵占人行道；沿街面施工要有安全防护措施……今年有的施工单位不顾市政府的文件，在人行道上搭工棚、堆器材。这些违章行为严重影响了街道的整齐、美观，也影响了行人安全。基建取出的泥土，拖斗车装得过多，外运时沿街撒落，使到处都是泥沙，破坏了街道的整洁。希望管委会召集施工单位开一次会，重申市政府7号文件，要求他们限期改正；否则按文件规定惩处，态度要明确、坚决。

罗××（工商局市管科科长）：市场到了非整不可的地步了。我们的方针、办法都有了，过去实行过，都是行之有效的。现在的问题是要有人抓，敢于落到实处。只要大家齐心协力，问题就能够解决。

肖××（市工商局副局长）：个体商贩不按规定到指定市场经营，管理不得力、处理不

坚决，我们有责任。这件事我们坚决抓落实：重新宣传市场有关规定，坐商归店、小贩归市、农民卖蔬菜副食到专门的农贸市场……工商局全面出动，也希望街道居委会配合，具体行动方案由我们来制定。

陈××（市建委城建科科长）：对犯规者一是教育，二是逗硬。"不教而杀谓之虐"，我们先宣传教育，如果施工单位仍我行我素不执行，那就按文件逗硬处理，估计他们也无话可说。

秦××（居委会主任）：整顿市场纪律我们居委会也有责任。我们一定发动群众配合好，制止乱摆摊、乱叫卖的现象。

周××（管委会副主任）：对于城市管理，我们有文件、有办法，现在是贵在执行，职能部门是主力军，着重抓，其他部门配合抓。居委会可以把居民特别是"执勤老人"（退休职工）都发动起来，按7号文件办事，我们市区就会文明、清洁，面貌也会改观。

与会人员经过充分讨论、协商，一致决定：

（1）由工商局牵头，居委会和其他部门配合，第一周宣传，第二周行动，监督实施，做到坐商归店，摊贩归点，农贸归市，彻底改变市场紊乱状况。

（2）由管委会牵头，市建委等单位配合对全区建筑工地进行一次检查。然后召开一次施工单位会议，对违章建筑、违章工场限期改正：一个月内改变面貌。过时不改者，坚决照章处理。

散会。

主持人：（签名）（略）

记录人：（签名）（略）

【例文评析】

这是一份格式规范的会议记录，标题由"机关 ＋ 会议名称 ＋ 文种构成"。记录依据会议的程序，紧扣会议主题，分为主持人讲话、集体发言讨论、会议决议三部分，条理清楚，重点突出。

会议中如有争议问题，还应该把争议问题的焦点及有关人员的发言争论观点记录下来。会议记录是不容更改的原始凭证，因此会议记录结尾要注意签名，表示对该会议记录的负责。

第五节　会议纪要

一、会议纪要的概念

会议纪要是在会议记录的基础上，对会议的主要内容及议定的事项，经过摘要整理的、需要贯彻执行或公布于报刊的具有纪实性和指导性的文件。

二、会议纪要的特点

1. 内容的纪实性

会议纪要如实地反映会议内容,它不能离开会议实际搞再创作,不能搞人为的拔高、深化和填平补齐;否则,就会失去其内容的客观真实性,违反纪实的要求。

2. 表达的要点性

会议纪要是依据会议情况综合而成的。撰写会议纪要围绕会议主旨及主要成果来整理、提炼和概括。重点应放在介绍会议成果,而不是叙述会议的过程,切忌记流水账。

3. 叙述的条理性

一般会议纪要要对会议精神和议定事项分类别、分层次予以归纳、概括,使之眉目清晰、条理清楚。

4. 称谓的特殊性

会议纪要一般采用第三人称写法。由于会议纪要反映的是与会人员的集体意志和意向,因此常以"会议"作为表述主体,而"会议认为""会议指出""会议决定""会议要求""会议号召"等就是称谓特殊性的表现。

三、会议纪要的构成

会议纪要一般包括标题、正文与落款三个部分。

(一)标题

标题有两种情况:一是会议名称加纪要,如《全国农村工作会议纪要》;二是召开会议的机关加内容加纪要,如《省经贸委关于企业扭亏会议纪要》。

(二)正文

会议纪要正文一般由以下两部分组成。

1. 会议概况

主要包括会议时间、地点、名称、主持人,与会人员,基本议程。

2. 会议的精神和议定事项

常务会、办公会、日常工作例会的纪要,一般包括会议内容、议定事项,有的还可概述议定事项的意义。工作会议、专业会议和座谈会的纪要,往往还要写出经验、做法、今后工作的意见、措施和要求。

(三)落款

会议纪要落款一般包括会议单位和成文时间。如果会议纪要在正文中已交代会议时间、会议单位等内容,此部分一般可以省略不安。

四、会议纪要的写法

根据会议的性质、规模、议题等的不同,会议纪要大致有以下三种写法。

1. 集中概述法

这种写法是把会议的基本情况,讨论研究的主要问题,与会人员的认识、议定的有关事项(包括解决问题的措施、办法和要求等),用概括叙述的方法,进行整体的阐述和说明。这种写法多用于召开小型会议,而且讨论的问题比较集中单一,意见比较统一,容易贯彻操作,写的篇幅相对短小。如果会议的议题较多,则可分条列述。

2. 分项叙述法

大中型会议或议题较多的会议,一般会采取分项叙述的办法,即把会议的主要内容分成几个大的问题,然后标上序号或小标题,分项来写。这种写法侧重于横向分析阐述,内容相对全面,问题也说得比较细,常常包括对目的、意义、现状的分析,以及目标、任务、政策措施等的阐述。这种纪要一般用于需要基层全面领会、深入贯彻的会议。

3. 发言提要法

这种写法是把会上具有典型性、代表性的发言加以整理,提炼出内容要点和精神实质,然后按照发言顺序或不同内容,分别加以阐述说明。这种写法可以如实地反映与会人员的意见。某些根据上级机关布置,需要了解与会人员不同意见的会议纪要,可采用这种写法。

五、会议纪要与会议记录的区别

会议纪要有别于会议记录,二者的主要区别有如下几点:第一,性质不同。会议记录是讨论发言的实录,属事务文书,会议纪要只记要点,是法定行政公文。第二,功能不同。会议记录一般不公开,无须传达或传阅,只作资料存档;会议纪要通常要在一定范围内传达或传阅,要求贯彻执行。

【例文三】

中共大理市委常委会议纪要

2016年1月8日,州委副书记、市委书记孔贵华同志主持召开市委八届第六十九次常委会议,共研究了16项议题,现纪要如下:

一、宣布干部任职(略)

二、通报上次常委会议定事项落实情况(略)

三、会议研究了有关案情(略)

四、关于全市保密工作情况(略)

五、关于《中共大理市委八届六次全体(扩大)会议组织方案(报审稿)》

会议听取了市委常委、市委办公室主任陈爱国所作的关于《中共大理市委八届六次全体(扩大)会议组织方案(报审稿)》的汇报。

会议同意1月14日在下关召开市委八届六次全体(扩大)会议。由市委办公室牵头,认真做好会议筹备工作,确保会议圆满召开。

六、关于《中共大理市委常委会工作报告(报审稿)》

会议听取了市委常委、市委办公室主任陈爱国所作的关于《中共大理市委常委会工作报告(报审稿)》的汇报。

会议原则同意《中共大理市委常委会工作报告(报审稿)》,按照会议精神修改完善后,提交中共大理市委八届六次全体(扩大)会议审议。

七、关于《中共大理市委关于制定国民经济和社会发展第十三个五年规划的建议(报审稿)》

会议听取了市委常委、市委办公室主任陈爱国所作的关于《中共大理市委关于制定国民经济和社会发展第十三个五年规划的建议(报审稿)》的汇报。

会议原则同意《中共大理市委关于制定国民经济和社会发展第十三个五年规划的建议(报审稿)》,由建议起草组按照会议精神修改完善后,提交中共大理市委八届六次全体(扩大)会议审议。

八、关于大理市国民经济和社会发展"十三五"规划基本思路

会议听取了市委常委、市政府常务副市长严启红所作的《市政府党组关于〈大理市国民经济和社会发展"十三五"规划基本思路〉的请示》的汇报。

会议原则同意《大理市国民经济和社会发展"十三五"规划基本思路》,按照会议精神修改完善后,提交规划起草组起草《"十三五"规划纲要(草案)》。

九、关于《大理市2015年主要指标预计完成情况及2016年主要指标计划和"十三五"规划指标体系》

会议听取了市委常委、市政府常务副市长严启红所作的《市政府党组关于〈大理市2015年主要指标预计完成情况及2016年主要指标计划和"十三五"规划指标体系〉的请示》的汇报。

会议原则同意《大理市2015年主要指标预计完成情况及2016年主要指标计划和"十三五"规划指标体系》,按照会议精神作调整完善后,提交市委全会和市"两会"协商审议。

十、关于市第八届人民代表大会第四次会议

会议听取了市人大常委会主任赵廷标所作的《市人大党组关于召开市第八届人民代表大会第四次会议的请示》的汇报。

会议认为,市第八届人民代表大会第四次会议是总结"十二五"、安排部署"十三五"的关键之年,也是审议2015年经济社会发展情况及2016年工作规划的重要之年,开好此次

人代会意义重大。

会议同意市人大党组提出的召开市第八届人民代表大会第四次会议各项安排。由市人大常委会认真做好会议筹备工作,确保会议圆满召开。

十一、关于政协大理市第八届委员会第四次全体会议

会议听取了市政协主席薛伟民所作的《市政协党组关于召开政协大理市第八届委员会第四次全体会议的请示》的汇报。

会议同意市政协党组提出的召开政协大理市第八届委员会第四次全体会议各项安排。由市政协认真做好会议筹备工作,确保会议圆满召开。

十二、关于对市政协先进委员活动小组、先进委室、优秀政协委员、先进政协工作者进行表彰相关事宜

会议听取了市政协主席薛伟民所作的《市政协党组关于对市政协先进委员活动小组、先进委室、优秀政协委员、先进政协工作者进行表彰的请示》的汇报。

会议同意对先进委员活动小组、先进委室、优秀政协委员、先进政协工作者进行表彰。由市政协认真做好表彰前期推荐评选各项准备工作。

十三、关于对优秀提案和提案承办先进单位进行表彰事宜

会议听取了市政协主席薛伟民所作的《市政协党组关于对优秀提案和提案承办先进单位进行表彰的请示》的汇报。

会议同意对优秀提案和提案承办先进单位进行表彰。由市政协认真做好表彰前期推荐评选各项准备工作。

十四、关于《大理市五大基础设施网络建设规划(2016—2020)》

会议听取了市政府副市长杜淑敢所作的《市政府党组关于〈大理市五大基础设施网络建设规划(2016—2020)〉的请示》的汇报。

会议原则同意《大理市五大基础设施网络建设规划(2016—2020)》,按照会议精神修改完善后,提交中共大理市委八届六次全体(扩大)会议征求意见。

会议要求,将《关于大理市五大基础设施网络建设规划(2016—2020)》列入大理市"十三五"重点专项规划,由市发改局、市交通运输局、市工信局、市住建局、市水务局等部门按规划抓好工作落实。

十五、关于坚决打好打赢扶贫开发攻坚战的意见及相关配套文件(略)

十六、关于调整农村"三员"管理和补助相关事宜(略)

出　席:孔贵华　高志宏　陈东发　杨　晓　罗松全　张永建　严启红　张　勇
　　　　陈爱国　杨文广　周智琴　谢　莉　张　霞

列　席:张正贤　赵廷标　薛伟民　李志东　杨国勋

(例文来源:大理市人民政府网站)

【例文评析】

这是一篇分项式会议纪要。文种承启语后,分条列项地写了会议议定的 16 个方面的事项。文章指导思想明确、层次分明、语言明晰。

【本章小结】

人们召开会议的目的就是要讨论、决定或者是传达某些事项,所以在会议召开的过程中,会借助大量的文件来帮助与会者进行语言或文字的沟通、交流。在会中,开幕词可以明确会议宗旨和主要任务,主持词可以引导会议按照既定程序进行,讲话稿可以起到交流与宣传的作用,会议记录可以再现会议召开的情况与效果。所以,学习这一系列会中文件的写作可以起到事半功倍的效果,促进会议的圆满召开。

【拓展实训】

一、判断题

1. 开幕词的宗旨是要阐明会议的指导思想、宗旨和重要意义。 ( )

2. 闭幕词一般是由主要领导人向与会代表所作的总结性讲话,它只要起到总结作用即可,可以不与开幕词相对应。 ( )

3. 开幕词与闭幕词一般都要具有鼓动性与感染力。 ( )

4. 一般大型会议都要有主持词,它是在会议开头与会中带有领导性与活跃性的讲话。 ( )

5. 会议的主持词贯穿始末,所以在整个会议中,它起到主导的作用。 ( )

6. 为了明确会议的宗旨,会议主持词的开场白都是开门见山、直奔主题的。 ( )

7. 狭义的讲话稿是指会议的主要发言人在会议上发表的带有宣传、交流性质的讲话文稿。 ( )

8. 由于会议的讲话稿要易于为听众所接受,所以一般具有通俗性。 ( )

9. 为了最大限度地再现会议情景,工作人员还可以借助录音或录像等手段。 ( )

10. 由于会议记录就是要再现会议的,所以会议记录应该事无巨细、不分详略地加以记录。 ( )

二、思考题

1. 简述会议记录与会议纪要的主要区别。

2. 主持词的写作注意事项有哪些?

第四篇

财经文书

第十章

财经文书概述

【学习目标】

知识目标：

了解财经文书的概念以及在现实工作中的作用；掌握财经文书的写作思路与写作原则；掌握财经文书的结构格式及在语言表达方面的技巧和要求。

能力目标：

能够写作市场调查报告、项目策划书和广告文案。

【情景导入】

在中央全力推动反腐倡廉建设、"苍蝇老虎"一起打的高压态势下，财经文书写作的规范和正确就显得尤为重要。毕业于某大学管理专业的小王，任职于某区委宣传部。近期的主要工作是配合商务中心区的建设，撰写调查报告、合同等书面文书。

这几天，按照上级的工作要求，她深入辖区内一些场所认真进行走访、调研，并查找写作方面的资料进行学习。但是，写作时，各种问题还是不断出现，这让她十分困惑，不知道该怎么完成写作任务。

让小王感到困惑的是应用文中的财经类文书的写作。

随着社会生活的不断发展，财经文书在日常工作、生活中的使用频率越来越高。因为财经文书具有明确的经济性，所以，写好它们，不仅需要较好的写作意识与能力，还需要对社会经济活动的多向了解与把握。

一、财经文书的概念

财经文书是指在经济活动中直接为生产经营、商品买卖、货币交易服务的公文、书信、契约、合同、协议等文书。它以经济活动为反映对象，以推动经济的发展为目标，应用较为广泛。

二、财经文书的特点

1．市场的实用性

这是财经文书的本质特点。经济活动都是以经济效益为出发点和归宿的,这就要求财经文书在涉及资金、成本、效益的计算或表达时,要有准确的定量分析、反复核实的数据、科学的结论,做到文、事、数三者相符。

2．知识的专业性

作为为经济活动服务的、解决经济活动中实际问题的应用文,财经文书的社会功用直接且明确,具有明显的专业性。其专业性具体表现为以下几点。

(1) 经济领域的专业范围十分明确而具体。

(2) 所需要的大量数据、图表、专业术语均是经济领域里所特有且常用的。

(3) 大部分财经文书都有明确的使用对象,如市场调查报告、可行性研究报告写给经济活动决策者或专家们;经济合同、审计文书等要写给特定的经济活动对象。

(4) 写作者既要熟悉市场经济,懂得经济活动规律,又要具有专业知识,否则难以承担财经文书的写作任务。

3．格式的规范性

虽然财经文书的形式多样,但也有一定的规范性。首先,文章体裁规范,如上市公司经营状况年终报表是叙述体,商品说明书是说明体等,都已形成规范。其次,文章格式规范,如商务函的写作格式就严格遵守公文的格式要求。

4．材料的真实性

财经文书的社会公用性决定了它的求实、求准的特性。写作时,尤其重视调查研究,并尊重事实和客观规律。

5．语言的准确性

财经文书的语言文字运用必须明确、简洁、得体。明确指表达意思要清楚、贴切、不产生歧义,能够付诸实践;简洁指叙事简明完备,力求精练;得体指语言运用与写作的特定目的相吻合,与特定对象和谐一致,特别是文中出现的专业术语在表达上必须合乎规范。

三、财经文书的作用与类型

1．财经文书的作用

(1) 宣传政策,指导工作。各经济部门、单位在对内、对外的一系列经济活动中,相当大的程度上需要财经文书来宣传政策、部署工作、沟通联系,以做到内外协作,使工作更好地进行。

(2) 互通信息,知照联系。在经济活动中,财经文书可促进实现经济目的,完成相关的生产、经营等工作。而单位、个人之间的协调、配合也需要通过财经文书,发挥其桥梁作用。

（3）凭证参考，提供资料。财经文书在经济活动中所起到的凭证参考作用，来源于它的记录性功能。

（4）决策规划，市场预测。科学的市场调查研究和预测，能帮助决策者做好投资规划，使经济活动获得最佳的经济与社会效益。

2. 财经文书的类型

（1）调研性文书，如市场调查报告、可行性研究（分析）报告、项目策划书等。

（2）签约性文书，如合同、协议、招投标书等。

（3）宣传性文书，如产品说明书、商业信函、年报、商业公告等。

四、财经文书的写作要求

1. 符合政策，观点鲜明

财经文书的写作必须以党和国家的方针政策为依据，维护党、国家和人民的利益，做到是非分明，不推诿、不含糊。

2. 实事求是，准确无误

财经文书的写作要从实际出发，真实、准确地反映客观事实。对所选用的材料、所引用的数据，都要反复核对，确保准确无误。

3. 格式规范，表述精当

在撰写财经文书时，要注意遵循其惯有格式；要根据写作目的，选择适当的文种；表达时，语言讲求实效、严谨质朴。

【思考与练习】

1. 简述财经文书的概念与特点。

2. 简述财经文书的主要作用与写作要求。

3. ××房地产有限公司准备进军北京的西六环地区开发宜居别墅项目。请问：在制定战略决策前需要完成哪些文书的写作？

第十一章

市场调查报告与市场预测报告

第一节　市场调查报告

一、市场调查报告的概念

市场调查报告是运用科学方法，对市场各方面情况进行有目的、有计划的搜集整理、分析研究、归纳结论、提出合理化建议的书面材料。其主要作用在于帮助企业了解、掌握市场的现状及可能的发展趋势，正确估计潜在市场的需求，有预见性地作出计划和经营决策，增强企业在市场经济活动中的应变能力和竞争能力。

市场调查报告是市场调查研究成果的集中体现，其撰写的水平将直接影响到整个市场调查研究工作的质量，更会对后续进行的市场战略的制定和市场经营活动的实施产生决定性影响。一份好的市场调查报告，能给企业的市场经营活动提供有效的指导，能为企业的市场决策提供客观依据。

二、市场调查报告的特点

与普通调查报告相比，市场调查报告无论从材料的形成还是结构布局，都有着明显的共性特征，但相较普通调查报告，市场调查报告在内容上更为集中，也更具专业性。具体表现为以下四点。

1. **客观性**

市场调查报告要客观地分析问题，唯此才能具有说服力，才能保证其存在的价值。

2. **指导性**

市场调查报告是对市场经济活动中存在的问题进行调查分析，通过对真实材料的客观分析，得出正确的结论，并概括出可行的经验和方法，加以推广，从而取得以点带面，推动全局的效果。

3. **典型性**

市场调查报告的典型性主要表现为两点：一是调查对象要有典型性，确保科学分析后，能够找出反映市场变化的内在规律；二是撰写过程中选用的材料要有代表性和普遍性,确保报告的结论准确可靠。

4．时效性

因为要及时、准确地反映、回答现实经济生活中出现的新情况、新问题,所以,市场调查报告的写作更强调"快速""新颖"。

三、市场调查报告的分类

按所涉及内容的多少,可以分为综合性市场调查报告和专题性市场调查报告。

按调查对象的不同,可以分为关于市场供求情况的市场调查报告、关于产品情况的市场调查报告、关于消费者情况的市场调查报告、关于销售情况的市场调查报告以及关于市场竞争情况的市场调查报告。

按表述手法的不同,可以分为陈述型市场调查报告和分析型市场调查报告。

四、市场调查的基本内容和方法

(一)调查内容

市场调查报告主要是调查消费者的消费现状与可能的消费趋势、产品与销售情况、市场表现与需求的情况。

(二)调查方式与方法

1．调查方式

(1)普遍调查

普遍调查也被称作"普查",是对调查对象无一遗漏地进行调查。其涉及面广,时间长,工作量大,费用高。

(2)抽样调查

抽样调查是指按照随机原则从总体中抽取一部分调查对象进行调查。通常情况下,当对调查总体不可能也没必要进行普查时,或当人力、物力有限,误差要求可以适度放宽时,可以采用此种调查方法。

(3)典型调查

典型调查是选取具有代表性的对象进行调查。其成功与否的关键在于选取的对象是否具有代表性。所谓代表性,从动态看,要能代表事物的发展趋势;从静态上看,要具有同类事物的共同属性。选取时,如调查对象各单位特征上的差异较小,则选一至两个典型即可;如果调查对象宽泛,对象特征差异大,就必须采取"划类选典"的方法开展调查。

(4)问卷调查

问卷调查即通过问卷表格的形式进行调查。其成功的关键在于问卷的设计,此设计必须围绕调查目的,从实际出发,体现科学的规范与严谨的要求。

(5) 蹲点调查

蹲点调查是指比较长时间地深入被调查的有关单位进行调查。其最大优点是把调查研究与工作实践密切结合,有助于克服不利于工作开展的教条主义与经验主义。

2.调查方法

进行市场调查,一般会采用直接调查与间接调查两种调查方法。

(1) 直接调查法

直接调查法是指通过对调查对象的询问(询问法)、观察(观察法)、采用试验(实验法)进行直接的调查,获取相关原始数据与资料的方法。

(2) 间接调查法

间接调查法是指充分利用各种资源以及所掌握的历史数据与二手材料,获取关于调查对象的相关市场数据与资料的方法。

五、市场调查报告的写法

市场调查报告的写作,没有固定不变的格式。不同类型、不同写作目的的市场调查报告的写作,主要是依据调查的目的、调查的过程与内容、调查的结果以及报告的主要用途来决定写作的形式。

一般情况下,调查者和写作者是按照基本的工作程序逐步完成市场调查报告的结构,包括标题、导言、主体和结尾几个部分,并在完稿后再进行多次的修改完善,最终形成一份内容充实、观点正确、思路清晰、表达准确的市场调查报告。基本工作程序以及报告结构与内容如下。

(一)前期工作

1.确定调查主旨,拟定标题

市场调查报告的标题即市场调查的题目。标题必须准确体现调查报告的主题思想。标题要简单明了、高度概括、题文相符。拟写的主要方式有以下几种。

(1) 标题由负责调查的单位名称、调查的内容和范围、文种名称构成。如《××协会对女性消费者在夏季使用防晒用品情况的调查报告》《搜狐网对××市居民住宅消费需求的调查报告》。

(2) 直接提出问题,指出调查的范围与意义。如《电子商务在 2015 年具有何等发展前景》《××产品旺销的原因何在》。

(3) 采用正副标题的形式。综合前面两种情况,采用正标题和副标题相辅相成的标题构成形式。如《××产品旺销的原因何在?——××协会对女性消费者在夏季使用防晒用品情况的调查报告》。

2．搜集资料

（1）内部资料

内部资料主要是指启动市场调查行为的企业自身的历史和现实的统计资料和经验材料。

（2）外部资料

外部资料是指政府机关和领导部门、其他企业、舆论报道，网络渠道的各种信息、情况；研究机关和高校的科研成果；市场经济运作情况的现实表现、未来趋势等资料内容。

（3）实际调查的资料

实际调查的资料指的是根据本次调研的主题而搜集整理出来的关于市场的各方面资料。

3．整理分析资料

整理分析资料的工作是指在获得上述各类资料后再做好去伪存真、去粗取精、区分主次的工作，以便写作时使用。

（二）写作阶段

1．前言

前言是市场调查报告的开头部分。比较常见的写法有以下几种。

（1）说明市场调查的背景情况以及调查的目的和意义。

（2）介绍市场调查工作基本概况，包括市场调查的目的、时间、地点、内容和对象以及采用的调查方法、方式、调查主旨等。

也有一些市场调查报告的前言先写调查的结论是什么，或直接提出问题或者概述全文的主要内容和观点，揭示文章主旨等。通常，这样的写法更能激发读者对报告的阅读兴趣。

2．正文

正文是市场调查报告的主要内容，是表现调查报告主题的重要部分它直接决定市场调查报告质量的高低和作用的大小。

写作正文时，要客观、全面地阐述市场调查所获得的材料、数据，用它们来说明有关问题，得出有关结论；同时，还要对一些问题、现象进行深入分析、评论等。总之，写作正文时要善于运用客观材料来表现调查的主旨。

通常情况下，正文部分要安排"情况叙述""原因分析""建议措施"三部分内容，多数情况下会采用"结构序号＋直观小标题"这种分条列项的形式予以表现。

（1）情况叙述

可以用文字叙述，也可以采用数字、图表的形式进行。主要是要比前言部分更详尽地叙说市场调查的具体情况，包括：基于什么目的进行的调查？在什么时间、地点进行的调查？对谁(哪个对象)进行的调查？运用什么样的调查方式、方法进行的调查？市场调查的过程是怎样的？调查哪些突出的问题？调查后所形成的基本结论是什么？等内容。

(2) 原因分析

要求站在一个统筹的高度，选取一个客观的角度，先从相对宏观的内因、外因入手，再从"政策、环境、制度、管理模式与管理实施、人员素质、竞争对手表现等"具体角度切入，进行相对微观的分析、归纳，最终得出问题的主要因素等结果(结论)。

(3) 建议措施

这是在原因分析的基础上，提出面对市场现状的对策(理念、措施)。这部分内容相对前两部分来说，文字量通常不是很大，但是就市场调查报告的写作目的、写作意义来说却是相当重要的。

一般也采用"结构序号＋小标题"这种分条列项的形式予以表现，这些小标题中一般要包含报告撰写者的主观结论或者主导性意见(建议)。对小标题内容进行展开说明时，只需要说清楚观点和实施的主要过程、重点工作等内容即可，不必用大篇幅展开论证、说明。

3. 结尾

结尾的形式可以多种多样。或者叙说已经形成的源自市场调查的基本结论，也就是对市场调查的结果作一个小结；或者再一次点明主旨；或者在前面分析的基础上再进一步提出新的问题、建议或希望。而有前言部分的调查报告的结尾，则要照应开头，重申观点以加深读者认识。

除上述所提及的"前言、正文、结尾"三大部分构成内容外，有的市场调查报告还有附录。附录的内容一般是关于市场调查的统计图表、有关材料出处、参考文献等。

六、写作要求

1. 用事实说话，不能主观臆造

市场调查报告必须符合客观实际，引用的材料、数据必须是真实可靠的。要用事实来分析、论证，不能仅凭任何人的主观意愿与倾向而臆造内容和结论。

2. 要做到调查资料和观点相统一

市场调查报告是以调查资料为依据的，即调查报告中所有观点、结论都有大量的调查资料做根据。在撰写过程中，要善于用资料说明观点，用观点概括资料，二者相辅相成。切忌调查资料与观点互相分离。

3. 要突出市场调查的目的

撰写市场调查报告，必须目的明确，有的放矢，任何市场调查都是为了解决某一问题，或者为了说明某一问题。市场调查报告必须围绕市场调查的目的来认真分析研究，得出带有规律性的认识或结论。

4.语言要简洁、准确、易懂

市场调查报告的主要作用在于帮助企业了解掌握市场的现状和趋势,正确估计潜在市场的需求,有预见性地作出计划和经营决策,增强企业在市场经济大潮中的应变能力和竞争能力。所以,为了更好地体现这一作用,撰写调查报告的语言要力求简单、准确、通俗易懂。

【例文】

菜市场调查报告

菜市场与居民生活息息相关,在促进经济繁荣、方便人民生活等方面也发挥了不可替代的作用。但由于各种原因,菜市场在发展过程中出现了一些问题需要加以解决。为全面、准确地掌握市区菜市场的基本情况以及存在的主要问题,以便有针对性地提出解决措施,笔者对蔬菜零售市场进行了一些调研。现将有关情况报告如下。

一、菜市场的现状

菜市场是主要用于销售蔬菜,同时兼营蛋类、家禽、熟肉制品、水产品、豆制品、调味品等多种农副产品的经营场所。在农副产品供应渠道多元化的进程中,菜市场这种传统的业态仍然显示出其独有的优势,市民在购买蔬菜、水产品、鸡蛋等商品时,依然首选菜市场,选择率在50%以上。这是因为菜市场经营方式灵活,蔬菜、水产品等商品的新鲜程度远远高于超市。由于菜市场设施简单、租金低、劳动力成本低,因此大大降低了商品的成本,从而可避免蔬菜、水产品等商品出现假冒伪劣情况;而且根据菜市场和农副产品自身的特点,这种主导地位还将延续下去。

二、菜市场的经营状况

所调查的菜市场,80%以上鲜菜是市区周围种菜农民自产自销。十字街菜市场销售的蔬菜,大部分品种都由本地蔬菜补充。

（一）蔬菜的销售价格情况

（二）蔬菜批发环节的经营形式

据我们了解,菜市场中的所有经营户从产地收货、运输、批发形成了一条龙式的经营形式,十分有利于他们掌握产销两地的消息,有利于很好地解决各个环节的矛盾,有利于形成利益共同体,实现利益分享,风险共担。

（三）蔬菜的消费趋势

随着城市规模的扩大和人们膳食结构的改善,特别是农民蔬菜消费行为的巨大变化,即由过去供应城市蔬菜到今天的蔬菜靠城市供应的变化,城市蔬菜的消费量在不断扩大。同时人们对蔬菜的质量、品种的要求也在不断提升,应运而生的超市洗净菜,绿色无公害蔬菜,农超对接、产地直销的蔬菜逐渐被人们看好。

三、蔬菜市场存在的问题

(一) 市场设施档次普遍偏低,购物环境差

大部分市场多年来投入不足,市场设施简陋、功能单一,"脏乱差"现象严重。

一是市场开办单位对市场经营户的后续管理不够。

二是缺乏完备的给排水系统,致使禽类、水产品宰杀经营场所污水横流,杂物遍地,气味难闻。

三是垃圾清运不及时,蔬菜市场产生的大量垃圾不能及时清理,乱堆乱放,随意丢弃,形成许多垃圾死角。

四是一些市场既是经营场所又是居住场所,出入通道行人与车辆不分,交易高峰时拥堵不堪。

五是保鲜设备使用率低,大部分生、熟肉摊点都是案板晾卖,根本达不到防尘、防蝇要求。

(二) 菜市场价格相对较高且不稳定

菜市场菜价高由来已久。对此,百姓反映特别强烈,可很长一段时间也没有得到解决,这是其一。其二是价格不一致。一个不大的市区,超市、农贸市场、早市的价格不一致。有差价是应该的,但差价太大就是不合理了。

四、蔬菜市场存在问题的原因浅析

(一) 规划滞后,先天不足

蔬菜市场建设长期处于无规划状态。与城市建设不能同步推进,形成了脱节,导致蔬菜市场数量少、规模小及布局不合理。现有的蔬菜市场大多因为缺乏相关标准的约束,而导致市场建设起点低、硬件设施落后、功能不完善、购物环境差等先天缺陷。

(二) 蔬菜市场盈利水平低

蔬菜市场具有盈利性弱、公益性强的特点,投入大、收益小,属于微利行业。受盈利水平低的影响,一般的投资者投资建设蔬菜市场的积极性不高。

(三) 相关部门对市场的支持引导、监督约束不够

一是有关部门对菜市场发挥的作用认识不到位,在前期规划和城市建设阶段没有预留蔬菜市场用地,小区建成后,想建菜市场基本没有合适地方。

二是政府对蔬菜市场建设的扶持力度不大,缺少优惠政策及配套扶持资金的支持。

三是对蔬菜市场的监管力度不够,缺乏长效的监督约束机制。

五、发展蔬菜市场的建议

蔬菜市场的建设和改造,必须以规划为指导,通过规划手段引导菜市场建设。蔬菜市场的建设是保证老百姓"菜篮子"供应的重要前提,具有很强的社会性、公益性,是完善城市服务功能、提升城市品位的必然要求。政府应在政策和资金方面给予大力支持。

一是制定优惠政策,涉及菜市场的规划、土地、建设、验收、管理、经营等方面要给予全方位的政策优惠。

二是严格按照有关规定留足商业用地面积。

三是建立蔬菜市场建设专项扶持资金,并制定相关资金的使用办法,严格按照相关程序,加强对菜市场建设招标、验收、使用等全程的监督,确保政府资金发挥最大效益。

【例文评析】

此调查报告的内容比较翔实,层次分明,逻辑性较好,揭示出了调查报告的主旨,具有一定的可读性和参考价值。但此文的表达,特别是措辞、标点符号的运用方面尚存在需要修改的问题。

第二节　市场预测报告

一、市场预测报告的概念与特点

市场预测报告是调查报告的一种特殊形式,指依据已掌握的有关市场的信息和资料,通过科学的方法进行分析研究,预测未来市场发展趋势的一种预见性报告。具体而言,是在市场调查的基础上,综合调查的材料,用科学的方法估计和预测未来市场的趋势,从而为有关部门和企业提供信息,以改善经营管理,促使产销对路,提高经济效益。

市场预测报告具有如下几个特点。

1. 预见性

市场预测报告的性质就是对市场未来的发展趋势作出预见性的判断,它是在深入分析市场既往历史和现状的基础上的合理判断,目的是将市场需求的不确定性极小化,使预测结果和未来的实际情况的偏差概率达到最小化。

2. 科学性

市场预测报告必须占据充分而翔实的资料,并运用科学的预测理论和预测方法,以周密的调查研究为基础,充分搜集各种真实可靠的数据资料,才能找出预测对象的客观运行规律,得出合乎实际的结论,从而有效地指导实践。

3. 针对性

每一次市场调查和预测,只能针对某一具体的经济活动或某一产品的发展前景,因此,市场预测报告的针对性很强。而选定的预测对象越明确,现实指导意义就越大。

二、市场预测报告的分类

1. 按预测的时间

按预测的时间分,可分为以下三种。

（1）长期预测报告，指超过 5 年期限的经济前景的预测报告。

（2）中期预测报告，指对 2～5 年时间内经济发展前景的预测报告。

（3）短期预测报告，指对一年内经济发展情况的预测报告。

2．按预测的方法

按预测的方法分，可分为以下两种。

（1）定量预测报告

定量预测报告包括数字预测法预测报告和经济计量法预测报告。数字预测法预测报告是采用对某一产品(商品)已有的大量数据进行分析研究，用统计数字表达，从中找出产品(商品)的发展趋势而写成的报告。经济计量法预测报告是根据各种因素的制约关系用数学方法加以预测而写成的报告。

（2）定性预测报告

定性预测报告是对影响需求量的各种因素，如质量、价格、消费者、销售点等进行调查、分析、研究，在此基础上预测市场的需求量而写成的报告。

三、市场预测报告的写作

1．标题

标题由预测和预测展望构成，要求简明、醒目。

2．前言

前言要求以简短扼要的文字，说明预测的主旨，或概括介绍全文的主要内容，也可以写预测的结果，以引起读者的注意。

3．正文

正文是市场预测报告的主体部分，一般包括现状、预测、建议三个部分。现状部分要从收集到的材料中选择有代表性的资料、数据来说明经济活动的历史和现状，为进行预测分析提供依据；预测部分是市场预测报告的重点所在，要求利用资料数据进行科学的定性分析和定量分析，从而预测经济活动的趋势和规律；建议部分须根据预测分析的结果，提出切合实际的具体建议。

4．结尾

结尾是归纳预测结论，提出展望，鼓舞人心；也可以照应前言或重申观点，以加深读者的认识。

5．附件

主要是图、表等数据材料，以及其他具体的辅助材料。

6．署名

正文右下方写明撰写此报告的单位或个人。

7. 日期

写全具体的年月日。如果文前已写明了日期,则可省略。

【思考与练习】

1. ××房地产有限公司准备进军北京的西六环地区开发宜居别墅项目,在制定战略决策前,首先需要完成市场调查工作并撰写市场调查报告。请拟写此份市场调查报告的主体提纲,要包括标题、前言、情况说明、情况分析、主要建议。

2. 如果请你分析一下女性消费者在 2015 年夏季使用防晒用品情况,或者分析一下 2016 年的电子商务发展前景,你会考虑哪些内容? 会进行什么样的分析准备工作? 会从哪一个角度入手? 会提交一份什么样式、什么主旨的文书材料来展现你的分析过程? 表明你的分析结论?

第十二章

可行性报告、审计报告

第一节　可行性报告

一、可行性报告的概念

可行性报告是一种格式比较固定的、用于向国家项目审核部门进行项目立项申报的文书。它是在制订生产、基建、科研计划的前期,通过全面的调查研究,分析论证某个建设或工程、某种科学研究、某项商务活动切实可行而提出的一种书面材料。主要用来阐述项目在各个层面上的可行性与必要性,对于项目审核通过、获取资金支持、理清项目方向、规划抗风险策略都有着相当重要的作用。具有预见性、公正性、可靠性和科学性的特点。

二、分析的主要方面

不同项目的可行性报告,其分析的侧重点差异较大,但一般针对以下几方面进行。

1. **必要性**

根据市场调查及预测的结果,以及有关的产业政策等因素,论证项目投资建设的必要性。

2. **可行性**

(1) 技术可行性

从项目实施的技术角度,合理设计技术方案,并进行比选和评价。

(2) 财务可行性

主要从项目及投资者的角度,设计合理的财务方案,从企业理财的角度进行资本预算,评价项目的财务盈利能力,进行投资决策,并从融资主体(企业)的角度评价股东投资收益、现金流量计划及债务清偿能力。

(3) 组织可行性

制订合理的项目实施进度计划、设计合理的组织机构、选择经验丰富的管理人员、建立良好的协作关系、制订合适的培训计划等,以保证项目顺利执行。

（4）经济可行性

主要从资源配置的角度衡量项目的价值，评价项目在经济、环境、生活等方面的效益。

（5）社会可行性

主要分析项目对社会的影响。

3．风险对策

主要是对项目的市场风险、技术风险、财务风险、组织风险、法律风险、经济及社会风险等因素进行评价，制定规避风险的对策，为项目全过程的风险管理提供依据。

三、可行性报告的主要构成与内容

（1）基本情况。经营企业名称、法定地址、经营范围和规模；合营各方名称、注册国家、法定地址和法定代表人姓名、职务、国籍；企业总投资、注册资本股本额（自有资金额、合营各方出资比例、出资方式、股本交纳期限）；合营期限、合营方利润分配及亏损分担比例；项目建议书的审批文件；可行性研究报告的负责人名单；可行性研究报告的概况、结论、问题和建议。

（2）产品生产安排及其依据。要说明国内外市场需求和市场预测的情况，以及目前已有的和在建的生产与销售能力。

（3）物料供应安排（包括能源和交通运输）及其依据。

（4）项目地址选择及其依据。

（5）技术装备和工艺过程的选择及其依据（包括国内外设备分批交货的安排）。

（6）生产组织安排（包括人员数量、构成、来源和管理）及其依据。

（7）环境污染治理和劳动安全保护、卫生设施及其依据。

（8）建设方式、建设进度安排及其依据。

（9）资金筹措及其依据（包括厂房、设备入股计算的依据）。

（10）外汇收支安排及其依据。

（11）综合分析（包括经济、技术、财务和法律方面的分析）。要采用动态法和风险法（或敏感度分析法）等方法分析项目效益和外汇收支等情况。

（12）必要的附件。如合营各方的营业执照副本；法定代表人证明书；合营各方的资产、经营情况资料；上级主管部门的意见。

四、写作要求

（1）必须站在客观公正的立场进行调查研究，做好基础资料的收集工作。对于收集的基础资料，要按照客观实际情况进行论证评价，如实地反映客观经济规律，从客观数据出发，通过科学分析，得出项目是否可行的结论。

（2）基本内容要完整，应尽可能多地占有数据资料，避免粗制滥造。具体而言，要掌握好以下四个要点。

① 先论证，后决策。

② 处理好项目建议书、可行性研究、评估这三个阶段的关系，哪个阶段无法进行时都必须停止研究。

③ 始终贯彻调查研究，一定要掌握切实可靠的资料，以保证资料选取的全面性、重要性、客观性和连续性。

④ 多方案比较，择优选取。

【例文一】

创业项目可行性报告（提纲）

一、概况

（一）申请企业的基本状况

（二）企业负责人、项目合伙人以及项目负责人简况

（三）企业人员及开发潜力论述

企业负责人的基本状况、技术专长、创新意识、开拓潜力及主要工作业绩。项目主要合伙人的基本状况、技术专长、创新意识、开拓潜力及主要工作业绩。

企业管理层知识结构；企业人员平均年龄；管理、技术开发、生产、销售人员比例；新产品开发状况、技术开发投入额、占企业销售收入比例。

（四）简述项目的经济效益、目前的进展状况、申请孵化资金的必要性

二、技术可行性分析

（一）项目的技术创新性论述

项目产品的主要技术资料及基础原理。需提供技术路线框图或产品结构图。尽可能说明本项目的技术创新点、创新程度、创新难度，以及需进一步解决的问题，并附上权威机构出示的查新报告和其他相关证明材料，已有产品或样品需附照片或样本。产品的主要技术性能水平与国内外先进水平的比较。

（二）本产品知识产权状况介绍

合作开发项目，须说明技术依托单位或合作单位的基本状况，并附上相关的合作开发协议书。

（三）技术成熟性和项目产品可靠性论述

包括：技术成熟阶段的论述、有关部门对项目技术成果的技术鉴定状况；本项目产品的技术检测、分析化验的状况；本项目产品在实际使用条件下的可靠性、耐久性、安全性的考核状况等。

三、产品市场调查和需求预测

（一）国内外市场调查和预测

本产品的主要用途，目前主要使用行业的需求量，未来市场预测；产品经济生命期，目前处于生命期的阶段，开发新用途的可能性。

本产品国内及本地区的主要生产厂家、生产潜力、开工率；在建项目和拟开工建设项目的生产潜力，预计投产时间。

从产品质量、技术、性能、价格、配件、维修等方面，预测产品替代进口量或出口量的可能性，分析本产品的国内外市场竞争潜力；国家对本产品出口及进口国对本产品进口的政策、规定（限制或鼓励）。

（二）分析本产品市场风险的主要因素及防范的主要措施

（三）产品方案、建设规模

产品选取规格、标准及其选取依据。

生产产品的主要设备装置，设备来源，年生产潜力等。

四、项目实施方案

（一）项目准备

已具备的条件，需要增加的试制生产条件。

特殊行业许可证报批状况，如国家专卖、专控产品，通信网络产品，医药产品等许可证报批状况说明。

（二）项目总体发展论述

包括项目到达规模生产时所需的时间、投资总额、实现的生产潜力、市场占有份额、产品生产成本和总成本估算、预计产品年销售收入、年净利润额、年交税总额、年创汇或替代进口等状况。

五、新增投资估算、资金筹措

（一）项目新增固定资产投资估算

应逐项计算，包括新增设备、引进设备等。根据计算结果，编制固定资产投资估算表。

（二）资金筹措

按资金来源渠道，分别说明各项资金来源、使用条件。对孵化风险资金部分，需详细说明其用途和数量。利用银行贷款的，要说明贷款落实状况。单位自有资金部分，应说明筹集计划和可能。

（三）投资使用计划

根据项目实施进度和筹资方式，编制投资使用计划。对孵化风险资金部分，需单独开列明细表说明。

六、经济、社会效益分析

(一)项目的风险性及不确定性分析

对项目的风险性及不确定因素进行识别,包括技术风险、人员风险、市场风险、政策风险等。

(二)社会效益分析

对提高地区经济发展水平的影响,对合理利用自然资源的影响,对保护环境和生态平衡以及对节能的影响等。

七、项目可行性研究报告编制说明

可行性研究报告编制单位名称、基本状况、负责人、联系电话。

可行性研究报告编制者姓名、年龄、学历、所学专业、职称、工作单位、职务。

附件资料:具体请参照《孵化项目可行性报告附件清单》。

孵化项目可行性报告附件清单:

1. 企业法人代表身份证(复印件)。

2. 企业营业执照(复印件)。

3. 上月末财务损益表和资产负债表(复印件)。

4. 大专以上人员学历证书(复印件)。

5. 项目负责人身份证复印件,原工作单位或居住地出具的身份证明。主要科技人员业绩简介。

6. 能说明项目知识产权归属及授权使用的证明文件(复印件)。

7. 有关权威机构出具的"项目查新报告"和科技成果证明(复印件)。

8. 主要产品(或服务)的优势和市场需求状况。

9. 与项目和企业有关的其他证明材料(复印件)。

第二节　审计报告

一、审计报告的概念

审计报告是指具有审计资格的注册会计师根据中国注册会计师审计准则的规定出具的,关于企业会计的基础工作(如计量、记账、核算、会计档案等)是否符合会计制度,企业的内控制度是否健全等事项的报告。它是在实施审计工作的基础上对被审计单位财务报表发表审计意见的书面文件,是对财务收支、经营成果和经济活动全面审查后作出的客观评价。

其基本内容包括资产、负债、投资者权益、费用、成本和收入等。

二、审计报告的构成

审计报告应当包括下列要素：标题、收件人、引言段、管理层对财务报表的责任段、注册会计师的责任段、审计意见段、注册会计师的签名和盖章、会计师事务所的名称与地址及盖章、报告日期。

1. 标题

审计报告的标题应当统一规范为"审计报告"。

2. 收件人

审计报告的收件人是指注册会计师按照业务约定书的要求致送审计报告的对象，一般是指审计业务的委托人。审计报告应当载明收件人的全称。

针对整套通用目的财务报表出具的审计报告，审计报告的致送对象通常为被审计单位的全体股东或董事会。

3. 引言段

审计报告的引言段应当说明被审计单位的名称和财务报表业已过审计，并包括下列内容：

（1）指出构成整套财务报表的每张财务报表的名称；

（2）提及财务报表附注；

（3）指明财务报表的日期和涵盖的期间。

如"我们审计了后附的××股份有限公司财务报表，包括20××年12月31日的资产负债表，20××年度的利润表、股东权益变动表和现金流量表以及财务报表附注。"

4. 管理层对财务报表的责任段

管理层对财务报表的责任段应当说明按照适用的会计准则和相关会计制度的规定编制财务报表是管理层的责任。这种责任包括：

（1）设计、实施和维护与财务报表编制相关的内部控制，以使财务报表不存在由于舞弊或错误而导致的重大错报；

（2）选择和运用恰当的会计政策；

（3）作出合理的会计估计。

例如："按照企业会计准则和《××会计制度》的规定编制财务报表是××公司管理层的责任。这种责任包括：①设计、实施和维护与财务报表编制相关的内部控制，以使财务报表不存在由于舞弊或错误而导致的重大错报；②选择和运用恰当的会计政策；③作出合理的会计估计。"

在审计报告中指明管理层的责任，有利于区分管理层和注册会计师的责任，降低财务报表使用者误解注册会计师责任的可能性。

5．注册会计师的责任段

注册会计师的责任段应说明下列内容。

(1) 注册会计师的责任

注册会计师的责任是在实施审计工作的基础上对财务报表发表审计意见。注册会计师按照中国注册会计师审计准则的规定执行审计工作。中国注册会计师审计准则要求注册会计师遵守职业道德规范,计划和实施审计工作,以对财务报表是否不存在重大错报获取合理保证。

(2) 审计工作实施程序

审计工作涉及实施审计程序,以获取有关财务报表金额和披露的审计证据。选择的审计程序取决于注册会计师的判断,包括对由于舞弊或错误导致的财务报表重大错报风险的评估。

在进行风险评估时,注册会计师应考虑与财务报表编制相关的内部控制,以设计恰当的审计程序,但目的并非对内部控制的有效性发表意见。审计工作还包括评价管理层选用会计政策的恰当性和作出会计估计的合理性,以及评价财务报表的总体列报。

(3) 审计证据

注册会计师相信已获取的审计证据是充分、适当的,为其发表审计意见提供了依据。

例如,"我们的责任是在执行审计工作的基础上对财务报表发表审计意见。我们按照中国注册会计师审计准则的规定执行了审计工作。中国注册会计师审计准则要求我们遵守中国注册会计师职业道德守则,计划和执行审计工作,以对财务报表是否不存在重大错报获取合理保证。

审计工作涉及实施审计程序,以获取有关财务报表金额和披露的审计证据。选择的审计程序取决于注册会计师的判断,包括对由于舞弊或错误导致的财务报表重大错报风险的评估。在进行风险评估时,注册会计师考虑了与财务报表编制和公允列报相关的内部控制,以设计恰当的审计程序,但目的并非对内部控制的有效性发表意见。审计工作还包括评价管理层选用会计政策的恰当性和作出会计估计的合理性,以及评价财务报表的总体列报。

我们相信,我们获取的审计证据是充分、适当的,为发表审计意见提供了基础。"

6．审计意见段

审计意见段应当说明:财务报表是否按照适用的会计准则和相关会计制度的规定编制,是否在所有重大方面公允反映了被审计单位的财务状况、经营成果和现金流量。

主要是对下列几方面发表审计意见。

(1) 财务报表是否按照适用的会计准则和相关会计制度的规定编制;

(2) 财务报表是否在所有重大方面公允反映了被审计单位的财务状况、经营成果和现金流量。

例如："我们认为,××公司财务报表已经按照企业会计准则和《××会计制度》的规定编制,在所有重大方面公允反映了××公司20××年12月31日的财务状况以及20××年度的经营成果和现金流量。"

7．注册会计师的签名和盖章

为明确法律责任,完成了的审计报告应当由注册会计师签名并盖章。

8．会计师事务所的名称、地址及盖章

审计报告应当载明注册会计师所属的会计师事务所的名称和地址,并加盖会计师事务所公章。通常,注册会计师在审计报告中载明会计师事务所地址时,标明会计师事务所所在的城市即可。(审计报告通常载于会计师事务所统一印刷的、标有该所详细通信地址的信笺上,若如此,则无须再在审计报告中注明详细地址。)

9．报告日期

审计报告应当注明报告日期。该日期不应早于注册会计师获取充分、适当的审计证据(包括管理层认可对财务报表的责任且已批准财务报表的证据),并在此基础上对财务报表形成审计意见的日期。

注册会计师在确定审计报告日期时,应当确认:①应当实施的审计程序已经完成;②应当提请被审计单位调整的事项已经提出,被审计单位已经作出调整或拒绝作出调整;③管理层已经正式签署财务报表。

因为注册会计师对不同时段的资产负债表日后事项有着不同的责任,所以审计报告的日期是划分时段的关键时点。

【例文二】

审　计　报　告

×会审〔2017〕×号

××有限公司全体股东:

我们审计了后附的××有限公司(以下简称贵公司)的财务报表,包括2017年4月30日、2016年12月31日和2015年12月31日的资产负债表,2017年1月1日—4月30日、2016年度和2015年度的利润表、现金流量表和股东权益变动表以及财务报表附注。

一、管理层对财务报表的责任

编制和公允列报财务报表是贵公司管理层的责任。这种责任包括:①按照企业会计准则的规定编制财务报表,并使其实现公允反映;②设计、执行和维护必要的内部控制,以使财务报表不存在由于舞弊或错误导致的重大错报。

二、注册会计师的责任

我们的责任是在执行审计工作的基础上对财务报表发表审计意见。我们按照中国注册会计师审计准则的规定执行了审计工作。中国注册会计师审计准则要求我们遵守中国注册会计师职业道德守则,计划和执行审计工作,以对财务报表是否不存在重大错报获取合理保证。

审计工作涉及实施审计程序,以获取有关财务报表金额和披露的审计证据。选择的审计程序取决于注册会计师的判断,包括对由于舞弊或错误导致的财务报表重大错报风险的评估。在进行风险评估时,注册会计师考虑了与财务报表编制和公允列报相关的内部控制,以设计恰当的审计程序,但目的并非对内部控制的有效性发表意见。审计工作还包括评价管理层选用会计政策的恰当性和作出会计估计的合理性,以及评价财务报表的总体列报。

我们相信,我们获取的审计证据是充分、适当的,为发表审计意见提供了基础。

三、审计意见

我们认为,贵公司财务报表已经按照企业会计准则的规定编制,在所有重大方面公允反映了贵公司 2017 年 4 月 30 日、2016 年 12 月 31 日和 2015 年 12 月 31 日的财务状况以及 2017 年 1 月 1 日—4 月 30 日、2016 年度和 2015 年度经营成果和现金流量。

附件:

1. 资产负债表

2. 利润表

3. 现金流量表

4. 所有者权益变动表

5. 财务报表附注

××会计师事务所

中国·武汉

中国注册会计师:

中国注册会计师:

二○一七年五月十五日

【思考与练习】

1. 简述可行性报告和审计报告的概念。

2. 可行性报告由哪几部分内容组成?

3. 审计报告的主要构成要素有哪些?

第十三章

合　同

【情景导入】

请根据下面的材料,撰写一份规范、适用的合同文书。

北京光华铝品制造有限公司(甲方)代表王某与香港非龙贸易公司(乙方)代表张某于2015年1月23日在香港签订合同。甲方负责为乙方加工生产铝合金窗框5000副,每副50港元;不锈钢锅1000只,每只20港元。

乙方负责提供原料及加工物料,并运至甲方所在地,承担运费;甲方负责将加工后产品运至乙方所在地,承担运费。甲方每月交付铝合金窗框不少于1000副、不锈钢锅不少于200只,最后交货期限为2015年7月23日。双方按月结算货款,以双方盖章的出货单为据,结款方式为支票。

若甲方未能按时按量交货,则按照每月货值的0.3%赔偿乙方,汇入乙方开户银行——香港汇丰银行,账号:123486765;若乙方未能按时按质提供原料,则按照每月货值的0.3%赔偿甲方,汇入甲方开户银行——中国银行,账号:678965332。要求合同一式五份。签订合同的鉴证机关是北京市××管理局。

一、合同的概念与特点

1. 合同的概念

合同是当事人或当事双方(平等主体的自然人、法人、组织)之间设立、变更、终止民事权利义务关系的协议。

依法成立的合同从成立之日起生效,具有法律约束力。广义的合同指所有法律部门中确定权利、义务关系的协议。狭义的合同指一切民事合同。还有最狭义合同,仅指民事合同中的债权合同。

合同签订后,双方法人各执一份作为证据相互监督、牵制。现有书面形式、口头形式和其他形式三种。(依据1999年3月15日《中华人民共和国合同法》)

2．其他相关概念

（1）法人

法人即依据法律参加民事活动的组织，享有与其业务有关的民事权利，并承担相应的民事责任和义务。

（2）标的

标的即合同签订双方的权利与义务所共同指向的对象。必须出现在合同条款的第一项。

（3）×方

在合同中，"×方"代表的是签订合同的某一方，一般设定为"甲方、乙方"。也可以根据事项的属性或双方的意愿而设定为"买方、卖方""租方、赁方""雇佣方、受雇方"等，但是绝对不可以出现"你方、我方、他方"的错误设置（称呼）。

通常情况下，要求订立合同的一方为甲方，签约对象为乙方。在买卖合同中，通常付钱方为甲方。需注意的是：法律没有明确规定甲乙双方的身份，即甲方可以是买方也可以是卖方，乙方同理。

3．合同的特点

（1）合法性

合同是具有法律效力的文书，其作用的发挥要以合法为前提。

合法性主要体现在主体、内容、订立程序、表达形式等方面。首先，合同主体应当是具有平等民事权力的自然人、法人或其他组织，具有承担民事责任的权利和义务的能力。其次，合同内容不仅符合当事人双方的意愿，且应当符合有关法律法规，以不损害国家和社会公共利益为原则。

另外，合同的订立必须依循应有的程序，且要采用统一的文本格式。

（2）合意性

合同不仅要反映当事人各方的利益，也要反映当事人各方的责任和义务。其内容是当事人意愿的真实表述，任何有悖于当事人意愿的内容都不在其中。

（3）平等性

合同的当事人之间是一种平等互利的合作关系，没有上下从属之分。任何一方不得把自己的意志强加给对方。法律地位平等的双方有权利和义务保证合同的履行。

（4）规范性

合同的规范性主要体现在两个方面：一是形式的规范。国务院1990年3月20日批准在全国推行合同统一文本格式，国家行政管理局编制的《中国合同范本》为各类合同的制作提供了依据。二是语言的规范。合同必须采用规范的语言表述方式。如用语、数字、简称、修改符号、计量单位等，都要按照有关标准和规定使用。

二、合同的分类

理论上,合同有广义、狭义和最狭义之分。

1. 广义合同

广义合同是指所有法律部门中确定权利、义务关系的协议。如民法上的民事合同、行政法上的行政合同、劳动法上的劳动合同、国际法上的国际合同等。

2. 狭义合同

狭义合同是指一切民事合同,包括财产合同和身份合同。

(1) 财产合同又包括债权合同(即下述的"最狭义合同")、物权合同、准物权合同。

(2) 身份合同包括"婚姻、收养、监护等有关身份关系的协议"。

3. 最狭义合同

最狭义合同仅指民事合同中的债权合同。

按照《中华人民共和国合同法》分则的规定,共有 15 种有名称的债权合同。

(1) 买卖合同

(2) 供用电、水、气、热力合同

(3) 赠予合同

(4) 借款合同

(5) 租赁合同

(6) 融资租赁合同

(7) 承揽合同

(8) 建设工程合同

(9) 运输合同

(10) 技术合同

(11) 保管合同

(12) 仓储合同

(13) 委托合同

(14) 行纪合同

(15) 居间合同

三、合同与协议的区别

合同、协议主要是名称、叫法的不同。在不违反法律规范和社会道德约束的前提下,当事人可以任意约定合同或协议的名称、内容、形式,二者在法律上都是有效的。

从更细化的角度进行分析,合同是一种比较正式化、比较严谨的契约,以保护当事人的合法权益为根本,同时促进专业化的合作,有利于提高经济效益,维护社会经济秩序。

协议更趋向于口头化,是双方的意愿一致而达成的一种契约。

一般来说,生效了的合同和协议,其法律效力是相同的。除非没有生效或因为一些条件而失效。而需要公证的合同或协议,则是把合同或协议的效力固定并强化。

四、合同的写作

合同由标题、约首(签约情况)、前言、正文、落款五部分构成。

(一)标题

标题位于首页居中的位置。有以下四种写法。

(1) 种类＋合同,如《租赁合同》《供用电合同》。

(2) 标的＋种类＋合同,如《奉节脐橙买卖合同》。

(3) 有效期＋种类＋合同,如《2014 年第四季度货物运输合同》。

(4) 单位名称＋种类＋合同,如《泰丰翔实有限公司物流业务外包合同》。

(二)约首

约首位于合同标题的下方居左,要分行对应着写明签约人情况、签约时间、签约地点等。为表达方便起见,可以在签约人名称后面用括号注明“甲方、乙方”“买方、卖方”“租方、赁方”等别称。

(三)前言

合同的前沿要写明签订合同的依据或目的,签订合同的过程以及双方的态度。

写作时可以参考下面的文本表达:

“为了进一步加强双方的贸易往来,按照《中华人民共和国合同法》的有关规定,经双方协商签订本合同,共同信守。”

(四)正文

合同正文必备的主要条款如下。

1. 标的

标的是订立合同的双方的权利与义务所共同指向的对象。多为货物、劳务、项目,也可以是货币、行为或智力成果等。没有“标的”或“标的”不明确,合同就无法履行。

2. 数量和质量

数量通常以重量、体积、长度、面积、个数等作为计量单位;质量标准必须具体,由双方协商确定。另外,技术要求、验收标准,以及需要封样、备验的情况,也要规定清楚。

3．价款或者酬金

一般包括价格构成、作价办法、作价标准、调价处理办法等。

4．履行的期限、地点、方式

分别指的是履行合同的"时间要求""交付、提取标的的地点""标的交付或提取的方式、价款或报酬的结算方式"。这是合同中最容易引起纠纷的地方，因此在签订合同时，当事人对此应当有非常具体、明确的规定。

5．违约责任

违约责任又称"罚则"，是对不按合同规定履行义务一方的制裁措施。其核心是责任问题。承担违约责任的主要方式是支付违约金和偿付赔偿金。签订合同时，应当将违约金、赔偿金的数额写清楚。

6．解决争议的方法

为解决可能在履行合同的过程中出现的问题，要将合同的变更、解除、争议仲裁事项，在签订合同时商议清楚，并明确、具体地写入合同条款。

此外，在合同的结尾处需要写明合同的份数、保管、有效期；如有需要，还要注明合同的附件。

（五）落款

落款包括签名、盖章和日期。具体格式如下：

甲方：×××（公章）　　　　　乙方：×××（公章）

代表：×××（印章）　　　　　代表：×××（印章）

开户银行：　　　　　　　　　开户银行：

账号：　　　　　　　　　　　账号：

联系电话：　　　　　　　　　联系电话：

　　　　　　　　　　　　　　　鉴证机关：××××××（公章）

　　　　　　　　　　　　　　　××××年×月×日

五、写作时的注意事项

1．内容要合理合法

合同条例在内容的拟定上要合乎道理，符合法律法规的规定。

2．内容要明确具体

合同一经签定，即具有法律效力。因此，内容要明确具体、概念要准确、条款要清楚；切忌措辞不当、词不达意、模棱两可、含混不清；数字一般要大写。

3．合同格式要完整

合同附件是合同的一部分，必要时，要在合同的结尾处写明附件的名称、件数，并附上附件。

4. 合同修改要符合要求

合同订立完毕后需要修改时,要在修改处盖上双方的印章以示生效。

【例文一】

根据所学的有关合同写作的知识,完成一份适用于本节导入部分所述材料情况的较为规范的合同书的撰写。

产品加工合同

签合同人:北京光华铝品制造有限公司(甲方)　　　代表　王某

　　　　　香港非龙贸易公司(乙方)　　　　　　　代表　张某

签合同时间:2015 年 1 月 23 日

签合同地点:香港

为明确甲方和乙方的权利和义务关系,进一步加强双方的贸易往来,根据《中华人民共和国合同法》及有关法规规定,经甲、乙双方协商一致,签订本合同,共同信守。

一、标的

货币单位:元(港币)

产品名称	数量	单位	单价	合计	其　他
铝合金窗框	5000	副	50	250 000	货币换算以结款当日中国银行汇率为准
不锈钢锅	1000	只	20	20 000	

二、甲方的权利与义务

1. 甲方负责为乙方加工生产铝合金窗框和不锈钢锅。

2. 甲方负责将加工后产品运至乙方所在地,承担运费。

3. 甲方每月交付乙方的铝合金窗框不少于 1000 副、不锈钢锅不少于 200 只,最后交货期限为 2015 年 7 月 23 日。

4. 甲方以双方盖章的出货单为据按月与乙方结算货款,结款方式为支票。

三、乙方的权利与义务

1. 乙方负责提供原料及加工物料,并运至甲方所在地,承担运费。

2. 乙方凭双方商定的质量标准验收甲方加工的产品。

3. 乙方以双方盖章的出货单为据按月与甲方结算货款,结款方式为支票。

四、其他

1. 若甲方未能按时按量交货,则按照每月货值的 0.3% 赔偿乙方,汇入乙方开户银行——香港汇丰银行,账号:123486765;若乙方未能按时按质提供原料,则按照每月货值的 0.3%赔偿甲方,汇入甲方开户银行——中国银行,账号:678965332。

2. 如出现因不可抗力导致的违反合同行为(结果),双方均不承担责任。

3. 甲、乙双方就本合同履行或解除合同发生纠纷,应通过协商解决;协商解决不成的,可提请有关机关调解或向人民法院起诉。

4. 甲、乙双方就本合同未尽事宜,可另行协商作出补充协议,补充协议与本合同具有同等效力。

五、本合同一式五份,甲、乙双方各执一份,双方开户银行各执一份,鉴证机关执一份。

六、本合同自签字之日起生效,有效期至 2015 年 7 月 24 日。

甲方:×××(章)　　　　　乙方:×××(章)

联系电话:×××　　　　　联系电话:×××

代表:×××(章)　　　　　代表:×××(章)

开户银行:×××(章)　　　开户银行:×××(章)

鉴证机关:北京市××管理局(章)

××××年×月×日

【例文二】

员工入职合同书范本

甲方(使用部门)名称:＿＿＿＿＿＿＿＿＿＿

乙方(受聘人员)姓名:＿＿＿＿＿＿＿＿　性别:＿＿＿＿＿　民族:＿＿＿＿＿

出生年月:＿＿＿＿＿＿＿＿　身份证号:＿＿＿＿＿＿＿＿＿＿

住址:＿＿＿＿＿＿＿＿＿＿＿＿＿＿＿＿＿＿＿

根据《中华人民共和国劳动法》以及有关法律、法规和政策的规定,经双方平等协商,订立本劳动合同。

一、使用岗位及期限。

甲方聘用乙方在＿＿＿＿＿＿岗位工作。使用期限为＿＿＿＿＿＿。

即自＿＿＿年＿＿＿月＿＿＿日起至＿＿＿年＿＿＿月＿＿＿日止。

二、工作内容。

乙方同意按甲方工作需要,在＿＿＿＿＿＿岗位工作,履行职责,完成任务。乙方应遵守甲方依法制定的管理制度。

三、劳动保护和工作条件。

甲乙双方都必须严格执行甲方有关工作时间。甲方应为乙方提供符合规定的工作条件。乙方应严格遵守各项安全操作规程。

四、工作报酬。

乙方每月工资为＿＿＿＿＿＿＿元。其奖金及工作期间病事假工资的扣发,按照本公司员工手册以及相关文件的规定执行。

五、工作纪律。

甲乙双方应严格遵守法律、法规、规章和政策。甲方制定各项具体的内部管理制度,乙方应服从甲方的管理。

六、劳动合同变更、终止、解除的条件。

(一)劳动合同确需变更的,双方应协商一致,并按原签订程序变更合同。

(二)劳动合同期满或者甲乙双方约定的合同终止条件出现,劳动合同即行终止。经双方同意,可续签劳动合同。

(三)乙方有下列情况之一的,甲方可以解除劳动合同:

1. 在使用期内被证明不符合使用条件的;

2. 旷工或者无正当理由逾期不归,经批评教育无效,旷工时间连续超过三天的;

3. 严重失职、渎职或违法乱纪,给甲方利益造成重大损害的。

4. 违反员工手册第七章第三条相关规定的。

(四)有下列情况之一的,甲方可以解除劳动合同,但是应当提前三十日以书面形式通知乙方:

1. 乙方患病或非因公(工)负伤,医疗期满后不能从事原工作的;

2. 乙方不能胜任岗位工作,经培训后也不能胜任的;

3. 劳动合同订立时所依据的客观情况发生变化,致使原合同无法履行,经甲乙双方协商不能就变更劳动合同达成协议的。

(五)有下列情况之一的,甲方不得依据本条第(四)款的规定解除或终止劳动合同:

1. 乙方患病或者负伤在医疗期内的;

2. 乙方因公负伤并被确认丧失或部分丧失工作能力的。

(六)乙方在聘期内劳动教养以及被判刑的,劳动合同自行解除。

(七)乙方提出解除劳动合同的,应当提前三十日以书面形式通知甲方。

(八)有下列情况之一的,乙方可以随时提出解除劳动用合同:

1. 在使用期内,甲方未支付工资的;

2. 甲方未按照劳动合同约定支付工作报酬的。

(九)经甲乙双方协商一致,劳动合同可以解除。

七、违反劳动合同的责任。

甲乙双方违反合同规定,均应承担相应的违约责任。违约内容在第八条中约定。给对方造成经济损失的,还应按实际损失承担经济赔偿责任。

八、双方需要约定的其他事项(略)。

九、本合同条款与法律、法规、规章、政策和甲方依法制定的规章制度相抵触的,以及本合同未尽事宜,均按法律、法规、规章、政策和甲方依法制定的规章制度执行。

十、本合同依法订立后,双方必须严格履行。

十一、本合同一式三份,甲乙双方及人力资源部各执一份。

甲方(盖章):　　　　　　　　乙方(签章):

签名:　　　　　　　　　　　　签名:

年　　月　　日　　　　　　年　　月　　日

六、合同无效与合同解除

(一)合同无效

无效合同是相对于有效合同而言的,是指合同虽然已经成立,但由于存在无效事由,故自始不具有法律约束力的合同。无效合同往往具有以下特征:合同已经成立;合同具有违法性;合同没有约束力;合同自始无效。

而导致合同无效的主要情形有以下七种:①一方以欺诈、胁迫的手段订立合同,损害国家利益;②恶意串通,损害国家、集体或第三人利益;③以合法形式掩盖非法目的;④损害社会公众利益;⑤违反法律、行政法规的强制性规定;⑥格式条款及免责条款无效;⑦虚伪表示与隐匿行为。

(二)合同解除

1. 合同解除的类型

(1)约定解除,即当事人以合同的形式,约定一方或双方在某种条件下享有解除合同的权利。

(2)法定解除,即当事人依法律的规定通过行使解除权解除合同的行为。

(3)协议解除,即当事人通过协商一致而解除合同的行为,实际上是以一个新合同解除旧合同。

2. 致使合同解除的情形

《中华人民共和国合同法》规定:

(1)当事人协商一致,可以解除合同。当事人可以约定一方解除合同的条件。解除合同的条件成就时,解除权人可以解除合同。

(2)因不可抗力致使不能实现合同目的。

(3)在履行期限届满之前,当事人一方明确表示或者以自己的行为表明不履行主要债务。

(4)当事人一方迟延履行主要债务,经催告后在合理期限内仍未履行。

（5）当事人一方迟延履行债务或者有其他违约行为致使不能实现合同目的。

（6）法律规定或者当事人约定解除权行使期限，期限届满当事人不行使的，该权利消灭。法律没有规定或者当事人没有约定解除权行使期限，经对方催告后在合理期限内不行使的，该权利消灭。

（三）合同解除后的要求

合同解除后，尚未履行的，终止履行；已经履行的，根据履行情况和合同性质，当事人可以要求恢复原状、采取其他补救措施，并有权要求赔偿损失。

合同的权利义务终止，不影响合同中结算和清理条款的效力。

【思考与练习】

名词解释：合同、标的。

第十四章

招标书和投标书

第一节 招 标 书

一、招标书的含义

招标书又称招标说明书、招标通告、招标启事等，是招标人为了征招承包者或合作者而对招标的有关事项和要求做出的解释和说明，利用投标者之间的竞争而达到优选投标人的一种告知性文书。

二、招标书的特点

招标书具有以下几个特点。

(1) 具体性。征招项目、要求和技术质量指标等内容要具体。

(2) 规范性。招标书中的内容必须符合国家的明确规定。

(3) 竞争性。从投标者中选优的做法决定了招标书具有竞争性。

三、招标书的种类

按招标书性质和内容划分，有工程建设招标书、大宗商品交易招标书、选聘企业经营者招标书、企业承包招标书、企业租赁招标书、劳务招标书、科研课题招标书、技术引进或转让招标书等。

四、招标书的结构和写法

写作招标书的目的是邀请投标人参加投标。招标书的写作比较概括，不必写得很详尽，具体条件另用招标文件说明，发送或出售给投标人。招标书的主要内容包括：招标单位和招标项目名称，招标项目的具体要求，投标资格与方法以及技术、质量、时间等要求，投标开标的日期、地点和应缴费用等。

招标书的结构一般由标题、正文和结尾三部分组成。

（一）标题

通常由招标书单位名称、招标项目名称和文种三部分构成，如"北京石油化工总厂招标通告""××大学修建教学楼的招标通告"；也有的省略招标项目或只写文种。

（二）正文

1. 前言

前言中写明招标单位基本情况，行文目的或事由。

2. 主体

形式：多用条文式，也可用表格式。

写作内容：招标项目情况、实施招标项目地点、招标条件、要求、开标日期等。

商品招标书：标明商品的名称、数量规格、价格等。

3. 结尾

一般写明招标单位名称、地址、法人代表，成文日期并加盖印章，联系人姓名、电话号码等，必要时还可写上开户银行及账号。

五、撰写招标书时应注意的事项

1. 内容合法合理，切实可行

招标书的要求和应知事项，要符合国家有关法律、法规、政策规定；技术质量标准要注明国际标准、国家标准、部颁标准或企业标准；招标方案既要科学、先进，又要适度、可行。

2. 重点明确，内容周密

招标项目（即标的）是招标书的核心内容，对其有关情况、招标范围、具体要求，都要写清楚。如建设项目，应写明工程名称、数量、技术质量要求、进度要求，甚至建筑材料的要求等。该写的一定要写全，且尽可能周到，使投标人没有空子可钻。

3. 语言表述应简明、准确

无论是定性还是定量说明，都应准确无误，没有歧义，尽可能使用精确语言而少用模糊语言。

【例文一】

××研究院修建图书馆楼的招标书

经上级主管部门批准，××研究院拟修建一座图书馆楼，从 2018 年 1 月 20 日起开始进行建筑招标。现将具体事宜告知如下：

1. 工程名称：××研究院图书馆楼。

2. 建筑面积：××××平方米。

3. 施工地址：××市××路××号。

4. 设计及要求：见附件。（略）

5. 材料中钢材、木材、水泥由招标单位供应，其余由投标人自行解决。所需材料见附表。（略）

6. 交工日期：2018年12月。

7. 凡愿投标建筑企业，只要有主管部门和开户行认可，具有相应建筑施工能力者均可投标。

8. 投标人可来函或来人索取招标文件。

9. 投标人请将报价单、施工能力说明书、原材料来源说明书以及上级主管部门的有关签证等密封投寄或派人直送研究院基建处招标办公室。

10. 招标截至2018年2月8日（寄信以邮戳为准）。2月15日，在××研究院办公楼会议室，在××市公证处公证下启封开标。

××研究院基建处（印章）

2018年1月2日

【例文评析】

本文标题由单位名称、招标项目名称和文种三部分组成。正文将建设单位名称、工程项目、建筑地点、建筑面积、建设工期、设计和质量要求等事项和要求逐条列出，简明扼要，符合一般工程项目招标书的要求。

第二节 投 标 书

一、投标书的含义

投标书又称投标说明书，简称标书。它是指投标人应招标者之邀，为了中标而按照招标人的要求，具体地向招标人提出订立合同的建议，是提供给招标人的备选方案。投标和招标是相对应的，先有招标，后有投标。

招标书是投标书的引导，议标、评标、定标等环节的活动，无不是围绕招标书而进行的；中标和签订合同，也要以投标书为凭据。投标是一个比实力、比技术、比信誉、比价格、比能力、比策略的竞争过程，也是一个限制与反限制的过程。投标是否成功，影响因素很多，但与投标书撰写得好坏有直接的关系。

二、投标书的特点

投标书具有以下几个特点。

（1）针对性。内容要针对招标书提出的项目、条件和要求而写。

（2）求实性。实事求是地对投标项目进行分析、介绍己方、提出措施和承诺等。

（3）合约性。投标书以追求合作、签署合同为目的。

三、投标书的种类

投标书有各种不同的分类：按投标方人员组成情况，可分为个人投标书、合伙投标书、集体投标书、全员投标书和企业（或企业联合体）投标书等；按性质和内容，可分为工程建设项目投标书、大宗商品交易投标书、选聘企业经营者投标书、企业承包投标书、企业租赁投标书、劳务投标书、科研课题投标书、技术引进或转让投标书等。

四、投标书的结构和写法

投标书的内容与招标书相对应，要对招标的条件和要求做出明确的回答和说明。

投标书的结构一般由标题与时间、正文、结尾三部分组成。

1. 标题与时间

一般写上"投标书"即可。也可包括投标形式和投标内容，如"租赁××市印刷厂的投标书"。投标的时间可写在标题的右下角，也可写在投标人的单位名称下面。

一般由投标单位名称、投标项目名称和文种构成，或由投标单位名称和文种构成。

2. 正文

一般可分条列项（也可用表格式）写明投标的愿望、项目名称、数量、技术要求、商品价格和规格、交货日期等。承包经营项目的投标书，其正文一般要阐述对投标项目基本状况的分析，找出优势和存在的问题；提出经营方针；说明承包目标、考核指标以及达到目标的可行性分析和拟采取的措施；对招标者提出的要求、条件的认可程度等。正文部分引用的数据要准确、完整；论述要条理清楚，说理透彻；目标要明确可信；措施要切实可行。

3. 结尾

要写清投标人的单位名称、法人代表以及邮政编码、地址、电话号码、传真号码、电报挂号、电子邮箱等，以便联系。

如果是国际投标，则应将投标书译成外文，写明国别、付款方式以及用什么货币付款等。有的投标书还要由上级业务主管部门和公证监督机关签名盖章。如有必要，还应附上担保单位的担保书，有关图纸、表格等。

五、撰写投标书时应注意的事项

（1）内容紧扣招标书提出的要求。

（2）实事求是地说明己方优势、特点。

（3）内容合理合法。

（4）承诺的内容需明确、具体、全面、周密，以免中标后发生纠纷。

【例文二】

培训楼工程施工投标书

根据××煤矿兴建培训楼工程施工招标书和设计图的要求，作为建筑行业的×级企业，我公司完全具备承包施工的能力与条件，决定对此项工程投标。具体说明如下。

一、综合说明

工程简况（工程名称、面积、结构类型、跨度、高度、层数、设备）：培训楼一幢，建筑面积 10 700m²，主体 6 层，局部 2 层。框架结构：楼全长 80m，宽 40m，主楼高 28m，二层部分高 9m。基础系打桩水泥浇注，现浇梁柱板。外粉全部，玻璃马赛克贴面，内粉混合砂浆彩面涂料，个别房间贴壁纸。全部水磨石地面，教室呈阶梯形，个别房间设空调。

二、标价（略）

三、主要材料耗用指标（略）

四、总标价

总标价 14 659 000 元，每平方米造价 1370 元。

五、工期

开工日期：2012 年 2 月 5 日

竣工日期：2013 年 8 月 20 日

施工日历天数：547 天。

六、工程计划进度（略）

七、质量保证

全面加强质量管理，严格操作规程；加强各分项工程的检查验收，上道工序不验收，下道工序决不上马；加强现场领导，认真保管各种设计、施工、试验资料，确保工程质量达到全优。

八、主要施工方法和安全措施

安装塔吊一台、机吊一台，解决垂直和水平运输；采取平面流水和立体交叉施工；关键工序采取连班作业，坚持文明施工，保障施工安全。

九、对招标单位的要求

招标单位提供临时设施占地及临时设施 40 间，我们将合理使用。

十、坚持勤俭节约原则，尽可能杜绝浪费现象

附件：本公司基本情况介绍

投标单位：××建筑工程总公司(公章)

负责人：李××(盖章)

电话：××××　　传真：××××

【例文评析】

这是一篇工程建设项目投标书。正文先介绍了工程简况，然后说明了标价，耗材指标、工期、计划进度等，对招标书作出了明确的回答。这可以说是投标单位的正式报价单，是评标决标的依据。本投标书还包括了保证工程质量的措施和达到的等级、主要施工方法、安全措施和对招标单位的要求等。文末附上公司基本情况，让他人对己方建立信心。这是一份写得较完整、较规范的投标书。

【例文三】

投　标　书

日期_____年_____月_____日

一、项目名称_____数量_____　　图纸编号_____。

二、本工程要求_____年_____月_____日开工，于_____年_____月_____日竣工。

三、乙方人工费单价_____元。单件、套小计人工费_____元，工程人工费合计_____元。

四、单件、套、材料核算(单价、合计由甲方核算)。

编号	材料名称	单价	数量	件数	合计	材料单价	合计	备注
						材料总价		

五、此标定于_____年_____月_____日送达甲方，于_____年_____月_____日开标，规定日期不送达、开标日期不出席均作弃标处理。

投标单位全称_____(印章)

地址：　　　　　　　　邮编：　　　　联系人：

电话：　　　　传真：

【例文评析】

这是一篇工程项目空白投标书。正文要求投标人就项目名称、进度、计划、工程人工费和材料的种类、数量和价格等，对招标书做出明确的回答。这可以说是投标单位的正式报价单，是评标决标的主要依据。工程项目投标书的内容一般还包括工程质量达到的等级、主要工程施工方法以及要求建设单位提供的配合条件等。

【拓展实训】

一、简答题

1. 在履行合同时，若对合同条款理解有歧义，则可选择哪些途径解决争议。
2. 什么是"标的"？双方怎样约定"标的"？

二、写作训练

（一）请指出以下这份合同中存在的问题，并加以改正。

合　同

甲方：北京理工大学化学学院实验中心办公室

乙方：吴彦（山峡建筑工程公司一把手）

甲方因教学科研需要，经国家相关部门批准，欲建造一座生物实验中心大楼。经双方协商，订立本合同。

1. 甲方委托乙方建造中心大楼一座。

2. 建造费用为 671.89 万元。

3. 付款办法：甲方在 2015 年 3 月 5 日前付款约 1/4，余款在完工后付清。

4. 大楼建造工期等待乙方准备好后，择日开工。乙方力争在 1 年内完工，如遇困难，争取在 1 年内竣工。

5. 如果双方因工程质量发生争执，应本着协商的态度加以解决，若协商不能解决，任何一方都有权采取进一步的措施，直至提起诉讼。

6. 本合同一式两份，双方各执一份。

甲方代表：华清

乙方代表：吴彦

2015 年 3 月 1 日

（二）调查你所在学校学生对学习"应用文写作"课程的认可情况，撰写一篇题为《大学生应用文写作课程学习情况的调查报告》文章。字数要求：3000～5000 字。

附：大学生学习"应用文写作"课程情况的调查问卷

"应用文写作"的学习情况调查

亲爱的同学，祝贺你顺利完成选修课"应用文写作"前半阶段的学习！

为更全面、深入地了解学生在学习过程中的需求、问题、希望等以更好地完善课堂教学，优化学习效果，我们邀请你一起完成这一问卷调查。

本问卷不记名，仅作为分析时的参考数据使用。请按卷面要求如实回答问题。谢谢合作！

1. 你的学籍情况：【　　　学院　　　专业　　　级　　　班】

2. 学习本课的原因（　　　）。（选择 A、B、C 项的请继续做第 3 题，其他请做第 5 题）

    A. 为了提高写作水平

    B. 看重应用文在今后工作与学习中的实用价值

    C. 喜欢授课教师，慕名而来

    D. 随机选择

    E. 为了修够选修课学分

3. 此次学习前对应用文的了解情况（　　　）。

（选择 D 项的请继续做第 4 题，其他请做第 6 题）

    A. 没接触过

    B. 有些接触，但没什么了解

    C. 有些接触，了解不多

    D. 了解应用文的写作情况，并且有写作应用文书的经历

4. 上一学年度接触过（阅读、写作）应用文的次数（　　　）。

    A. 5 次以上　　　　B. 3～5 次　　　　C. 1～3 次

5. 该课程的内容安排与你学习需求的契合度有（　　　）。

    A. 85％以上　　　B. 75％左右　　　C. 50％左右　　　D. 低于40％

6. 你最感兴趣的课程内容是（　　　）。

    A. 党政公文　　　B. 申论　　　C. 事务文书　　　D. 商务文书

    E. 日常文书

7. 对上题所选内容感兴趣的主要原因是（　　　）。

    A. 所学内容对今后工作（学习）的作用比较大

    B. 教学形式有吸引力

    C. 可学习到相应的知识、技能

D. 上述原因都有

8. 你的课堂参与度是(　　)。

(课堂参与度指在"听讲、思考、发言、交流"等环节上的态度与表现)

(选择 A、B 项的,请按照题号顺序继续;其余的请直接进入第 11 题)

A. 85％以上

B. 75％左右

C. 50％左右

D. 低于 40％

9. 在学习这门课的过程中,你最满意的是(　　)。

A. 内容覆盖面广,合乎学习需要

B. 教学形式多样,学习效果明显

C. 较多写作实践,能提升写作能力

D. 无

10. 你最感兴趣的教学形式是(　　)。

A. 任务驱动教学法

B. 情景教学法

C. 案例教学法

D. 讲授教学法

E. 练习教学法

11. 你认为学习者缺勤本课程(或认真学习)的主要因素是(　　)。

A. 课堂气氛不够轻松

B. 课程本身用处不大

C. 知识的难度系数大

D. 讲解不够清晰

E. 个人原因

12. 学习至今,你对课程内容(应用文的基本概念和写作要领)的掌握程度(　　)。

A. 很好地掌握了

B. 较好地掌握了

C. 基本掌握

D. 尚未掌握

13. 下列应用文中,你没把握完成写作的文种有(　　)个。

——通知、请示、函、简报、总结、简历、调查报告、申论

A. 5～6 个　　　　B. 3～4 个　　　　C. 1～2 个　　　　D. 没有

E. 全部

14. 你认为本课程任课老师应该具备的素质是(　　)。

A. 教学态度　　　B. 知识储备　　　C. 教学方式　　　D. 个性风度

E. 其他

15. 你觉得本课程最需要改进的地方在于(　　)。(选择 D 或 E 项的直接回答第 17 题)

A. 教师的教学能力

B. 课程讲授的方式

C. 课程内容的设置

D. 上课时长、时间的安排

E. 其他

16. 你认为课堂中的哪个设置更能激发你的学习兴趣（　　）。

    A. 回答问题能加平时分　　　　　　　B. 分享更多有趣且实用的信息

    C. 沙龙式的学习氛围　　　　　　　　D. 课堂小竞赛环节的设置

17. 你是否会向身边同学推荐这门课程（　　）。

    A. 会　　　　　　　B. 不会

18. 你的积极建议

_____

再次感谢你的配合！我们将认真整理上述信息和建议以更好地完成教学工作。

第五篇

社交文书

第十五章

求职信、简历

【学习目标】

知识目标：

了解社交文书的概念以及在现实工作中的作用；掌握社交文书的写作思路与写作要求；掌握社交文书的语言表达规范要求。

能力目标：

掌握社交文书的结构组成和语言表达方面的技巧、要求。

【情景导入】

现如今，大学生就业竞争日趋激烈，大学生求职成为了一个社会关注的热点。日前，某公司副总经理收到一封求职信，看完后，他苦笑着把信放在一边……临下班时，他在近期的工作计划中补充上"尽快邀请专业人士为公司员工讲授文书写作"这一项安排。

培训工作结束后，他把那封求职信交给助理让他评点。助理看后指出"开头称呼与结尾祝语的格式均有错误，主旨不明，表达啰唆，口语化痕迹明显"的问题。副总经理听后点头说道："一份好的社交文书能清楚地体现出写作者的综合素质，马虎不得啊！"

下面即是该副总经理收到的那封求职信。

求 职 信

某某公司并某某总经理，您好：

很冒昧打扰您，因为我迫切希望成为贵公司的一员。

前几天，我得知贵公司打算招聘人员，兴奋得一宿没睡。在我印象中，贵公司是业内鼎鼎大名的企业，在社会上的影响力巨大。我还没从学校毕业时就期待着能进入贵公司工作。现在,我已经大学毕业,希望能给我机会实现我的梦想。

　　此致

敬礼

×××

2018 年 5 月 25 日

　　社交文书主要用于个人、企事业单位与社会间的交往活动。社交文书的种类繁多,常见的有书信(如求职信、感谢信、慰问信、介绍信等)、祝词、请柬、申请书等文书种类。恰当得体的社交文书可以达成有效完成人际交往、传递信息并交流感情、提升个体形象的目的;反之,则会损害人际关系和写作者的个人能力、个人形象。

第一节　求　职　信

一、求职信的概念

　　求职信是求职者根据自身的能力水平自主判断是否能够胜任某一岗位工作,认为合适,就写作并向意向单位提交一封介绍自己的专业、学识、能力、既往工作等情况的书信。以此来向对方表明自己非常合适所意向的工作,而且有能力胜任此工作的态度和愿望。求职信的核心目的是最终争取到用人单位给予面试的机会。

二、求职信的分类及特点

(一)求职信的种类

1. 应聘信

　　求职者通过招聘广告等社会公共信息渠道清楚了解用人单位招聘的岗位及相关要求,针对某一个明确的目标岗位而写的求职信就是应聘信。

　　写作应聘信,应该首先告知一下获知招聘信息的渠道,再逐一陈述应聘者的基本情况、成绩与能力、求职意向,最后向应聘信的审读者致谢并留下联系方式等必要信息。

2. 自荐信

　　自荐信是用于推荐自己适合担任某项工作或从事某种活动,以便对方接受的一种专用信件。在这种情况下写作的求职信,写作者要根据自己所有的专长与技能水平、依托用人单位通常的用人标准来进行写作。

（二）求职信的特点

1. 自荐性

求职信的自荐性质，要求求职者运用语言文字对自己的优势情况进行适当描述，通过这种毛遂自荐的努力给自己创造机会，以期被用人单位看中并聘用。

2. 针对性

求职信要针对用人单位的不同岗位、不同职务的不同要求来写作。另外，还要针对求职者自己的知识技能、业绩、阅历等情况向用人单位展示自己的能力与优势。

3. 竞争性

求职面临着很激烈的竞争，要在竞争中胜出，就要突出自己的优势。能力与优势就成为求职信写作的重点。这些优势不是编造出来的，而是经过实践检验的，求职信要附上能证明自己能力与优势的各种证明材料。

三、求职信的结构与写法

求职信主要由标题、称谓、正文、结语、落款五部分构成。

1. 标题

一般直接写"求职信"或"应聘信"即可。需要注意的是，因为标题只是由二三个汉字构成，所以字与字之间要留出一个汉字的位置，以便美观。

2. 称谓

求职信的阅读者一般为用人单位的负责人，因为求职者难以知道其姓名，所以可以用"尊敬的××协会会长""尊敬的××公司经理""尊敬的××学院院长"等称谓。

3. 正文

（1）引语

引语主要用来说明求职的缘由，如果是应聘信，应该说明消息来源，如"近日在《××报》上看到贵公司的招聘广告，获悉贵公司正在拓展业务，需要招聘新人，我有意竞聘经理助理一职……"；如果不知道对方是否招聘新人，便需要"投石问路"，如"久闻贵公司实力雄厚，声誉卓著，故冒昧写信自荐，希望加盟贵公司从事……"

（2）个人情况介绍

个人情况介绍主要包括与应聘职位有关的学历、经历、成绩等情况。介绍的关键作用在于用某些关键信息和条理清楚的表达来打动该求职信的审阅者，引起其对求职者的兴趣，继而乐于进一步阅读求职者的简历（较详细的个人简历可以作为附件附在求职信之后）。

（3）展示自己能够胜任竞聘职位的各种能力

岗位优势展示是求职信的核心内容。要恰如其分地表明自己所具有的专业知识与实际工作经验,以及所具有的与竞聘岗位工作要求相关的专业技能与已有的成绩。

这部分的主要功用在于让求职信的审阅者强烈意识到你能够胜任这个工作的现实情况,所以要针对招聘条件而进行文字表达,突出自己的优势,而不要涉及与招聘条件无关的其他情况。

4.结语

结语主要是以诚恳的态度提出自己的愿望与要求,如"希望给予面试的机会""盼望答复,静候回音"等。此后,最好写上表示敬意、祝福之类的祝语,如:"顺祝愉快安康""恭祝商祺"等。

5.落款

结语完成后,在它下面空出最少一行,右侧分两行署上求职者的姓名和成文日期。

通常情况下,求职信在完成上述内容后还要提供附件。

附件包括简历和其他能够证明自己的身份、能力、成绩(成就)情况的证明材料,如学历证书、职业资格证书、专业能力证书、各种获奖证书等。写作时,作为名称的"附件"二字以及各文件的名称,需要在求职信上显示出来;至于附件的具体材料,则需要在求职信后以资料的形式单独附上。

四、写作时的注意事项

一封合格的求职信应该目的明确,信心充分,态度诚恳,内容完整,措辞准确,格式规范,能力显见。唯此,用人单位才会有进一步接触的愿望。为了达到这样的写作效果,务必注意以下几点。

1.知己知彼,有的放矢

要注意在求职信中对意向的求职单位、领导(团队)、员工分别予以真诚地、恰如其分地赞扬。如赞扬其企业文化、企业核心精神;赞扬领导(团队)的工作魄力、管理能力和远见卓识;赞扬企业员工队伍的工作态度和凝聚力等;肯定企业的既往经历、取得的成就。

2.精彩开头,引人注意

求职信的开头要简洁,不要用过多的问候语,否则会因为啰嗦、急于"套近乎"而让求职信的阅读者感到虚假,从而产生厌烦心理。

开头可以写一些得知招聘消息后的激动心情;或对求职单位的向往之情;也可以简要介绍自己的情况(开头处的自我介绍,要言简意赅并显示自我情况中的精华,不要类似于填写表格似的事无巨细,一板一眼)。

3.突出重点,展己之长

求职信中要展现出你的符合社会发展需要的积极的事业观、价值观,以及你为此做出的努力,已拥有的能力水平、经验与成绩。绝不能表现出此番求职是出于获取"工薪待遇"

"社会地位"等目的。

4. 具体实在,长短适中

求职信一般以1~2页纸为好。如果太短,则难以说清缘由和情况,难有特色,难以显示出求职的诚意,自然就会缺乏吸引力。如果过长,则会导致求职信的阅读者难有时间和心情看下去,即使勉强看下去,也容易产生烦躁情绪,不利于求职工作有好的进展。

5. 讲究文采,注意白话和文言词的恰当运用

求职信的基本语体应是白话文,但根据写作需要也要适当地运用一些文言词,如"从报上获悉贵单位招聘业务人员",其中"悉"即为一文言词,"获悉"的意思就是白话文的"知道""得知"。如果求职信能够恰当地运用一些文言词语,将增加求职信的语言表达效果,更显示出求职人较高的文化水准,利于求职工作向好的方向发展。

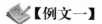【例文一】

求　职　信

尊敬的领导:

您好!

首先真诚地感谢您从百忙之中抽出时间来看我的求职信。我是×××学院建筑设计专业2018届毕业生。得知贵公司为积极谋求发展招贤纳才,我真诚地来贵公司求职,希望能为贵公司的发展壮大贡献我的才能和智慧。

作为一名建筑设计专业的应届毕业生,我热爱本专业并为其投入了巨大的热情和精力。在几年的学习中,我系统学习了AutoCAD、Photoshop CS、3dsMax、结构力学、建筑制图、房屋建筑学、钢筋混凝土结构、园林工程、住宅建筑设计、效果图表现技法等专业知识,通过学习积累了较丰富的工作经验。

除了加强专业知识的学习,本人还注重实践能力的培养。高三毕业后,开始学习AutoCAD软件,并利用大一、大二假期时间,分别到厦门华赛建筑设计事务所、泉州丰泽建筑有限公司实习,系统学习建筑设计相关知识,在大学期间,我曾在系领导带领下到上海实习并与同济大学建筑学院学生进行交流。同时,我主动利用大学课余时间,到武夷山设计院实习,收获了很多。在校期间,先后完成了别墅、小区住宅、中小学、餐馆等方案图、施工图和效果图的制作。

求学期间,本人始终积极向上、奋发进取,在各方面都取得了长足的发展,全面提高了自己的综合素质。我曾担任过武夷学院记者团团长、武夷学院读书协会会长、班干部等职。在工作中我勤勤恳恳,认真负责,精心组织,力求做到最好。在学习方面本人成绩优秀,连续两年荣获校"三等奖学金"并多次被评为校级"优秀学生干部""文体单项积极分子"等荣誉。

几年的在校学习和生活,使我学会了思考,学会了做人,学会了如何与人共事,锻炼了

组织能力和沟通、协调能力,培养了吃苦耐劳、乐于奉献、关心集体、务实求进的品质。沉甸甸的过去正是为了公司未来的发展而蕴积。我准备为公司辉煌的将来而贡献、拼搏!

我将会以饱满的热情、一丝不苟的态度迎接新的挑战,并运用自己所学的知识和技能,为公司的发展和祖国的富强奉献自己的力量!

最后,再次感谢您百忙之中对我的关注,并真诚希望我能够成为贵公司的一员,为贵公司的繁荣昌盛贡献自己的绵薄之力。期盼您的回音!

诚祝贵公司万事亨通,事业蒸蒸日上!

此致

敬礼!

求职人:×××

××××年×月×日

【例文评析】

本文格式正确,内容完整,较好地突出了个人能力情况,能够让阅读者感受到应聘者稳重、谦和、能力突出的优势。是一封值得借鉴的求职信。

第二节 简 历

简历是一种规范化、逻辑化的书面自我介绍。对应聘者来说,简历是求职的"敲门砖"。事实证明,求职者只有精心制作简历,才能够顺利地找到称心如意的工作。

一、简历的概念、功能及特点

(一)简历的概念

简历就是个人简明扼要的履历,是对个人的学历、经历、特长、爱好及其他有关情况所作的言简意赅的书面材料,主要用于应聘时向未来的雇主表明自己拥有能够满足特定工作要求的能力和水平。

(二)简历的功能的作用

1. 保障求职的成功概率

成功的简历就是一件营销武器,它能向未来的雇主表明写作者拥有能够满足特定工作要求的能力和水平;能够满足岗位的需要,因此确保应聘者得到面试机会。

2. 提供所需要的信息

一份合格的简历,可以给招聘公司的人力资源部门(人事专员)提供足够的、有用的、关键的信息。

考虑到专业的人事部门的招聘人员（HR）对一份简历的阅读时间在 3 秒（初次筛选）到 10 分钟（仔细考虑甄选）之间，写作简历时要侧重解决"我怎样写简历"和"HR 怎样选简历"两个方面的过程与结果，尤其以后者为重点。

（三）简历的特点

1. 完备性

简历要求有完整的个人履历以及履历表所要求的全部内容，以供招聘单位全面地了解和认识求职者。

2. 条理性

通常，简历用表格形式表达。因此要求把个人的履历、爱好、特长、兴趣等分门别类地进行清晰而准确地表述，以使招聘单位人员一目了然地了解求职者的经历、实力、优点、特长，特别是符合招聘单位急需的专门技术和特长，从而顺利地被录用。

二、简历的结构组成

一份个人简历，一般分为以下四个部分。

1. 个人基本信息

写作这部分时，应逐一列出求职者的姓名、性别、年龄、籍贯、政治面貌、学校、系别及专业、婚姻状况、健康状况、身高、爱好与兴趣、家庭住址、电话号码和电子邮箱等信息。

2. 学历与成绩情况

应写明曾在某学校、某专业（学科）学习的起止时间，并扼要列出所学主要课程及所担任的主要职务，还可以列出在校期间所获得的主要奖励和荣誉。

3. 工作资历情况

若有工作（实习）经验，最好详细列明，要按照"由近及远"的"由现在往回推及"的写作序列，首先列出最近的资料，然后详述之前曾工作的单位、时间、职位、工作性质等。

4. 求职意向

求职意向即求职目标或个人期望的工作职位，表明求职者通过求职希望得到什么样的工种、职位，可以和个人特长等结合写在一起。

个人简历应该浓缩个人学习、生活、工作的精华内容，要写得简洁精练，切忌拖泥带水。个人简历后面可以附上个人获奖证明，如三好学生、优秀学生干部、英语四、六级证书、职业资格证书以及驾驶执照的复印件等，这些复印件能够向用人单位提供有力的证明，从而留下深刻的印象。

三、简历的表现形式

1．时序型

时序型格式是多数简历的格式选择,以渐进的顺序罗列求职者曾就职的职位(从最近的职位开始,然后回溯)。在罗列出的每一职位下,说明工作责任,所需技能以及比较关键的、突出的成就。

该写作格式强调工作经历,关注的焦点在于时间、工作持续期、成长与进步以及成就,能够体现出持续和向上的职业成长全过程。

2．综合型

这种格式首先扼要地介绍求职者的市场价值,随即列出工作经历(时序型格式)。这种逻辑形式因为迎合了招聘的准则和要求,展示出求职者的综合能力和素质,并突显出能够满足行业和雇主需要的工作经历,所以很受招聘机构的欢迎。

3．履历型

履历型的简历只要罗列出求职者的个人经历,如就读院校、实习情况、实习期、专业组织成员资格、就职的单位、发表的著作或获得的奖项。这种形式的使用者多数是专业技术人员。

四、写作简历时的注意事项

1．针对性强

企业对不同岗位的职业技能与素质需求各不一样。因此,在写作简历时最好能先确定求职方向,然后根据招聘企业的特点及职位要求进行量身定制,从而制作出一份具有针对性的简历,忌一份简历多向使用。

2．言简意赅

一个招聘岗位可能会收到数十封甚至上百封简历,导致招聘人员查看简历的时间相当有限。因此,建议求职者的简历要简单而又有力度,大多数岗位简历的篇幅最好不超过两页,尽量写成一页(技术相关工作岗位可写成两至三页)。

3．突出重点,强化优势

一是目标要突出,应聘何岗位,如果简历中没有明确的目标岗位,则有可能直接被淘汰;二是突出与目标岗位相关的个人优势,包括职业技能与素质及经历,尽量量化工作成果,用数字和案例说话。

4．格式方便阅读

目前网络上提供了很多简历模板,但它只能起到参考作用,毕竟每个人的情况不一样。因此,求职者应慎用网络上面提供的简历模板及简历封面,而是应该根据自身的情况进行合理设计。

5. 逻辑清晰,力求精确

(1)描述要严谨、准确,特别是在阐述技巧、能力、经验时,要尽可能准确,不要模糊处理;

(2)内容的衔接要合理,可采用倒叙方式进行,把重点内容放在最前面。

6. 客观真实

简历内容要客观、真实。写作时,可根据自身的情况结合求职意向进行纵深挖掘,合理优化,但绝不能夸大其词,弄虚作假。

7. 强调成功经验

简历中要有能够证明求职者既往成就及其经验的内容,并要客观、准确地说明在取得成就的过程中所表现出的创新行为与能力。

8. 使用具有说服力的词汇

使用诸如"证明、分析、数据统计、有创造力的和有组织的"等具有吸引力、影响力的词语,主动提高简历的说服力。

五、不同类型简历的写作指导

(一)应届毕业生的简历

1. 个人基本信息部分

(1)姓名、性别、出生年月、民族、籍贯。身高体重一般不必写(特殊职业如模特、公关人员或招聘方的主动要求除外)。

(2)健康状况。

(3)学历、学位、专业。一定要详细表明有关情况(这是招聘方挑选应届毕业生关注的重点词)。

(4)政治面貌,需要区别招聘单位的经营性质和招聘需求而如实填写。

(5)个人联系方式:手机号码、常用的电子邮箱地址。

(6)照片:选择一张个人比较中意的证件照,而非生活照。

(7)家庭住址:考虑到招聘单位的普遍性期望,家庭住址最好填写距离工作地点比较近、交通方便的地址。

(8)求职意向。求职意向主要分两种类型:描述型和标题型。描述性求职意向要简洁地描述感兴趣的工作类型。而标题型职位描述需写出工作职务。当感兴趣或应聘的公司没有具体职位时,描述型求职意向是最有效的。求职目标描述要简练,不超过两行。标题型求职意向则是要列举确切的待应聘的职务。

求职意向适合跨度不大的一至三个职位,如果有多个求职意向,应根据不同的求职意向分别撰写简历。

有明确的求职意向可以让招聘人员感觉到求职者的诚意,在同等条件下,更能增加求职成功的概率(建议不写薪水要求)。因此,表达要清晰明确。如果表达不够清晰明确,则很难达到预期的求职效果。

例如:"能吃苦耐劳,可适应各种环境,要求能提供基本福利保障,签订正式合同协议,有发展空间。"该求职意向都是一些空话,让人看了不知所云,完全不知道求职者是在寻找一个什么样的工作,适合做些什么。

再如:"本人五官端正,性格开朗乐观,在校期间努力学习,与同学及老师的关系很好,善于沟通交流,多次参加校内组织的志愿活动,富有爱心。为了不断完善自己,也积极投身于校外的实践活动,掌握了一定的经验和知识。诚实进取、负责好学、喜欢创新、学习新的事物能力非常强,做事勤奋努力。不断完善自己,发挥自己特长的同时又尊重团队精神。以专业知识和社会交往能力以及发展自我为基础,寻求在各企事业单位文秘、策划编辑、广播传媒、公关等相关文职。"该简历的求职意向放在了语段的最后,因为前面所说的都是套话,主观色彩浓,所以不显眼的求职意向便很容易被忽略。

2. 教育背景或培训经历

(1)背景情况的排列建议采用倒序方式,从最近的往前回顾,最早写到高中阶段即可。

(2)可以列出所学习的主干课程,最好与所学专业、所谋求的职位工作相关,若成绩较好则可以附上成绩;若成绩一般,建议只写平均分值或笼统的语言描述;若成绩不理想,建议不写。

(3)培训经历,未完成的教育或技能培训也可以写上。在语言表达上,要注意突出培训的价值和功用性。

3. 实习经历或社会实践

实习、实践工作要写出所在岗位的类属以及取得的具体效绩,而不是简单地罗列工作岗位名称。如:"在早教机构照看小孩"的表达,就应该改写成:"为学龄前适龄儿童制定了三项日常活动,并让他们与家长一起参加了10分钟的某某亲子活动。"

可能的实习、实践内容有:

(1)义工、家教。要尽可能发掘出在工作中所具备的技能情况。

（2）社团（创立或管理），独立或团队合作安排跨校联谊、合作等情况。

可以表现出相当的团队意识、组织能力、领导能力、协调能力、谈判能力、开发市场的能力等职场能力，同样要求客观表达，不要自己去写评论，更不要自吹自擂。

（3）学生干部。要写出负责的具体事务、取得的成绩，如"担任某某干部，以某种方式组织过多少次活动，获得什么奖。"

（4）校外实践工作。要突出在工作中获得的成绩、增长的技能与见识。

4. 获奖情况或者技能和证书

（1）获奖情况的内容必须与求职密切关联，不写或一笔带过那些与求职无关的、校内级别的奖项。如"优秀宿舍长、学校歌唱比赛二等奖"就没必要写入简历中。

（2）技能情况，主要涉及"计算机操作能力"（非专业的）。一般是写出关于办公软件的使用程度，或者打字速度，处理过的具体文件，能否熟练制作多媒体课件，如PPT、Flash等。对于英语能力和其他技能，写作时最好能阐释其现行水平。

（3）证书情况。罗列出与所谋求的岗位工作密切相关的资格证书获得情况。如应聘教师岗位工作，就需要列出普通话水平等级证书、教师资格证、教师职称证书等。

5. 兴趣爱好或自我评价

（1）关于自我评价。要杜绝千篇一律，杜绝大话、套话、空话。那些主观性的语言、自我吹捧式的描述，无法真正体现个人特点。如"不怕吃苦"或"绝对服从领导（上级）安排"，不如写成"可周末加班""可外地出差"；如"本人积极向上、勤奋好学、认真仔细"，不如写成"细心严谨，在某某公司实习期间，从未出现数据分析错误"。

（2）关于兴趣爱好。如果招聘单位没有特别的要求，不要把个人爱好写在简历上。若需要，则只写一两个即可，写擅长的而不是喜欢的。"听音乐、看电影"这一类没特点的内容可以不写。

另外，写作此部分内容时，尽量不以"我""本人"开头，不写自我总结式套话，少用形容词。

6. 附件

面试时，应该携带相关证书材料复印件或直接带上原件。这些都需要另本装订，以使其成为具有说服力的必要附件。

【例文二】

修改前后的同一简历的情况比照

原简历：

本 人 简 历	
基本信息	
姓名：林晓娜 出生日期：1985-06-03 工作年限：应届毕业生 电子邮件：abcde@163.com 移动电话：13001231230	性别：女 居住地：上海浦东新区××路 1200 弄 8 号 801 室 户口：上海 本人身高：170cm

个人履历	
2000 年 9 月—2004 年 7 月	上海商业会计学校(广告艺术设计)
2004 年 9 月—2007 年 7 月(已完成毕业设计及答辩)	上海大学(广告艺术设计)

自我评价

本人有良好的英语听、说、读、写能力,能熟练运用各种办公软件,有良好的团队合作意识。

本人在校期间学习努力,成绩优良,专业基础扎实,并担任学校宣传部干事和班团支部副书记一职。培养了自我独立工作的能力,寒暑假中在很多实习企业磨炼,并在老师的推荐下参加了学校的党员积极分子的培训,顺利毕业。本人思想上进,能吃苦,工作认真负责,积极主动,有责任心。

英语水平

英语四级	听、说、读、写能力良好

导师或班主任推荐意见

政治上积极要求进步,第八期党校培训班结业。学习努力,成绩优良,专业基础扎实。曾担任班级团支部副书记职务。工作认真负责,有较强的组织和管理能力,积极组织和参加社会实践。严于律己,为人正直、诚恳、团结同学。

特长

能熟练使用办公自动化软件,熟悉 PS、AI、3DMAX 等软件。

求职意向：行政类岗位

工作经验	
2005 年 6 月—2005 年 8 月	同异图文广告公司——文员
2006 年 7 月—2006 年 9 月	同异图文广告公司——行政助理
2006 年 9 月—2006 年 12 月	上海飞讯广告有限公司——人事助理

修改后简历：

个 人 简 历

一、个人基本信息

姓名：	林晓娜	性别：	女	照
出生年月：	1985-06-03（22 岁）	学历：	大专	片
专业：	广告艺术设计	毕业院校：	上海大学	
联系电话：	13001231230	电子信箱：	abcde@163.com	
求职意向：欲谋求人事助理、行政类的岗位工作				
个人评价：具备较强的语言、文字表达能力,组织能力和人际沟通能力,做事细致认真				
有良好的团队合作意识				

二、教育背景

2004.09—2007.07	上海大学（大专） 在校担任宣传部干事和班中团支部副书记一职 多次参与并策划了学校的校园歌手大奖赛
2000.09—2004.07	上海商业会计学校（中专）

三、社会实践

2006.09—2006.12	上海飞讯广告有限公司（人事助理） 一家上市中美合资公司,目前员工 400 余人 协助人事经理进行新员工招聘工作 办理员工面试、录用及福利,以及离职手续 员工档案整理和归档 了解基本的人事政策和法律法规
2006.07—2006.09	同异图文广告公司（行政助理） 协助经理完成日常行政工作 传达通知、分发文件,协调各部门之间的关系 安排行程,机票、酒店预订 增强了人际交往能力和沟通能力
2005.06—2005.08	同异图文广告公司（文员） 采购、管理办公用品 接听电话,接待来访人员,整理会议记录 经过这段时间的工作,口头表达和文字表达能力有了大幅度提高

四、个人技能

英语听、说、读、能力良好，通过英语国家四级考试，能用英语流利地与海外客户交谈。

计算机一级水平。熟悉PS、AI、3DMAX等软件。熟练掌握Office办公软件，能满足办公的需求。擅长Excel，能够用其进行复杂的操作如长报表的打印，对大量数据进行分析整理。

（二）有工作经验者的简历

1．个人基本信息（略）

2．求职意向（略）

上述两部分内容的写作，可参考前面应届毕业生简历写作指导中的对应内容。

3．工作经历

这是此类简历中的最重要部分。主要写参加工作之后各阶段的情况，以期使招聘人员清楚地看到求职者对本公司的任用价值。所以，要突出求职者的主要才能、曾经的贡献与成果以及工作中有典型意义的内容。

在介绍工作内容时，要避免罗列工作职位，而是要将具体的工作内容表达清楚，特别建议通过数字来表现个人业绩的写作形式。如"熟练的年度预算经历，年预算在50 000 000美元以上"；"为50个以上的保健机构作顾问"；"组织销售活动，在既定时间内成功地留住了网站上75％的广告客户"等。

在内容安排上有一定的灵活性，如何展示工作经历取决于个人的具体情况。如果就业时期情况可以按照年代列出，则以工作的时间为轴介绍工作的情况。这是简历中常用的格式。如果工作经验和成绩主要来自自由职业，毕业后有一年以上不在职的记录，那么，写作时建议略过工作的时间部分，以工作成绩或外界评价等内容为轴来介绍自己的工作经历。

4．教育背景或者培训经历

教育背景要采用倒序的写作手法，且最早时间点到大学本科（或专科）即可。如果学历未能达到上述要求，建议省略此项内容不写。

培训经历，要写与求职意向相关的培训内容，可包括正在进行的教育或技能培训。

5．获奖情况或者技能或证书

此部分内容的写作，可参考前述应届毕业生简历写作指导中的对应部分内容。

6．个人简介

这部分可以充分展示个人才能，使求职者从众多应聘者中脱颖而出。通过简历想展现给招聘方的所有特定情况，如资深的经验，获得的专利技术技能，已得到充分证实的管理能力，都可在此处明确地阐述。语言表达上务必注意避免客套、空泛。

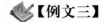【例文三】

某人力资源主管的个人简历

唐 先 简 历

一、基本信息

姓名	唐先	性别	男	籍贯	四川	
出生年月	1982-06	学历	本科	学位	学士	照
专业	工商管理	毕业院校	北京交通大学			
联系电话	158286404××	电子信箱	714××311@qq.com			片
求职意向	人力资源总监或人力资源经理					

二、教育与培训情况

毕业院校　北京交通大学(1990.9—1994.7)经济与工商管理学院　工商管理

培训情况　2007.9—2008.1北京市劳动局　人力资源干部认证培训

　　　　　2014.1—2014.3诺基亚(中国)投资有限公司　人力资源管理培训

三、主要工作经历

2007年12月至今　北京埃希电脑公司　人力资源部　经理助理

负责公司内部员工的调动、提升、离职等审批工作;

协助经理进行员工业绩考核工作;

制订公司年度培训计划,监督执行。

2006年8月至2007年12月　北京东方思诚软件公司　人力资源部　招募专员

负责为公司招聘各种所需人才以及新员工的入职培训和上岗培训。

2004年10月至2006年7月北京威信制衣有限公司　人事专员

负责人员配置、员工招聘等计划的制订与实施以及员工薪酬计划的执行,劳动合同的管理与劳动关系的维护。

四、个人技能

1. 英语

通过国家CET六级考试,通过北京市研究生英语学位统考,英汉互译表达流畅。

2. 计算机

具备熟练的计算机软件使用和硬件安装能力,使用 Microsoft Windows 2000、Microsoft Office 2000、Adobe PS 5.5、Adobe PageMaker 6.0、Macromedia Dream Weaver 3.0得心应手,并正在学习 HTML 等。

五、自我评价

性格沉稳，做事专注有耐心，善于学习和充分利用外部优势力量。熟悉人力资源专业管理，具有9年多企业人力资源实战经验。有人力资源规划、招聘与配置、培训开发、员工劳动关系有制度建设及主持实操经验，善于人力资源体系进行优化建设，始终致力于提高公司的人力资源综合管理水平。

【拓展实训】

一、思考题

1. 求职简历一般由哪几部分组成？
2. 求职信的写作注意事项有哪些？

二、写作实践题

请根据下面的招聘启事，拟写一份应届毕业生的应聘信。

招 聘 启 事

爱华投资管理有限公司现面向社会招聘服务性岗位人员1名。要求：年龄25岁以下，大学本科以上学历；具有一定的文字和语言表达能力（普通话水平较高）；熟练掌握计算机基本操作技能；工作热情，有责任心；身体健康，形象气质佳。

凡符合条件者请将个人简历（需附照片）、学历证书扫描件，于2018年4月5日前，发邮件至 aihuazhaopin@sina.com。应聘人员一经录用，将与爱华投资管理有限公司签订劳动合同，其待遇按照我公司有关规定执行。

联系人：张先生　　电话：010-63432355

邮箱：aihuazhaopin@sina.com

爱华投资管理有限公司人力资源部
2018年3月24日

第十六章

请柬、邀请信、聘书

第一节　请柬和邀请信

一、请柬和邀请信的内涵

请柬和邀请信是党政机关、企事业单位、社会团体和个人用于邀请他人参加会议或活动的社交文书。请柬与邀请信的功能相同,请柬的内容简单,格式固定,礼仪性更强,表述更庄重、典雅;邀请信的信息量比请柬大,使用范围更宽泛。

1. 请柬

请柬(又称请帖)是邀请他人参加会议或活动(如联谊会、新闻发布会、座谈会、聚会、庆典、仪式、展览、宴会或节日婚庆寿诞纪念活动等)的简式信柬,应注重其封文装饰。

2. 邀请信

邀请信(又称邀请函或邀请书)是邀请他人参加会议或活动的礼仪信函,它主要用于会议、洽谈业务、合作研究、访问、纪念活动等场合。

二、请柬和邀请信的特点

1. 礼仪性

请柬和邀请信都属于礼仪性文书,用于加强与受文者的友谊。请柬的礼仪性更为突出,它对装帧的讲究就体现了尊重客人的礼仪性。

2. 确指性

请柬和邀请信的送达对象一般是特定的单位或个人,但发布网站的普发式邀请信不具确指性。

3. 时限性

因为必须保证客人在会议或活动前收讫,所以请柬和邀请信对发送和使用时间有明确要求。

4．凭证性

收件人如果在收讫的请柬和邀请信中未见另附的"入场券"，则说明请柬和邀请信本身就是客人参加会议或活动的入门凭证。

三、请柬和邀请信的类型

（1）按性质划分，有公务请柬、公务邀请信，私务请柬、私务邀请信。

（2）按用途划分，有会议请柬、会议邀请信，活动请柬、活动邀请信。

（3）按书写方式划分，有横排式、竖排式。通常情况下，请柬使用竖排方式。

四、请柬和邀请信的结构与写法

请柬和邀请信的结构都是由标题、受文对象、正文、落款（标注）等内容组成。

（一）标题

一般是简单地以文种名称直接构成标题。如《请柬》《邀请函》。

（二）受文对象

受文对象可以是单位，也可以是个人。单位名称要求写全称；个人姓名前要冠以"尊敬的""敬爱的"等尊称，姓名后则要加上职务名称、职称或者通用的"先生、女士"等称谓。

（三）正文

正文由前言、邀请事项、结尾三部分组成。

1．前言

请柬往往无前言。邀请信的前言通常说明邀请的背景、意义、根据等。

2．邀请事项

邀请事项通常具有一定的格式。如"谨定于××年×月×日×时，在××地举办×××活动"。如邀请对方观看演出，一般附以入场券；如果有其他要求也需注明，如"请准备发言""请准备节目"等。

3．结尾

结尾处通常是提出希望，或注明联系方式——邀请者的电话、传真、电子邮箱等。

也可以书写祝颂语或表示欢迎、邀请或盼望对方光临的内容。如"诚挚邀请""敬请光临""恭候指导"，有时还会直接使用"此致敬礼"作为结尾内容。

（四）落款

结尾写好后，需另起一行落款，即标注清楚邀请人的姓名和邀请日期。

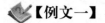**【例文一】**

请　柬

敬呈王乐文先生台鉴：

　　谨定于 2018 年 8 月 8 日 17 时，于北京市海淀区三里河路 39 号北京富伦德酒店 2 楼宴会厅，举办本公司 5 周年庆典活动。

　　恭请光临！

爱华投资管理有限公司
2018 年 7 月 20 日

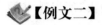**【例文二】**

商务合作洽谈邀请函

北京烽火通讯公司：

　　经与贵公司就××项目合作事宜进行初步洽谈后，我公司对合作事宜进行了研究，认为该项目符合国家的产业政策，具有较好的市场前景和发展空间；该项目不仅将极大地促进双方的发展，而且还将极大地促进两地合作，具有较大的经济效益和社会效益。

　　我公司认为，本项目符合合作的基本条件，具备进行商务合作洽谈的基础，需更进一步详细洽谈。请贵公司收到本邀请函后，派代表赴我公司作商务考察并就实质性框架合作进行洽谈，我公司将承担本次商务考察的全部费用。

　　敬请告知准确时间，以利安排，我公司法人将亲自与贵公司面议合作事宜。

　　顺祝

商祺！

爱华投资管理有限公司
2018 年 7 月 11 日

第二节　聘　书

一、聘书的概念

　　聘书是聘请书的简称，它是用于聘请某些有专业特长或名望权威的人完成某项任务或担任某种职务时的书信体文书。

二、聘书的作用

1. 加强协作的纽带

聘书把人才和用人单位很好地联系了起来。一个单位在承担了某项任务后，或在开展某项工作的时候，为了请到一些本单位缺乏的人才，就需要用聘书。聘书不仅使个人同用人单位联系了起来，同时还加强了不同单位之间的合作，使之可以互通有无，互相支援。聘书就这样起了不可替代的纽带作用。

2. 加强应聘者的责任感、荣誉感

应聘者接到聘书也就等于必须为自己所聘的职务、工作担负责任，应尽力做好自己的工作。因为聘书是出于对受聘人极大的信任和尊重才发出的，所以无形中就加强了受聘人的责任感。同时受聘人往往是在某方面确有专长或能作出特殊贡献的人，所以聘书的授予也促进了人才的交流，可以较充分地发挥受聘人的聪明才智。

3. 表示郑重其事、信任和守约

聘书颁发给受聘人，表示一个单位对受聘人的认可、信任和重视，希望受聘人能够为单位多出谋划策，多贡献力量，同时也表现出单位和受聘人之间的一种形式上的守约。

三、聘书的写作

聘书的完整格式由以下几部分构成。

1. 标题

聘书往往在正中写上"聘书"或"聘请书"字样，有的聘书也可以不写标题。已印制好的聘书标题通常采用烫金或大写的"聘书"或"聘请书"字样。

2. 称谓

聘书上被聘者的姓名称呼可以在开头顶格写，然后再加冒号，也可以在正文中写明受聘人的姓名称呼。常见的印制好的聘书则大都在第一行空两格写"兹聘请××……"。

3. 正文

聘书的正文一般要求包括以下一些内容。

首先，交待聘请的原因和请去所干的工作，或所要去担任的职务。

其次，写明聘任期限。如"聘期两年""聘期自 201×年 2 月 20 日至 201×年 2 月 20 日"。

再次，聘任待遇。聘任待遇可直接写在聘书上，也可另附详尽的聘约或公函写明具体的待遇，这要视情况而定。

最后，正文还要写上对被聘者的希望。这一点一般可以写在聘书上，但也可以不写，或通过其他的途径使受聘人切实明白自己的职责。

4. 结尾

聘书的结尾一般写上表示敬意和祝颂的结束用语。如"敬礼""此聘"等。

5. 落款

落款要署上发文单位名称或单位领导的姓名、职务,并署上发文日期,同时要加盖公章。

四、写作时的注意事项

（1）聘书要郑重严肃,对有关招聘的内容要交待清楚。同时聘书的书写要整洁、大方、美观。

（2）聘书一般要短小精悍,不可篇幅太长,语言要简洁明了、准确流畅,态度要谦虚诚恳。

（3）聘书是以单位名义发出的,所以一定得加盖公章,方视为有效。

【例文三】

聘　请　书

兹聘请赵××同志为××家电集团维修部总工程师、主任,聘期自××××年×月×日至××××年×月×日,聘任期间享受集团高级工程师全额工资待遇。

××家电集团（章）

××××年×月×日

【例文评析】

这则聘书是在印制好的聘书格式上填写内容而形成的。作为聘书的核心内容,正文交待了受聘者担任的职务,写明了聘任期限;最后写上聘任待遇。落款署上发文单位名称及加盖公章,落款日期。其短小精悍,语言简洁明了、准确流畅,同时体现出发文者郑重严肃、谦虚诚恳的态度。

第十七章

祝词、欢迎词、答谢词

第一节 祝　　词

一、祝词的概念和特点

祝词泛指在各种喜庆场合中表示祝贺的言辞或文章。它具有如下几个特点。

1. 欢愉性

致欢迎词时应保持一种愉快的心情,言词用语务必富有激情和表现出致词人的真诚。这样才能给人一种"宾至如归"的感觉,从而为后续举行的各种活动打下良好的基础。

2. 口语性

祝词多运用生活化的语言,从而使其简洁又富有生活的情趣,可更好地拉近宾主间的关系。

二、祝词的分类

1. 按内容划分

根据祝词的内容不同,可以划分为祝事业、祝酒、祝寿、祝婚、祝节日等类型。

(1) 祝事业祝词。多用于重大会议开幕、工厂开工、商店开业、展览剪彩以及其他纪念活动等,祝愿事业的顺利进行,早日成功。

(2) 祝酒祝词。用于宴会、酒会上,传达祝酒者美好的愿望。

(3) 祝寿祝词。一般是向祝寿对象表示良好的愿望,希望他们健康长寿。

(4) 祝婚祝词。一般是祝愿新婚夫妇幸福美满。

2. 按表达形式划分

根据表达形式的不同,可划分为有韵文(诗、词)体和散文体两种类型。

三、祝词的写作

常用祝词为散文体祝词,一般由标题、称呼、正文、结束语、落款五部分组成。

1. **标题**

标题写在第一行居中的位置,通常有两种写法:一是直接写"祝词";二是写出具体祝贺的内容,如《××市长在×市×晚宴上的祝词》。

2. **称呼**

称呼在标题之下第二行顶格书写,以示尊重。写作时可比照书信写作的要求进行,称呼不止一个时,要注意称呼的先后顺序和亲切感。

3. **正文**

正文是祝词的核心。这部分写法比较灵活,针对不同的祝贺对象、不同的祝贺动机,写出相应的祝贺内容。就总体而言,都应包含下面几层意思。

(1)向受祝贺的单位或人员表示祝贺、感谢或问候,或者说明写祝词的理由或原因。

(2)对已做出的成就进行适当评价或指出其意义,再次表示祝愿、希望、祝贺或鼓励。

4. **结束语**

正文结束后常用一句礼节性的祝颂语结束全文,如"祝您健康长寿!"

5. **落款**

在正文的右下方署祝者的名称(单位或个人)以及发祝词的年、月、日。如果标题部分已注明,此处可省略。

四、祝词与贺词的异同

祝词与贺词有时被合称为祝贺词,二者都是泛指对人、对事表示祝贺的言辞和文章,它们都富于强烈的感情色彩,针对性、场合性也很强。因此在某些场合祝词和贺词可以互用,如祝寿也可以说贺寿,祝事业的祝词常常也兼有贺词的意思。

虽然二者有时可以互用,但所包括的含义并不相同。一般,祝词对象是事情尚未成功,表示祝愿、希望的意思;而贺词对象是事情已成,表示庆贺、道喜的意思。如祝贺生日诞辰、结婚纪念、竣工庆典、荣升任职等,一般用贺词的形式表示庆贺、道喜。另外,贺词使用范围比较广,如贺信、贺电等,也属于贺词类。

第二节　欢　迎　词

一、欢迎词的概念

欢迎词是指客人光临时,主人为表示热烈的欢迎,在座谈会、宴会、酒会等场合发表的热情友好的讲话。

二、欢迎词的分类

1.按表达方式划分

按表达方式分,有现场讲演欢迎词(由欢迎人在被欢迎人到达时在欢迎现场口头发表的欢迎稿)和报刊发表欢迎词(在客人到达前后发表在报刊或公开发行刊物之上的欢迎稿)。

2.按社交的公关性质划分

按社交的公关性质分,有私人交往欢迎词(正式活动开始前,在个人举行较大型的宴会、聚会、茶会、舞会、讨论会等非官方的场合下使用的欢迎稿)及公事往来欢迎词(在较庄重的公共事务中使用的事先准备好的正式且严格的书面稿)。

三、欢迎词的写作

欢迎词一般由标题、称呼、正文和落款四部分组成。

1.标题

标题有两种写法:一是单独以文种名称命名,如《欢迎词》;二是由活动内容和文种名称共同构成,如《在××学术讨论会上的欢迎词》。

2.称呼

称呼写在标题下第二行的顶格处,要求写明来宾的姓名称呼,如"尊敬的各位先生们、女士们""亲爱的××大学各位同仁"。

3.正文

欢迎词的正文一般可由开头、中段和结尾三部分构成。

(1)开头。通常应说明现场举行的是何种仪式,发言者代表什么人向哪些来宾表示欢迎。

(2)中段。这一部分一般要阐述和回顾宾主双方在共同的领域所持的共同的立场、观点、目标、原则等内容,较具体地介绍来宾在各方面的成就及在某些方面做出的突出贡献,同时要指出来宾本次到访或光临对增加宾主友谊及合作交流所具有的现实意义和历史意义。

(3)结尾。通常再次向来宾表示欢迎,并表达自己对今后合作的良好祝愿。

4.落款

欢迎词的落款要署上致辞单位名称、致辞者的身份、姓名,并署上成文日期。

四、写作时的注意事项

欢迎词是出于礼仪的需要而使用的,因此要十分注意礼貌。具体而言,要注意以下几点。

1．要礼貌

称呼要用尊称,感情要真挚,要能较得体地表达自己的原则立场。

2．要谨慎

措辞要慎重,勿信口开河,同时要注意尊重对方的风俗习惯,应避开对方的忌讳,以免产生误会。

3．要热情

语言要精确、热情、友好、温和、礼貌。

4．要精炼

欢迎词都是一种礼节性的外交或公关辞令,宜短小精悍,言简意赅。

【例文一】

欢　迎　词

女士们、先生们:

值此×厂30周年厂庆之际,请允许我代表×厂,向远道而来的贵宾们表示热烈欢迎。

朋友们专程前来贺喜并洽谈贸易合作事宜,为我厂30周年庆增添了一份热烈和祥和,我由衷地感到高兴,并对朋友们的到来表示诚挚的谢意!

今天的来宾中,有许多老朋友,我们之间有着良好的合作关系。我厂30年所取得的成绩,离不开老朋友们的真诚合作和大力支持。对此,表示由衷的钦佩和感谢。同时,也很高兴又结识许多新朋友。欢迎你们!并希望能与新朋友们密切协作,发展相互间的友好关系。

"有朋自远方来,不亦乐乎"。在此新朋老友相会之际,我提议:为我们今后的进一步合作,为我们之间日益增进的友谊,为朋友们的健康幸福……

干杯!

2018 年 6 月 23 日

第三节　答　谢　词

一、答谢词的概念

答谢词是指在特定的公共礼仪场合,主人致欢迎辞或欢送词后,客人所发表的对主人的热情接待和关照表示谢意的讲话。

二、答谢词的分类

根据不同的致谢缘由和致谢内容,答谢词可划分为以下两种基本类型。

1．"谢遇型"答谢词

"谢遇型"答谢词是用来答谢别人招待的致辞，既可用于欢迎仪式、会见仪式上与"欢迎词"相应，也可用于欢送仪式、告别仪式上与"欢送词"相应。

2．"谢恩型"答谢词

"谢恩型"答谢词是用来答谢别人帮助的致辞，它常用于捐赠仪式或某种送别仪式上。

三、答谢词的写作

1．标题

在第一行居中的位置写上"答谢辞(词)"作为标题。

2．称谓

标题下空一行顶格写致辞对方的姓名、头衔，后加冒号，以示引领下文。

3．正文

首先对主人的盛情款待表示感谢，并对对方的积极性、优秀之处予以肯定，表达出自己的荣幸与感动之情(这是答谢词的写作重点)；其次，对对方的情况作较详细的介绍，以示尊重；最后，提出希望与对方进一步发展友好关系的强烈愿望。

4．结语

再一次用简短的话语表示感谢之意。

四、写作时的注意事项

1．内容与结构要合乎规范

答谢词的写作内容及结构形式，有相对稳定的模式。在写作中，不可随心所欲地"独创"，要符合写作规范要求。

2．感情要真挚、坦诚而热烈

"答谢"本身是一种"言情"，应热情洋溢，给人以温煦感。而虚情假意、言不由衷或矫揉造作、干巴巴、硬邦邦的致辞是很难获得认可的，而只能引起对方的反感。

3．评价要适度，要恰如其分

一般说来，对"谢遇型"致辞不宜于妄加评论。而对于"谢恩型"致辞则可就其"精神"或"风格"作出评价，但要适度，要恰如其分，不可故意拔高，以免造成"虚假"之嫌。

4．篇幅要简短，语言要精练

"答谢"性质的礼仪致辞应尽量简短，千字文即可。所以，语言必须精练，努力做到"文约旨丰"，言简意赅。

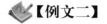**【例文二】**

在接受救灾粮仪式上的答谢词

亲爱的××领导，远道而来的客人们：

今天，我们怀着无比激动、振奋的心情，在这里迎接××红十字会给我们县师生捐赠救灾粮的亲人。

今年7月以来，我国遭受了百年未遇的大旱灾。7、8、9三个月，炎阳连天，滴雨不下，池塘干涸，溪河断流，禾苗枯死！虽奋力抗灾，但自然灾害的肆虐，使10多万人饮水困难，30多万亩田颗粒无收。我们县的中小学生，就有1万多名因受灾辍学。

然而，党和政府没有忘记我们，兄弟县市的乡亲没有忘记我们，省市领导多次亲临，视察灾情，组织救援，市县国家干部职工争相解囊，捐粮捐钱。今天，我们又接到了你们无私捐助的大批救灾粮食。"一方有难，八方支援"，团结互助，只有在我们伟大的社会主义中国才能办到！

谢谢你们，远方的亲人！我们一定从你们的援助中吸取力量，奋发图强，重建家园；努力学习，奋勇登攀，以新的成绩，来报答党、国家、社会的关怀！

2017年10月23日

【拓展实训】

一、思考题

1. 分析欢迎词的写作结构以及写作要求。
2. 简述祝词与贺词的异同。

二、写作实践题

光华大酒店位于江城市开发区，将于2018年6月23日开业，届时光华集团公司董事长、江城开发区相关领导以及业界同仁将出席开业庆典。你作为该酒店的办公室人员，请为酒店总经理张思齐先生写一篇在酒店开业典礼上的答谢词。

第六篇

传播文书

第十八章

传 播 文 书

【学习目标】

知识目标：

了解传播文书的概念及其特点、性质；掌握传播文书的写作思路与写作原则。

能力目标：

掌握传播文书的结构组成和语言表达方面的技巧、要求。

【情景导入】

任职于某区委宣传部的小王，在北京十九大会议召开期间负责基层单位的信息审核工作。他在工作中发现，90％以上的单位上报的信息都存在写作方面的问题，或选题太大，或主旨不明，或文题不符，或内容缺少连贯性、逻辑性，或表达不清……这些问题，让小王意识到，提高基层写作者的写作水平迫在眉睫。

第一节　传播文书概述

一、传播文书的概念与作用

1. 传播文书的概念

传播是指为扩大政府、单位、人物、商品或某一事件的影响，向公众进行有目的宣传的各种方式和手段的总和。

现代社会是信息社会，信息传播早已不再是新闻机构的专利。任何机关、企事业单位、社会团体甚至个人，都可能根据各自的需要或目的，使用不同的传播手段，利用不同的传播途径传递信息。可见，传播文书是指通过各种宣传方式和信息传递手段，向公众有目的地进行宣传,使公众知晓有关信息所使用的文书。

2.传播文书的作用

(1)传播文书可让公众知晓并获取大量有用的信息,甚至有些信息让公众印象深刻。

(2)传播文书有助于传播媒介获得理想的商业利益。

二、传播文书的分类

传播文书的种类较多,如解说词、导游词、广播稿、新闻评论、新闻、通讯、广告、启事和海报等,也包括简报和快报。

三、传播文书的写作

传播文书的写作必须符合下列基本原则。

1.内容的真实性原则

传播文书以传播信息为目的,其写作不能等同于文学创作,必须客观反映存在的事实。

2.表现的文学性原则

传播文书虽然不是文学作品,但它同样需要引起读者注意,调动其阅读的积极性,以达到宣传的目的。这就要求传播文书也要采用多种表现手法,如比喻、叙述等,使语言更加灵活生动,从而保证文书的传播效果。

第二节 广告文案

2015 年 9 月 1 日起施行的《中华人民共和国广告法》(修订)中对于广告是这样定义的:"在中华人民共和国境内,商品经营者或者服务提供者通过一定媒介和形式直接或者间接地介绍自己所推销的商品或者服务的商业广告活动。"

广告有公益广告和商业广告之分,公益广告不以营利为目的,主要是为促进社会的进步文明进行宣传;商业广告以营利为目的,追求经济效益的最大化。尽管商业广告以吸引消费者购买为目的,但也不能任意夸大商品功效;如果侵犯了消费者权益,要承担相应的经济或法律上的责任。

一、广告文案的概念

广告的生命在于文案。为了更好地呈现广告效果,一般要先进行广告文案的创作,可以说,广告文案是广告内容的文字化表现。在国外,广告文案通常指一则广告作品的全部,包括广告的文字、图片、编排等内容;在华文广告圈内,广告文案专指广告的语言文字部分。

广告文案的历史,差不多与广告历史同步。自从有了文字,便有了原始意义上的广告文案。

现存最早的广告文案,是公元前 1000 年前的埃及古城底比斯所发现的羊皮纸(现存大英博物馆内)。纸是用芦苇的纤维造的,淡茶色,规格为 1030cm×1456cm,合 32 开。其内容是悬赏一个金币寻找一个名叫西姆的奴隶——"男奴隶西姆,从善良的织布匠哈甫家逃走了。首都特贝一切善良的市民们,谁能把他找回来的话,有赏。

西姆是西台族(欧洲语系的民族),身高 5 英尺 2 英寸,红脸,茶色眼珠。若谁能提供他的下落,就赏给半个金币;如果谁能把他带回织布匠哈甫的店铺来,就赏给一枚金币。技艺高超的织布匠哈甫总能应诸君的要求织出最好的布匹来。"

西方最早的印刷广告是英国的印刷家威廉·凯尔斯顿于 15 世纪 70 年代印刷的一则广告——"需要购买这种字体印刷而成的美丽无误的灵魂符咒的两三个礼拜规则的僧侣或其他人,请到威斯特·敏斯特施舍分配所挂有红竖线招牌的店铺,那里可便宜地买到。希望不要揭掉。"——这是推销宗教祈祷文的广告,贴在伦敦教会的门上,采用严格规范的书面语言写成,句式也比较复杂而庄重。

为了向人们展示广告中所说的"这种字体",采用相当难认的字体印刷,并用较为清晰的字体将广告内容重新印刷了一遍。可以说是一则比较成熟的广告文案,且印刷家已经注意到了文案的版面问题。

可口可乐是目前世界上目前最畅销的软饮料之一,日销售量达 2.3 亿瓶。可口可乐公司的信条就是:"成功在于广告。"这一点在它过去几十年的营销活动中得到了证实。

我国文学作品中比较早的、也比较成熟的广告语出现在小说《水浒传》中,有这样的描述:武松在路上行了几日,来到阳谷县地面。此去离县治还远。当日晌午时分,走得肚中饥渴,望见前面有一个酒店,挑着一面招旗在门前,上头写着五个字:"三碗不过冈"。"三碗不过冈"就是一句很有感染力的广告语。

二、广告文案的分类

(1)按媒体选择的类型分为:报纸广告文案、杂志广告文案、广播广告文案、电视广告文案、网络广告文案、户外广告文案、其他媒体广告文案。

(2)按文体的不同情况分为:记叙文广告文案、论说体广告文案、说明体广告文案、文艺体广告文案。

(3)按内容的不同分为:消费物品类广告文案、生产资料类广告文案、服务娱乐类广告文案、信息产业类广告文案、企业形象类广告文案、社会公益类广告文案。

(4)按诉求特点的不同分为:理性诉求型广告文案、情感诉求型广告文案、情理交融型广告文案。

三、广告文案的写作原则

1．真实性原则

真实性原则是广告文案写作行为的首要原则。

在广告活动中，广告文案与广告作品中的其他要素一起，直接和受众交流。人们通过它的介绍和推荐来认识企业、产品和服务，产生情绪对应，对是否接受某种服务形成选择意向。它决定着受众是否能得到真实、准确的信息，能否产生符合真实状态的对应情绪，能否产生正确的消费意向。因此，只有符合真实性原则的广告文案才具有生命力。

2．说服性原则

广告文案要通过具有吸引力的宣传内容，吸引消费者的消费关注。其语言文字的运用宗旨就在于最大限度地说服目标受众。

3．效果原则

广告始终是一种特殊的销售手段。它的最根本目的在于将信息传达给目标受众，实现广告主预期的销售目的。

在广告策略引领下完成的广告文案，因为是基于市场调研基础上的，又是针对目标受众消费需求而写就的商业文案，所以一经完成即具有市场宣传的有效性。再加上后续的经由不同媒体进行的传播行为，传播范围通常相当广泛，能快速地将文案主旨传播开去，从而产生效果更集中的、更广泛的影响力。

4．创造性原则

广告能否引起受众注意并为其所接受，主要取决于两个方面：信息的实用性和新颖性。对于文案写作而言，除了准确传达广告信息之外，必须通过创造性表现来寻求某种具有"召唤性"的表现形式，必须设法创造出某种关于品牌意象的"特有语汇"。

什么是创意表现？美国一位广告大师对此有一个很精到的解读——"如果你站着，而周围的人都在跳舞，你就会受到注意。"

5．规范性原则

广告文案的规范性原则，是要求写作文案时必须注意语言文字的规范性。

四、广告文案的写作

（一）基本构成与写法

完整的广告文案由标题、广告正文、广告口号和随文四部分内容组成。

1．标题

标题是一则广告文案的前导，也是广告的内容诉求点。它是表现广告主题，迅速让目标受众注意的短文或短句，是一则广告的导入部分，因为传达的是最为重要或最能引起公众兴趣的信息,所以通常选用较其他部分大的字体。位于广告的醒目位置。

广告标语的设计形式有:问答式、祈使式、新闻式、口号式、暗示式、提醒式等。撰写标题时的语言要简明扼要,易懂易记,传递清楚,新颖个性,句子中的文字数量一般控制在12个字以内为宜。

广告标题的写作要点:

(1)新颖独创,能迅速唤起受众的注意。

(2)能够抓住主要目标消费者。

(3)引导读者进一步阅读内文。

(4)尽可能作出利益承诺,体现广告主题。

(5)尽可能写上品牌名称。

(6)长度适中。以 6~12 字为最佳,最长不超过 16 字。

(7)要突出最重要的信息,砍掉不必要或较弱的标题而以广告语代替。

(8)要简洁明了,不使用晦涩难懂的词,慎用双关语或引经据典的词。

(9)忌用否定词或曲折的方式陈述广告主题。

2.正文(内文)

广告正文是对广告标题的解释和广告主题的详细阐述,意在增加消费者的了解与认识。通常在标题之下,担负着对消费者进行心理说服的职能。

正文往往以客观的事实,具体地说明产品及服务情况。撰写正文时,要实事求是,言简意明,通俗易懂。不论采用何种题材式样,都要抓住主要的信息来叙述。

根据表现形式的不同,正文的写作常常有以下三种类型。

(1)说明型:说明产品的功效、介绍权威机构的鉴定或获得荣誉证书等情况。通常采用正面介绍的形式。

(2)陈述型:陈述一些具有新闻性的内容,或者是关于产品的事实情况(销售情况、获奖情况)。

(3)例证型:举出人们实际生活的实例来说明产品功效,推销广告产品。通常举出产品的直接收益人以达到推荐产品的目的。这是一种常见的且非常有效的类型。(见例文一)

【例文一】

借充气袋而得以活下来的人们(标题)

×× ×× ×× ×× ×× ×× ×× ×× ×× ×× ×× ××

这里的每个人都借充气袋而得以活下来。从 1969 年起,ALLSTATE 公司就一直主张司机及汽车制造厂在车中安装充气袋。很高兴这一主张得到了认可。我们还将继续努力,直到每个人都愿使用这种充气袋(记住:安全带加充气袋是保障安全的最佳办法)。

请访问或写信给你的代理,索要一份带有司机与乘客充气袋的汽车目录。

从生命中获得更多。（广告语）

（随文略）

（4）证言型：例证型广告内文的一种变体,常通过某一典型消费者来说明,或模仿消费者的角度来介绍广告内容。由于企业与商品自卖自夸的保证,未必能说服人,采用第三者向消费者强调某商品或某企业的特征,则容易赢得消费者的信赖。

美国广告大师大卫·欧吉沛很重视证人证言广告,他认为,"证言式广告效果好。有时整个广告中用的都是证言。"他为奥斯汀汽车做的第一个广告,用的就是一封来自某外交官的信。该外交官用买奥斯汀汽车省下的钱,送儿子到一所有名的学校去读书。这个广告包含了奥斯汀汽车的经济性和体面的绅士气派。由于是证人证言,对于奥斯汀汽车开拓市场很有利。

著名的耐克公司,那个无数人熟知的"Just Do It",第一个"Just Do It"广告的主人公是坐在轮椅上的田径运动员克莱格·布朗修,广告口号是出现在黑色背景下的反白字。广告语没有念出声,但它却唤起了一代人的共鸣。比如,一个过于肥胖的人推迟了他的减肥计划;忙碌的职员们被其他事情打乱了健身活动以及所有梦想参加体育活动却被种种事务打断的人。"Just Do It"俨然成了耐克敦促人们去锻炼身体,马上去行动,去实现的号令。

1984 年,耐克公司与 21 岁的乔丹签约推销一款篮球运动鞋。一年之内,几乎所有的美国男孩都穿上了这款球鞋。在很大程度上,正是由于乔丹这样的超级体育明星,才使得耐克的品牌形象在全球青年人的心目中超过了其他所有品牌。

（5）故事型：通过构筑与产品相关的情节性内容来介绍产品。（见例文二）

【例文二】

如何鼓励一个孩子？ 你必须发挥自己的想象力（公益广告）

一所小学的课堂上,女老师正在上绘画课。"今天,你们想到什么,就可以画什么。"老师计划用一种完全开放的形式,来培养孩子们的创作、想象能力。于是,各种造型独特、色彩艳丽的昆虫、动物跃然纸上。但老师发现,有一个小男孩的画风却有些异常:他用黑色画笔,把白色的画纸全部涂黑,而且一张接着一张,非常专注。其他同学都放学了,空荡荡的教室里,小男孩依然埋头涂黑,"沙沙"作响的画笔声让老师们面面相觑。夜幕降临,家里的台灯下,小男孩"沙沙"的作画声一刻没有停息。

年轻的父母以为孩子得了什么病,忧心忡忡。医生问小男孩在画什么,小男孩根本无暇应答,只顾一张接着一张地"沙沙"涂黑……终于,小男孩被送进了医院。白发苍苍的老专家被请了出来,他坐着轮椅,和一大群医生一道给孩子会诊,但依然不得其解。

白色的病房里,小男孩创作完成的黑色纸片已经铺了满满一地,但他依然没有任何"辍笔"的迹象……细心的女老师在小男孩的课桌里发现了一盒拼图游戏,顿时恍然大悟:莫非小男孩创作的是一件拼图作品? 于是,老师、家长和医生护士一起动手,在体育馆的地板上将一张张黑纸片拼接起来。

渐渐地,一个活泼可爱的黑色的形象展现在了人们的眼前。谁也没有想到,小男孩创作的是一只硕大无比的大鲸鱼,他一刻不停地画出的无数张黑色画面,正是为了拼出自己想象中的大鲸鱼。鲸鱼硕大的身体上,打出了该片的广告语:"如何鼓励一个孩子? 你必须发挥自己的想象力。"广告呼吁人们来支持儿童发展基金会。(公益广告)

(6)对话型:借助人物对话形式展开,通过模拟情境来表现广告主题。在广播广告文案和电视广告文案中常见。(见例文三)

【例文三】

成都生活门户网站广告

甲:生活在成都而不知道天府114,Out!

乙:(弱弱地问)怎么才能不 Out?

甲:赶紧去观望啊! www.tianfu114.com。

乙:早说啊! 马上去!

天府114——成都顶级生活门户网站!

综上可见,广告正文的写作应注意以下要点。

(1)写好第一句。要承接广告标题,进一步唤起受众的兴趣,设法引导受众看完内文。

(2)进一步发挥标题。

(3)直述要点,切勿含糊其词。

(4)生动亲切,避免陈词滥调。

(5)提供与消费者的利益直接相关的内容。

(6)提供广告内容的实证资料,而且要简练、彻底。

3.广告口号(广告语)

广告口号是战略性的语言,是广告主题的创造性表现。其目的在于经过反复和相同的表现,使目标消费者熟悉企业的独特文化或者掌握该商品或服务的个性特征,从而产生并固化购买(拥有)意愿。广告语形式有:联想式、比喻式、许诺式、推理式、赞扬式、命令式。

撰写广告语时要注意语言的简洁明了,要独创有趣、便于记忆、易读上口。

比如中国移动公司,在2G时代推出各种套餐时的广告语:"神州行我看行""动感地带，我的地盘我做主""全球通，我能"。在 4G 时代的广告语更是一举击败电信（天翼）、联通（沃）："天若有情天翼老，移动 4G 真来了！沃去！"

按照广告语语言风格的不同，可以分为三种类型：

（1）诗歌化风格："何以解忧，唯有杜康"。（杜康酒的广告）

（2）口语化风格："牙口倍儿棒，吃嘛嘛香"。（牙膏广告）

（3）谐音化风格："一明（鸣）惊人"。（眼药水广告）

写作广告语时，通常需要掌握以下五个要点：

（1）尽量作出实在的利益承诺，或确立独特的广告形象。

例如："一人吃，两人补。"（台湾孕妇补品广告）"女人更年要静心。"——静心口服液（保健品广告）

（2）尽量使广告语成为关于品牌意象的"特有语汇"。

例如，人们耳熟能详的雀巢咖啡的广告语："味道好极了"，直白、简洁，如同脱口而出的平常语，又朗朗上口，意味无穷，一度成为人们喜欢说的口头禅。据说雀巢公司曾以重金在全球征集新广告语，但是发现没有哪一条能比这句更经典。再比如："巴黎欧莱雅，你值得拥有。"这句广告语让女人们感觉自己值得拥有美丽，享受美好，此生如果没有欧莱雅将是一大憾事，这就是欧莱雅的目的。类似的还有"海澜之家，男人的衣柜。"（国民男装品牌）

（3）尽量让语言文字朗朗上口，简单易记。

例如，"农夫山泉有点甜"就是创作得比较成功的广告语；而台湾铁达时表的广告语："不在乎天长地久，只在乎曾经拥有。"则因为缺乏具体而明确的利益承诺，导致产品和广告行为的定位均不够明确，没能引起特定消费群体的关注，最终没能在市场上确立起自己的品牌概念。

钻石恒久远，一颗永流传。（A Diamond Is Forever）戴比尔斯钻石的这句广告语，不仅道出了钻石的真正价值，更赋予爱情以钻石的品质，妙不可言。这句广告语大概真的会像钻石一样永久流传。

（4）尽可能写上品牌名称。

飞亚达手表的广告语曾经是"一旦拥有，别无所求"，语意比较含糊，也缺少品牌名称，自然难以令消费者记住。而中国联通公司"情系中国结，联通四海心"的广告语则将公司的 logo 标识和企业定位很好地结合在一起，言简意赅，让人印象深刻。

（5）广告语要简短适中，以 8～12 个字为宜。举例如下：

好空调，格力造（格力空调广告）

臭名远扬（臭豆腐广告）

原来生活可以更美的（美的电器广告）

此时无形胜有形（博士伦隐形眼镜广告）

旧貌换新颜(美容店广告)

海尔———真诚到永远(海尔电器广告)

头屑去无踪,秀发更出众(海飞丝洗发水广告)

上述广告语,都较好体现出"言简意赅""形象生动""新奇独特""易于记忆"的广告营销优势。

4．随文

随文又称附文,是向受众说明广告主身份以及相关附加信息的文案内容,不可缺少。一般位于文案的尾部。包括:商品标识内容(商标、商标名、商品名),企业标识内容(企业名称、企业标志、企业专用字体),通信联络要素(企业地址、邮编、电话、联系人等),价格表、银行账号等(在企业宣传小册子中常常出现),购买或获得服务的办法,权威机构认证标识或获奖情况,附言(如何联系、参加有关抽奖、赠券等的必要说明),表格。

广告随文的写作要点:

(1) 不可罗列过多,应突出关键条文。

(2) 加入直观易记的辅助说明。

(3) 防止漏掉重要项目(权威机构的认证评定)。

(4) 积极创意、鼓励行动。

(二) 适用技巧

1．正面表现

正面表现是直接从广告的目标战略和主题出发,将广告需要传达的信息直截了当地向消费者加以陈述,使消费者对广告内容有一个直接而明确的了解。

主张广告要向目标消费者作出切实的"利益承诺"。通常,其表现方式有以下几种。

(1) 直接阐述

直接阐述的技巧,是将产品的功能、品质、性能、售后服务等内容直接告之消费者。

重点在于作出理性化的利益承诺。(见例文四)

【例文四】

飞利浦电动剃须刀广告文案

产品现状:飞利浦电动剃须刀自 1939 年面世以来,为讲究生活素质的男士提供了完美的剃须感受,多年来保持世界销量第一,成为世界各地男士首选。经过不断完善,现已推出具有独立浮动刀头、弹性贴面系统、弹出式修发器等多种功能的产品。

创意说明:很多男性都有胡子,而每个男人都希望自己能给亲朋好友以及需要认识的人留下一种干净利落的印象,而这则广告诉求就是飞利浦电动剃须刀的方便、快速干净的特性。

标题：魅力人生

副标题：飞利浦成就你的男人魅力

正文：男生成长为男人是必然的，而男人长出胡子也是必然的，而男人使用飞利浦更是必然的！因为，飞利浦会带给你光洁引人的更大魅力。

广告语：飞利浦成就你的男人魅力。

（2）以小见大

以小见大的技巧，是通过细节性的事实来表现广告主题。主要见于工业消费品广告和企业广告。

例如，美国的舒利兹啤酒，强调用"滚烫的蒸汽"清洗啤酒瓶。（因为运用了具有说服力的细节，广告大获成功，使其在美国啤酒市场的排名由第五跃居第一。）

又如：大众汽车，画面上是一辆小汽车，上方有一写有"次品"字样的横幅，广告标题是：大众车的检查员因仪表盘的小储藏柜上有一道划痕而拒绝接受该车。（广告通过检查员的严格检验来说明大众车在质量上的高品质，并通过这一事实确立起公司兢兢业业、一丝不苟的企业形象。）

（3）对比参照

对比参照的技巧，是通过直接或间接的比较来传达广告信息。

如：充电5分钟，通话2小时。——OPPO手机广告

再如例文五：

【例文五】

<h3 style="text-align:center">甲壳虫汽车广告文案</h3>

Lemon：不良品

这辆甲壳虫没通过测试。仪器板上杂物箱的镀铬装饰板有轻微损伤，这是一定要更换的。或许你根本不会注意到这些细微之处，但是检查员科特克朗诺一定会。我们在沃尔夫斯堡的工厂中有3389名工作人员，他们唯一的任务就是：在生产过程中的每一阶段检验甲壳虫（我们每天生产3000辆甲壳虫，而检查员比生产的车还要多）。每辆车的避震器都要测验（而不是抽查），每辆车的挡风玻璃都必须经过详细的检验。大众汽车常因肉眼所看不出的表面擦痕而被淘汰。最后的检查更是苛刻到了极点！大众的检查员们把每辆车像流水一样送上检查台，接受189处检验，再冲向自动刹车点，在这一过程中，被淘汰率是2%，50辆车总有一辆被淘汰！对一切细节如此全神贯注的结果是，大众车比其他车子耐用，却不需要太多保养（这也意味着大众车比其他车更保值）。我们剔除了酸涩的柠檬（不合格的车），给您留下了甘甜的李子（十全十美的车）。

此广告文案采用了具体的数据进行比较，更能获得读者的心理认同。

（4）以赌设悬

以赌设悬技巧，是将产品的利益承诺直接告诉消费者，用冒险一搏的方式来赢得公众的关注与行为参与。例如，劳特牌胶水的文案："谁能把用劳特牌胶水粘在墙上的金币用手掰下来，这金币就归谁。"凭借高超的写作技巧，劳特牌胶水赢得了更好的市场表现。

2．侧面烘托

对于一些正面表现过于平淡的商品，选择某一具有诉求力的侧面，或通过构筑商品使用情境（假设）来推荐商品。用美国广告大师韦勒的话讲，就是"不要卖牛排，要卖牛排的滋滋声"。

例如，没人上街，不一定没人逛街。——天猫

3．曲陈其意，幽他一默

英国广告大师波迪斯在《幽默与广告》中说："巧妙地运用幽默，就没有卖不出去的东西。"广告用诙谐幽默的语言介绍其产品或宣传对象，让受众在轻松愉快的气氛中了解广告的诉求内容。

如一加油站广告牌写着："假如阁下烟瘾发作，可以在此吸烟，不过请留下地址，以便将阁下的骨灰送家人。"用幽默的语言道出在加油站吸烟的严重后果，寓庄于谐，趣味横生，给人留下很深刻的印象。再比如一家美容院的广告："请不要向本店出来的女子调情，她也许就是你的祖母。"同样风趣幽默。

4．坦诚直言，褒贬互寓

"它唯一的缺点是每小时跑 100 公里时，你仍能听见后座丈母娘唠叨的每一个字眼儿。"（某豪华轿车广告）

"这部电脑的缺点是不能为您冲咖啡。"（某品牌咖啡广告）

"这种运动服使用的是本国最好的染料，染色技术更是本国最优秀的；不过令人遗憾的是：酱紫色一类的颜色至今仍没法做到永不褪色。"（日本美津农运动衫广告）

5．以虚写实，曲径通幽

一般而言，广告往往要挖空心思，使尽浑身解数大肆宣传其产品质量如何好。但著名的西门子公司却反其道而行之："本公司在世界各地的维修人员都闲得无聊。"这则广告不落俗套、独辟蹊径，从侧面含蓄地用维修人员都"闲得无聊"反衬其质量之好，好到根本不会坏。

另外，用世界各地都有他们的维修人员来暗示消费者：西门子的售后服务遍布全球，请放心使用。质量好，服务又周到的产品，消费者焉有不喜欢之理？这就达到宣传其产品的目的。据说，这则广告为西门子公司取得了极佳的社会效益。

五、写作广告文案的注意事项

1. 准确规范,点明主题

准确规范是广告文案中最基本的要求。要实现对广告主题和广告创意的有效表现和对广告信息的有效传播,就要做到以下几点。

首先要求广告文案的语言表达规范、完整,避免语法错误或表达残缺。

其次,广告文案的语言要准确无误,避免产生歧义或误解。

再次,广告文案的语言要符合语言表达习惯,不可生搬硬套,自己创造众所不知的词汇。

最后,广告文案的语言要尽量通俗化、大众化,避免使用冷僻以及过于专业化的词语。

2. 简明精炼,言简意赅

广告文案在文字语言的使用上,要简明扼要、精练概括。

首先,要以尽可能少的语言和文字表达出广告产品的精髓,实现有效的广告信息传播。

其次,简明精练的广告文案有助于吸引广告受众的注意力和迅速记忆下广告内容。

最后,要尽量使用简短的句子,以防止受众因语句冗长丧失阅读兴趣。

3. 生动形象,表明创意

广告文案中的生动形象能够吸引受众的注意,激发他们的兴趣。国外研究资料表明:文字、图像能引起人们注意的百分比分别是 22% 和 78%;能够唤起记忆的文字是 65%,图像是 35%。这就要求在进行文案创作时采用生动活泼、新颖独特的语言的同时,辅助以一定的图像来配合。因为广告文案的生动形象能够吸引受众的注意,激发他们的兴趣。(见例文六)

4. 动听流畅,上口易记

广告文案是广告的整体构思,对于由其中诉之于听觉的广告语言,要注意优美、流畅和动听,使其易识别、易记忆和易传播,从而突出广告定位,很好地表现广告主题和广告创意,产生良好的广告效果。同时,也要避免过分追求语言和音韵美,而忽视广告主题,生搬硬套,牵强附会,因文害意。

六、系列广告文案

1. 系列广告文案的概念

通常把在广告策略的指导下,通过一定的广告策划,经过统一的安排,有计划地进行广告连续刊播活动,称作系列广告。

在这些系列的、连续刊播的广告中,广告文案的主题与风格是一致的,但是,广告的表现形式、广告标题、广告正文,既可以是统一的,也可以是不同的。这种对受众进行的连续的广告传播活动可以形成广告宣传的排山倒海之势,使受众产生强烈的震撼,可以较好地、全面地反映广告主的宗旨和实力。

2．系列广告文案的表现

系列广告文案的表现特色与其写作目的有密切关系。

系列广告文案的写作目的是为了全方位、多角度、全过程和立体地表现广告主体,从而形成较大的广告影响力和广告气势,满足受众对广告信息深度了解的需求。为了实现这个目的,系列广告文案在表现上就比较注重刊播的连续性和信息的全面性。(见例文六)

【例文六】

长城葡萄酒经典系列文案

系列 A：3 毫米的旅程,一颗好葡萄要走 10 年

3 毫米,瓶壁外面到里面的距离,

一颗葡萄到一瓶好酒之间的距离,

不是每颗葡萄都有资格踏上这 3 毫米的旅程。

它必是葡园中的贵族;占据区区几平方公里的沙砾土地,

坡地的方位像为它精心计量过,

刚好能迎上远道而来的季风。

它小时候,没遇到一场霜冻和冷雨;

旺盛的青春期,碰上十几年最好的太阳,临近成熟,

没有雨水冲淡它酝酿已久的糖分,甚至山雀也从未打它的主意。

摘了 35 年葡萄的老工人,

耐心地等到糖分和酸度完全平衡的一刻才把它摘下,

酒庄里最德高望重的酿酒师,

每个环节都要亲手控制,小心翼翼。

而现在一切光环都被隔绝在外,黑暗、潮湿的地窖里,

葡萄要完成最后 3 毫米的推进。

天堂并非遥不可及,再走 10 年而已。

系列 B：太阳有两个,一个是给别处的,一个是给我们的

上帝一定也爱葡萄酒,

给了我们与别处不同的阳光与土壤。

在堪与波尔多比肩的葡萄产地,

阳光善解人意,气温恰到好处;

675mL 的平均降水不多不少,

仿佛上天用量杯悉心量过；

当然还有排水优良的砂质土壤，

在输送充足养料的同时，亦不会影响葡萄的甜度。

如此天赋的条件，才长出颜色与味道俱佳的葡萄，

并摇身化作了独具灵性的葡萄美酒。

系列C：创造时间，神用指尖，我们用舌尖

临近采摘的每一天，

酿酒工头都施展着传奇的智慧与魔力。

他们用舌头舔尝葡萄的成熟情况，

用经验捕捉恰到好处的采摘时间。

这一刻，是影响葡萄酒质量与口味的神气，

这一刻的决断，

要十几年甚至几十年后美酒入口时，

才见答案。

长城葡萄酒。

系列D：在地下，也有天堂

不用怀疑，

在地下10米的恒温地窖，

就是爱酒人的天堂。

无数饱满多汁的葡萄，

经过榨汁，去梗，提纯，

过滤的多重工序后，

才有资格在古朴而昂贵的橡木桶里，

脱胎，换骨，发酵，酝酿。

在这漫长的等待中，

他们都坚信这地窖的入口镌刻的格言：

没经过地窖，就上不了天堂。

系列E：10年间，世界上发生了什么？

科学家发现了12 866颗小行星；

地球上出生了3亿人；

热带雨林减少了6 070 000平方公里；

元首们签署了6035项外交备忘录；

互联网用户增长了270倍；

5 670 003只流浪狗找到了家；

乔丹 3 次复出；

96 354 426 对男女结婚；

25 457 998 对男女离婚；

人们喝掉了 7 000 000 000 000 罐碳酸饮料；

平均体重增加了 15%。

我们养育了一瓶好酒。

　　这则系列广告，将葡萄酒的前世今生展示得淋漓尽致。期间运用大量的数字对比，衬托一瓶好酒来之不易，增加了信服力。

　　系列广告文案一般是连续刊播，这样可以形成宏大的广告气势。

　　多则不同表现内容的广告文案，可以较为全面地、多角度地表现广告信息，满足受众对广告信息的深度了解的需求；而表现相同广告信息的多则广告文案，可以反复地体现广告信息从而使广告得到有效的传播。

第十九章

新 闻 类

第一节 新 闻

一、新闻的概念与特点

新闻是对最近发生(发现)的新鲜而重要的事实的报道或述评。它具有如下几个特点。

1. 真实性

客观真实是新闻的灵魂和生命,新闻报道要求绝对的真实,不允许夸张和虚构,这是新闻工作的根本原则。

2. 新鲜性

一是指新闻所反映的事实必须是最近发生(发现)的;二是从内容上说新闻必须有新意,给人以新的信息、新的启发。

3. 时效性

新闻要求以最快的速度将手中的信息传递出去,传递上若稍有耽搁,就会失去它应有的价值和效应。

4. 短小性

新闻的篇幅一定要短小精悍,忌长篇大论。

如一句话新闻:2019 年 6 月 27 日至 29 日,二十国集团领导人第十四次峰会在日本大阪举行,国家主席习近平赴日本大阪出席峰会。

5. 舆论的导向性

新闻可反映社会的方方面面,易形成社会舆论,所以应当是对正义的歌颂、对丑恶的鞭挞。新闻应该成为社会进步和健康的引导者。

二、新闻的种类

广义的新闻包括消息与通讯。两者的主要区别在于表达方式上——消息以叙述为主,篇幅不长;通讯以叙述描写为主,兼用议论与抒情的表达方式,进行详尽的报道。(见

例文一）

狭义的新闻单指消息，即在各种媒体上所发布的新闻消息。

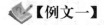 **【例文一】**

走出一条特色鲜明的合作共赢之路
——论习近平主席在中非合作论坛北京峰会开幕式上主旨讲话
新华社北京 9 月 4 日电 人民日报 9 月 5 日评论员文章

相知无远近，万里尚为邻。在中非合作论坛成立 18 周年之际，中非友好大家庭的新老朋友们齐聚美丽北京，围绕"合作共赢，携手构建更加紧密的中非命运共同体"这一主题，共襄盛举、共商合作、共谋发展，开启了中非团结合作的新征程。

"非洲发展不可限量，非洲未来充满希望，中非友好合作前景广阔，中非全面战略合作伙伴关系发展大有可为！"习近平主席在 2018 年中非合作论坛北京峰会开幕式上的主旨讲话，深情回顾中非友好交往历史，深刻指出中非走出了一条特色鲜明的合作共赢之路，倡议携手打造新时代更加紧密的中非命运共同体。习近平主席的主旨讲话，引发与会嘉宾的广泛共鸣和高度认同。

"根之茂者其实遂，膏之沃者其光晔。"历史有其规律和逻辑。几十年来，中非双方基于相似遭遇和共同使命同心同向、守望相助，过去是并肩战斗的好兄弟，现在是共同发展的好伙伴。特别是党的十八大以来，习近平主席高瞻远瞩提出真实亲诚理念和正确义利观，制订旨在推动中非共同发展的"十大合作计划"，支持非洲国家搭乘中国发展的快车、便车，书写了中非合作共赢、共同发展的新篇章。今天，"十大合作计划"硕果累累，惠及中非人民，中非已成为休戚与共的命运共同体和合作共赢的利益共同体。

只要路走对了，就不怕遥远。今天，从历史深处走出的中非合作共赢之路，历久弥新、更加宽广。"中国在合作中坚持真诚友好、平等相待，坚持义利相兼、以义为先，坚持发展为民、务实高效，坚持开放包容、兼收并蓄。"习近平主席提出的四点"中国主张"，充分体现了中非人民携手共命运、同心促发展的共同愿望，生动展现着中国讲信义、重情义、扬正义、树道义的大国形象，有力传递出中国永远做非洲的好朋友、好伙伴、好兄弟，支持非洲长治久安、发展振兴的坚定决心。

21 世纪是亚洲的世纪，也是非洲的世纪。13 亿多中国人民正在为全面建成小康社会而努力奋斗，12 亿多非洲人民也在追求经济发展和民族复兴，中国需要非洲，非洲也需要中国。"不干预非洲国家探索符合国情的发展道路，不干涉非洲内政，不把自己的意志强加于人，不在对非援助中附加任何政治条件，不在对非投资融资中谋取政治私利。"坚持做到"五不"，中国愿同非洲人民心往一处想、劲往一处使，共筑更加紧密的中非命运共同体，为推动构建人类命运共同体树立典范。任何人都不能破坏中非人民的大团结，任何人都不能阻挡中非人民振兴的步伐，任何人都不能以想象和臆测否定中非合作的显著成就，任何人都不能阻止和干扰国际社会支持非洲发展的积极行动。

以 2018 年中非合作论坛北京峰会为契机，世界上最大的发展中国家和发展中国家最集中的大陆并肩再出发。在这条特色鲜明的合作共赢道路上，团结一心、同舟共济、携手前进，同解和平与发展的时代命题，共筑更加紧密的中非命运共同体，中华民族伟大复兴的中国梦和非洲人民团结振兴的非洲梦一定能够早日实现。

第二节　消　　息

一、消息的概念与特点

消息是准确迅速报道生活中新近发生的重要事实的纪实性文书。它是用概括叙述的方式，以简明扼要的文字，迅速、及时地报道那些最近发生、发现或正在发生、发现的新动态、新情况、新问题或新经验等。

消息的主要特点是：报道新闻事实迅速及时，内容简明扼要，语言生动简洁，篇幅短小精练。

二、消息的结构组成

通常，一则消息由标题、导语、主体、背景、结尾五个部分构成。其中，背景、结尾两部分是可以酌情省略的。

三、消息的写作要点

1. 以记叙方法为主

把事实的前因后果、来龙去脉照实写下来。叙事内容要包括六要素——五个"W"加一个"H"：Who(何人)、When (何时)、Where(何地)、What(何事)、Why(原因)、How(结果)。

2. 写好导语

要求"立片言以居要"，即用一两句话扼要交代核心内容。目的在于先给读者一个总体印象，吸引其读全文。

3. 主体部分的叙述要分清主次

因为消息通篇不过三五百字，所以叙述事实时，要集中笔墨写好事实部分，防止出现"眉毛胡子一把抓"的写作弊端。

4. 注重时效性

要求写作者争分夺秒，做到"事发文成"。

四、消息标题的类型与写作

消息的标题共有三种类型,分别是三行标题、双行标题、单行标题。

1. 三行标题

这是指新闻标题由肩题、主题、副题三部分组成。肩题的作用在于铺垫,导出主题内容;主题则是对新闻事实的高度提炼;副题的作用在于补充,说明主题的范围、对象、结果等情况。如:

世界瞩目　影响甚大(肩题)

APEC会议即将在北京如期召开(主题)

北京全城已经做好充分准备(副题)

2. 双行标题

这是指新闻标题由肩题、主题或主题、副题两部分组成。又分为以下两类。

(1)由肩题、主题构成标题。如:

宁夏农垦引入改革活水,驱动解放垦区生产力(肩题)

盐碱滩地,何以成塞上明珠　惠及全国(主题)

(2)由主题、副题构成标题。如:

亮出高规格"北京服务"(主题)

——2018年中非合作论坛北京峰会接待服务(副题)

(3)单行标题

单行标题是由一个主标题直接构成新闻标题。如:

"一带一路"增进互联互通 助力中国品牌海外腾飞

五、消息导语的类型与写作

1. 直接叙述型导语

直接叙述型导语表现为扼要叙述最主要的新闻内容,具有"开门见山"的特点。

如:记者从国家发展改革委获悉,为进一步深化"放管服"改革,扩大汽车制造业对外开放,完善和规范汽车投资管理,国家发展改革委正会同有关方面研究制定《汽车产业投资管理规定》。

2. 描写式导语

描写式导语表现为对有特色的或细节生动之处,进行简而精的刻画,给予读者鲜明深刻的感受,激发其情趣。

如:"他从壮年走到暮年,把一个朴素的想法变成了国之重器,成就了中国在世界上独一无二的项目。"新华社这样评价他的伟大成就。他就是FAST首席科学家、总工程师南仁东。2017年9月15日,南仁东因肺癌突然恶化,抢救无效逝世,社会各界相继沉痛悼念并深切缅怀。

3. 提问式导语

提问式导语表现为或者只提问题,造成悬念后在主体中回答;或者在提问之后,扼要回答问题。如为何"暑热"难退?

4. 结论式导语

结论式导语主要是为了激发出读者进一步阅读、了解起因或详情的愿望。如"位于北京市昌平区流村镇的漆园村,历史文化底蕴丰厚,除拥有众多寺庙外,还留存有北京市市级非物质文化遗产'龙鼓'。"

5. 评论式导语

评论式导语要进行精要评析,以期揭示事物的性质。如"固定资产投资的较快增长,对于抵补净出口减少,保持经济持续快速增长发挥了关键作用。"

6. 引语式导语

引语式导语表现为引用他人说过的话或某作品中的文字内容。如"'悠久的历史和宏伟的工程造就了西安人的自信。'一位从北京到西安工作的朋友在两年间得出了上述印象。"

六、常见的消息类型

1. 标题新闻

标题新闻是以概括消息内容的句子作为标题加以报道。

2. 简明新闻

简明新闻("简讯"),适用于突发事件。通常是用一个自然段,以最快速度报道;不需要交代事件发生的过程和结果(见例文一)。

3. 动态新闻

该种新闻报道的是正在发生的事(眼前发生的或者是对还在发展变化的事情的连续报道)。

4. 综合消息

综合消息是就某个问题,集中一个尽可能广泛的区域,将全局性的情况、动向、成就等报道出来。如高质量发展看开局:促开放,防风险,经济增长韧性强。

5. 人物消息

因为要突出反映人物的思想、事迹、精神风貌,所以写作时要求此人物必须是时效性很强的新闻人物;且写作时不强调细节,不过多进行描写。

6. 述评消息

属于边叙边评的新闻,具有新闻报道与新闻评论的两种作用。写作时要求观点鲜明有力、语言文字简洁准确、所述事实清楚、分析透彻,绝不能空发议论。

【例文二】

习近平在全国教育大会上发表重要讲话

新华社北京 9 月 10 日电 全国教育大会 10 日上午在北京召开。中共中央总书记、国家主席、中央军委主席习近平出席会议并发表重要讲话。今天是我国第三十四个教师节，习近平代表党中央，向全国广大教师和教育工作者致以节日的热烈祝贺和诚挚问候。

他强调，长期以来，广大教师贯彻党的教育方针，教书育人，呕心沥血，默默奉献，为国家发展和民族振兴作出了重大贡献。教师是人类灵魂的工程师，是人类文明的传承者，承载着传播知识、传播思想、传播真理，塑造灵魂、塑造生命、塑造新人的时代重任。全党、全社会要弘扬尊师重教的社会风尚，努力提高教师政治地位、社会地位、职业地位，让广大教师享有应有的社会声望，在教书育人岗位上为党和人民事业作出新的更大的贡献。

第三节 通 讯

一、通讯的概念与特点

通讯是运用叙述、描写、抒情、议论等多种手法，具体、生动、形象地反映新闻事件或典型人物的一种新闻报道形式，包括人物通讯、事件通讯、概貌通讯、工作通讯四类。它和消息一样，要求及时、准确地进行报道，但报道的内容比消息更具体、更全面。

一般来说，通讯具有严格的真实性、报道的客观性、较弱的时间性（相对新闻消息而言）、描写的形象性、较重的议论色彩。其具体特点如下。

1. 报道详细而深入

要求对事件的来龙去脉、重要环境、背景进行具体描写。这是区别于消息的一个显著特点。

2. 注重报道的思想意义

表现为紧密配合当前形势，报道那些普遍关注的、有现实意义的题材，还讲究主题的开掘。

3. 强调用形象说话

通讯常采用叙述、描写、抒情、议论相结合的手法，对人和事进行较为具体的形象描写，要求人物要具有音容笑貌，事情要有始末情节，以此来感染读者。

4. 突出评论性

通讯多采取夹叙夹议的手法，直接揭示事件的思想意义，并评说是非，议论色彩较浓，常常表现出强烈的政治倾向和作者的爱憎感情。其表达出的思想观点，往往一目了然。

二、通讯的分类

（1）按内容的不同，可分为人物通讯、事件通讯、概貌通讯、工作通讯。

（2）按形式的不同，可分为一般记事通讯、访问记（专访、人物专访）、小故事、集纳、巡礼、纪实、见闻、特写、速写、侧记、散记、采访札记。

三、通讯与消息的区别

（1）从题材上说，消息选材范围广泛；通讯选材较严——一般只报道有意义的、人们普遍关心的事实。

（2）从内容上说，消息通常只作概括、简要的报道；通讯不但要告诉读者生活中发生了什么样的事情，而且还要将事情的来龙去脉交代清楚。

（3）从结构形式上来说，消息通常遵守一定的格式，按照导语、主体、结尾、背景材料等几个部分来写；通讯则往往根据写作对象不同而采取灵活多样的结构。

（4）从表达方式上说，消息以叙述为主，较少用描写、议论、抒情；通讯则综合运用多种表达方式。

（5）从语言上来说，消息要求简洁、明了；通讯则要求生动、形象。

（6）从时效性来说，消息要争分夺秒；通讯则不像消息那样严格。

四、通讯的写作

（一）不同通讯的写作说明

1．人物通讯

人物通讯主要是报道各类先进人物。它着重揭示先进人物的精神境界，通过写人物的先进事迹，反映出人物的先进思想，使之成为社会的共同财富。同时，也报道转变中的人物和某些有争议的人物。无论针对哪种人物，该通讯在写人叙事时都力求言真意切，恰如其分。（见例文一）

2．事件通讯

事件通讯，报道的是典型的、有普遍教育作用的新闻事件。它既可以反映现实生活中发生的重大的、振奋人心的典型事件和突出事件，也可以从某一新闻事件截取一个或若干个片断，进行细致详尽的描述，揭示事件的深刻含义，还可以是若干事件的综述。

3．工作通讯

工作通讯，要反映贯彻执行党的路线、方针、政策所取得的成绩，总结实际工作中的经验和教训，或者探讨有争议的亟待解决的问题。它的主要特点有以下 4 个：一是把介绍工作经验和分析问题作为主旨；二是凭借事实，深入分析；三是生动活泼，讲究文采；四是不拘一格,形式多样——随笔、散记、侧记、札记、记事均可。

4．概貌通讯

概貌通讯又称风貌通讯,它是以反映社会生活、风土人情、自然风光和日新月异的建设成就为主的报道。与事件通讯不同,概貌通讯不是围绕一个人物或一个中心事件来写,也不要求写一件事发生、发展的完整过程,而是围绕主题集中叙述各方面的风貌和特色。

在表达方式上,往往运用具体事例来叙述和描写一个地区、一条战线、一个单位、一个点、一个方面的风貌变化,展现时代的步伐和人的思想境界的变化。一般采取"巡礼""纪行""散记""侧记"等形式,向读者介绍。

（二）写作的主体要求

1．选好典型,确立主题

选好典型,确立主题对通讯来说十分重要。选择的典型,是具有代表性和普遍意义、具有宣传价值和教育意义的人和事,或者是在一定时期内广为关注的问题;确立的主题,要能体现时代精神、表现时代风尚,足以反映出本质和规律。

2．写好人物

写好人物是通讯写作的重要任务。不论是人物通讯还是事件通讯,都要把人物写好。写人离不开事,因此,写人必写事。要求写人物自己所做的真实的事,写能揭示人物内心世界的事。人物要写得有血有肉,有内心活动;写事要具体形象,有原委、有情节。(见例文一)

3．安排好结构

（1）纵式结构

按时间顺序、事物发展的顺序或作者对报道事物认识发展的顺序来安排结构。在这种结构里,时间发展的顺序、情节展开的顺序、作者认识事物的顺序成为行文的线索。采用这种结构时,要详略得当,布局巧妙,富有变化,避免平铺直叙。

（2）横式结构

这是指用时间变换或按照事物性质来安排材料。这种结构概括面广,要注意不同空间的变换,安排好各方面的问题。若采用空间变换的方法组织结构,则要以地点的变化组织段落;若按照事物性质安排结构,则要围绕主题,并列地写出不同的几个侧面。

（3）纵横结合式结构

以时间顺序为经,以空间变化为纬,结合运用纵式和横式结构。

五、通讯的写作要求

（1）主题要明确。明确的主题可保证材料的合理取舍和起笔、过渡、高潮、结尾的处理。

（2）材料要精当。要按照主题的要求,把最能反映事物本质的、具有典型意义的和最有吸引力的材料写进通讯。

（3）角度要新颖。通讯的写作方法要灵活多样,除叙述外,还可以描写、议论、抒情,也可以穿插人物对话、自叙和作者的体会、感受;既可以用第三人称的报道形式,也可以写成第一人称的访问记、印象记或书信体、日记体等。

通讯所报道的新闻事实,可以从各个不同的角度去观察、去反映,诸如正面、反面、侧面、鸟瞰、平视、仰望、远眺、近看、俯首、细察……角度不同,印象各异。若能精心选取最佳角度去写,则往往能使稿件陡然增添新意,别具一格、引人入胜。

【例文三】

"樵夫"的魔力

——追记全国优秀县委书记廖俊波

闽北的春,雨一直下。青翠峻峭的武夷山脉之间,逶迤绵延着的三条溪流在南平汇聚成为闽江,波涛汹涌一路向海,滋养着"八山一水一田"的八闽大地。今年的雨季来得特别的早,淅淅沥沥、时断时续。

3月18日,周六,晚7时许,一辆略显陈旧的小轿车行驶在长深高速公路上,大雨如注。"路上下大雨了,估计晚到一会儿,请大家准备8点半开会。"后座上的一位中年男子刚刚挂掉电话,意外发生——车辆突然失控侧滑,撞上了右侧的防护栏,中年男子在猛烈的撞击中被甩出车身,重重地砸向了金属护栏。救护车迅速赶到,然而一切为时已晚。

"天妒英才!"噩耗传出,八闽含悲。廖俊波,这位2015年获得习近平总书记接见的全国优秀县委书记,如今担任南平市委常委、副市长和武夷新区党工委书记,才48岁! 就这么离开了爱他和他深爱着的闽邦乡亲。

那个脸上总是洋溢着微笑、一身干劲的廖俊波走了;那个总和老百姓打成一片、身影永远在工地和田间闪现的廖俊波走了;那个誓言改变山区落后面貌、让百姓过上幸福生活的廖俊波走了。

3月24日,是廖俊波出殡的日子。他家楼下的路上,送别的人群将前后数十里的街道挤得水泄不通;遗体告别仪式上,来自美国、菲律宾、中国香港、北京、福州等各地的哀悼者络绎不绝。在他离开将近一个月之后,怀念他的声音依然此起彼伏:

"我至今不相信他真的走了!""都说焦裕禄是好干部,我觉得他就是当代的焦裕禄!"……采访中,几乎相同的话从不同的人口中说出,每个人提起他都忍不住红了眼眶、流下热泪。

"小桥一滑天地悲,痛断肝肠武夷泣""壮志未酬英魂散,音容宛在断人肠""俊才为民屡建功,品正德高志如松"……各大网站和微信上迅速卷起了一股悼念廖俊波的风潮,悼念的评论和诗句寄托着与他相识或不相识的人们的哀思。"我是第75 067位来悼念廖俊波的网友……"南平某微信公众号自发制作的悼念廖俊波的链接,仅5个小时点击量就突破10万人次,截至3月25日点击量已超过41万人次。

廖俊波给自己的微信昵称取名为"樵夫"。这个看似相貌普通的"砍柴人",到底拥有着怎样的魔力,竟如此令人念念不忘,如此深得人心,如此声名远扬?

1. 创业的魔力:他走到哪里,哪里就会大变样

"他就像个画家,在一张白纸上能画出美不胜收的图画;他就像个魔术师,总能在困境中拿出令人意想不到的新招;他像个救火队长,哪里有急难险重任务,哪里就有他的身影。"——这就是廖俊波特有的创业魔力,走到哪里,哪里就会大变样。

1998年,廖俊波任邵武市拿口镇党委副书记、镇长,摆在他面前的第一个任务就是百年不遇特大洪灾的灾后重建。他挨家挨户探访情况,很快就把受灾的几百户都走了个遍。农民吴炳贤盖新房时不小心砸伤了腿,眼睁睁看着别人盖房干着急。廖俊波得知后,多次上门看望,并帮他出钱请人代建房。1999年春节,吴炳贤在内的500多户居民在新房里高高兴兴地过上了新年。

……

2. 凝聚人心的魔力:他总能让人变"要我干"为"我要干"

认识廖俊波的人都说他有一种特别的亲和力——从不发火,没有领导的架子,对年长的永远称呼"老兄""大姐",对年轻人也像朋友一样平等对待。"他就像阳光一样温暖和善,从不以怒生威、以官压人,他真的是春风化雨、以诚化人。"曾经与廖俊波共事的顺昌县县长余向红说。

……

3. 爱民的魔力:他像群众的亲人,处处为群众着想

在政和县城关渡头洋居住的张承富老人家门口,贴着一副对联:"当官能为民着想,凝聚民心国家强",横批是"俊波你好"。这位71岁的老人家门口是一条河,附近住户一直筹划自建一条栈道以便出行,但因为资金问题迟迟未能如愿。2015年5月,老人抱着试试看的想法找到了廖俊波,他当场召集有关部门负责人研究,并将修栈道列为民心工程。2016年6月,栈道终于修通了,老人写下了这副对联,贴上就再也没揭下。

……

4. 扶贫的魔力:赚钱的事让群众干,不赚钱的事让党委政府干

政和经济基础薄弱远近闻名,也因此成为福建历任省长固定的帮扶县。习近平总书记在任福建省长期间,曾三次到政和调研。2000年9月,习近平同志在政和县调研时指出,希望山区县的同志们发扬愚公移山、滴水穿石的精神,实实在在地发展山区特色经济。如何让山区群众脱贫,一直是廖俊波心头的一件大事。为让群众过上好日子,廖俊波开动脑筋,想出不少新招。

5. "亲""清"的魔力：……他为企业家排忧解难，却始终严守廉洁底线

6. 快乐的魔力：他始终笑对人生，给人们带来正能量

……

汇集着闽北大地涓涓细流的闽江一路向南，汇入大海。孜孜不倦的"樵夫"累了，他放下了斧头，收起了魔法，化作一朵俊美的浪花，折射着太阳的光芒。廖俊波走了，但他的精神仍旧在激励着每一位共产党人，像他一样百折不挠、勤勉不倦，永远为着光荣与梦想不懈地继续奋斗。（限于篇幅，全文有删节）

2017-04-14 来源：人民日报记者　姜洁　新华社记者　姜潇

第四节　新 闻 评 论

一、新闻评论的概念与特点

新闻评论，是一种有着鲜明针对性和指导性的新闻文体，是媒体编辑部或作者对新近发生的有价值的新闻事件和有普遍意义的紧迫问题，运用分析和综合的方法，就事论理，就实论虚，有着鲜明针对性和指导性的一种新闻文体。它是社论、评论、评论员文章、短评、编者按、专栏评论和评述等的总称，属于论说文的范畴，由论点、论据、论证三要素组成，以传播意见性信息为主要目的和手段。

新闻评论具有以下特点：

（1）具有政策性，针对性和准确性；

（2）在有限的篇幅中，主要靠独特的见解吸引读者；

（3）立意新颖，论述精当，文采斐然。

二、新闻评论的类型

（1）以上级指示为内容写就的评论。这种评论能起到传达上级指示精神的作用。写作时，要"吃"透精神，要上下结合。

（2）配合中心任务和重大决策写的指导性评论。写作时要注意明确任务，讲清道理。

（3）针对错误倾向（思想）或者是模糊观点而写的评论。写作时，需抓准问题，透彻说理。

（4）为突出新闻、通讯的思想性而配发的评论。写作时，要结合紧密，画龙点睛。

（5）总结推广先进经验的评论。

（6）有关节日、纪念日以及重大活动的新闻评论。（见例文一）

（7）与他人进行论战的批驳式评论。

（8）对某个问题进行理论阐述的评论。写作时要有较强的针对性，道理要讲透。

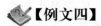**【例文四】**

中非合作论坛北京峰会：以"真实亲诚"理念铸就新时代中非命运共同体

中国国家主席习近平于2013年提出以"真实亲诚"为主要内容的中国对非洲政策理念，为新时代中非关系的发展奠定了基础，指明了方向。五年来，中国始终围绕着"真实亲诚"理念，不断深化中非传统友谊，为中非全面战略合作伙伴关系在新时代的发展开辟了广阔的空间。在此背景下，即将于2018年9月初召开的中非合作论坛北京峰会将有力推动中非友好合作关系更上一层楼。作为承载新时代中非关系的精髓，"真实亲诚"理念将进一步充分诠释中非友好合作的丰富内涵，为构建更加紧密的中非命运共同体提供鼎力支持。

一、用真心巩固中非传统友谊

中国是世界上最大的发展中国家，非洲是世界上发展中国家最为集中的大陆，双方在争取民族独立、推进国家现代化建设等方面拥有相同或相似的经历，是天然的同盟和密切的合作伙伴。中国已通过四十年的改革开放成长为世界第二大经济体，但始终没有忘记当初患难与共的非洲兄弟，仍然将发展与非洲国家的团结合作作为对外政策的重要基础。

在本届北京峰会上，中国发出了构建更加紧密的中非命运共同体的号召，将一如既往地把非洲当作真朋友、真兄弟、真伙伴，通过全面深化中非合作全力支持非洲发展，为中非全面战略伙伴关系不断增添新的内涵，使历久弥新的中非传统友谊在新时代焕发出强劲活力。

二、靠实干推进中非互利合作

中国大力倡导且积极实践与非洲的互利共赢合作，在力所能及的范围内向非洲提供了不附加任何政治条件的帮助和支持。特别是2015年中非合作论坛约翰内斯堡峰会召开以来，中国通过聚合改革开放以来在资金、技术、装备、人才等多个方面取得的成就，充分对接非洲丰富的自然资源、庞大的人口红利、广阔的市场前景等禀赋，在产能合作、基础设施、能力建设等多个领域持续深化与非洲的合作，建成了以蒙内铁路为代表的诸多项目，有效带动了非洲当地社会经济的发展。

本届北京峰会将推动"一带一路"倡议全面对接非洲联盟"2063"议程以及联合国2030可持续发展议程，不断夯实中非传统友好关系的物质基础，让越来越多的项目通过中非互利合作切实转化为服务于非洲工业化和现代化建设的现实成果。

三、让亲情引领中非人文交流

"国之交在于民相亲"，中国人民与非洲人民之间有着天然的亲近感，这种在文化心理层面上的相互认同与彼此信赖成为构筑中非传统友好关系的根基和血脉。近年来，中非人文交流无论是在广度和深度上都呈现出积极发展的态势,已形成中非人民互学互鉴的良好局面,为快速发展的中非政治、经济关系提供了必要的补充和支持。本届北京峰会高度重视中非人文交流,将进一步积极推动中非开展民间、青年、智库、媒体之间的对话,努力构建以中非人民相亲相知为基础的中非友好合作,谱写中非心手相连、亲如一家的新旋律,为全世界呈现出一个更为全面和多元化的中非关系。

四、以坦诚加强中非对话协商

构建中非命运共同体的伟大历史重任绝非中国一方自说自话的独角戏,而是与中非双方的精诚合作密不可分。中国在发展对非洲关系时,秉承坦诚相见的原则,在充分肯定现有发展成就的同时,也充分重视非洲多样化的利益诉求,绝不回避任何现实矛盾和问题,主张通过平等对话协商寻求解决方案。

在本届北京峰会上,中国将一如既往地开诚布公,与非洲各国一起总结中非友好合作取得的成就以及存在的问题,共同探讨如何与时俱进地优化中非关系,确保中非合作随时代的发展不断迈向更高水平。

(资料来源:中国日报网,中国社会科学院西亚非洲研究所 邓延庭)

【本章小结】

本章重点介绍了新闻、消息、通讯和新闻评论的基本含义、特点以及写作要求等内容。新闻类文书可以说是我们日常生活中最容易看到的文书。多读书,多看报,做个有心人,选取感兴趣的新闻类文书进行摹写,有助于提高自身写作水平。

【思考与练习】

填空题

1. 广告文案的写作原则有真实性原则、( )、( )、( )、规范性原则。

2. 完整的广告文案由( )、广告正文、( )和随文四部分内容组成。

3. 消息的标题共有三种类型,分别是( )、( )和单行标题。

4. 通讯按照按内容的不同,可分为( )、( )、概貌通讯、工作通讯。

5. 新闻评论是社论、评论、评论员文章、短评、编者按、专栏评论和评述等的总称,属于论说文的范畴,由( )、( )、( )三要素组成,以传播意见性信息为主要目的和手段。

【拓展实训】

一、简答题

1. 消息导语的类型有哪些？
2. 简述通讯与消息的区别。
3. 新闻评论的特点有哪些？

二、分析下面广告的特点，并重新构思，再写一则广告（文体不限）

"劳特牌"胶水

谁能用手把用劳特牌胶水粘到墙上的这枚金币揭下来，金币便归他所有。

第七篇

学术论文与毕业论文

第二十章

学术论文与毕业论文概述

【学习目标】

知识目标：

了解学术论文、毕业论文的格式、写法。

能力目标：

能写出规范的毕业论文。

【情景导入】

每年的 9 月份，本科、研究生（硕士、博士）们就要忙碌起来了，开始着手毕业论文的选题和开题工作。可是一提到写论文，总有不少同学叫苦连天，痛苦不堪。甚至有同学直言，四年大学生活，也认真学了不少东西，可一到动笔写论文，却感觉虽有千言万语，却不知如何下笔。

如果你也有这样的感觉，那么这说明，你只是千万平凡学子中的一员（学霸不在此列，请自动忽略）！论文写作本来就不是一件容易的事情，毕业论文的写作更像升级版打怪兽游戏，打完小 boss，还有大 boss，大 boss 倒下，它还会通过变身或变异再站起来，且战斗力翻倍。所以，面对论文写作的诸多问题，一定要重视论文的准备阶段。所谓"材料是一切写作活动的前提条件"，收集专业学术资料是撰写毕业论文的重要组成部分，对毕业论文的优秀与否起重要作用。下面，就让我们一起来学习一下论文写作的相关知识吧。

第一节　学　术　论　文

一、学术论文的概念

中华人民共和国国家标准 VDC 001.81、GB 7713—87 号文是这样定义学术论文的：

学术论文是某一学术课题在实验性、理论性或观测性上具有新的科学研究成果或创新见解的知识和科学记录；或是某种已知原理应用于实际中取得新进展的科学总结，用以供学术会议上宣读、交流或讨论；或在学术刊物上发表；或作其他用途的书面文件。

在社会科学领域，人们通常把表达科研成果的论文称为学术论文。

二、学术论文的特点

（一）学术性

所谓学术，是指高等教育研究中专门、系统的学问。所谓学术性，就是指研究、探讨的内容具有专门性和系统性，即是以科学领域里某一专业性问题作为研究对象。当然也有的学术问题，仅凭一个专业的知识解决不了，就会由两个或几个专业的专家联手合作研究，运用各自的专业知识，解决一个学术问题，写出学术论文。

从选题上说学术论文有很强的专业性。如《广西"一带一路"建设的区域合作模式研究》《传承传统文化　创新国学教育———关于"国学经典导论"课教学的探索与实践》等，单从题目上看就有很强的专业性。相反，如《我所认识的老舍先生》《你身边有网瘾少年吗》等，单从题目上看就谈不上专业性。

从内容上看，学术论文具有明显的专业性。学术论文是作者运用他们系统的专业知识，去论证或解决专业性很强的学术问题。如关于破除迷信的论题，可以写成政论文或思想评论，但如果由一位地理学家运用地理知识去论证"风水术"的古代科学与封建迷信并存一体的特点，这就不是一般议论文，而是学术论文了。

从语言表达上看来，学术论文是运用专业术语和专业性图表符号表达内容的，这就会用到大量专业术语，力求将学术问题表达得简洁、准确、规范。它主要是写给同行看的，不在乎其他人是否看得懂得。

（二）科学性

科学性是学术论文的特点，也是学术论文的生命和价值所在。所谓科学性，是指研究、探讨的内容准确、思维严密、推理合乎逻辑。

学术论文要做到科学性，首先是研究态度的科学性，我们要以严肃的态度、严谨的学风、严密的方法开展学术研究。从事社会科学研究，就必须从大量的材料出发，通过分析材料得出结论。从事实验研究，就必须对课题进行系统的多方面的实验，从大量的实验数据中分析综合，得出正确的结论。

其次是研究方法的科学性。也就是要运用马克思主义的立场、观点，用辩证唯物主义和历史唯物主义的方法去进行科学探讨。科学性在思维方式上的重要表现就是逻辑性。王力先生说过："撰写论文，第一也是最重要的一点，就是要运用逻辑思维，如果没有科学头脑,就写不出科学论文,所谓科学头脑,也就是逻辑的头脑。"(引自《谈谈写论文》,见《怎样写学术论文》,北京大学出版社,1981 年)

最后是内容的科学性。什么样的内容才符合科学性? 这就是论点正确,概念明确,论据确凿充分,推理严密,语言准确。论点(观点)即学术研究的成果结论,这个结论应能反映客观事物的本质规律,揭示客观真理,符合客观实际,经得起实践验证,经得起推敲和逻辑推理。

(三) 创新性

学术论文的创新性是指作者在整篇论文的写作中,从论题到论点都有自己独特的观点和见解。可以说,学术论文本质上是为了体现作者在专业领域研究中的新见解和新创造。所以创新性体现了学术论文的价值所在。

可以说,创新性也是科学发展的需要。如果科学研究只作继承,没有创造,那么人类文明就不会前进。人类的历史就是不断发现、不断发明并且不断创新的历史。一个民族如果没有创新精神,这个民族就会衰亡。同样,一篇论文如果没有创新之处,它就毫无价值。

学术论文的创新主要表现在以下五个方面。

(1) 填补空白的新发现、新发明、新理论。

(2) 在继承现有理论基础上的发展、完善、创新。

(3) 在众说纷纭中脱颖而出,提出独立见解。

(4) 彻底推翻前人定论,形成新的理论。

(5) 对已有资料作出创造性综合或归纳总结。

我们提倡并追求学术论文的创新性,但反对为创新而创新,哗众取宠。毕竟创新并不是一件容易的事情。但是一篇学术论文只要有自己的一得之见,在现有的研究成果的基础上增添一点新的东西,提供一点别人所不知的资料,丰富了别人的论点,从不同角度、不同方面对学术做出了贡献,就可以看作一种创新。

(四) 理论性

学术论文与科普读物、实践报告、科技情报之间最大的区别就是具有理论性的特征。所谓理论性就是指论文作者思维的理论性、论文结论的理论性和论文表达的论证性。

1. 思维的理论性

即研究者对研究对象的思考,不是停留在零散的感性上,而是运用概念、判断、分析、归纳、推理等思辨的方法,深刻认识研究对象的本质和规律,经过高度概括和升华,使之成为理论。把感性认识变成理性认识,实现认识上的飞跃,不是轻而易举可以做到的,这需要花大力气、下苦功夫。

有的人因时间紧迫，或因畏惧艰难，在理论思维上却步，以致把学术论文写成流水账，现象罗列，就事论事，从而使学术论文失去理论色彩，其价值也就不复存在。

2．结论的理论性

学术论文的结论，不是心血来潮的激动之词，也不是天马行空般的幻想，更不是零散琐碎的感性偶得。学术论文的结论是建筑（建立）在充分的事实（基础上的归纳总结）归纳上，通过理性思维，高度概括其本质和规律，使之升华为理论，理性思维水平越高，结论的理论价值也越高。

3．表达的论证性

学术论文除了思维的理论性和结论的理论性外，它还必须对结论展开逻辑的、精密（缜密）的论证，以达到无懈可击、毋庸置疑的说服力。

三、学术论文的作用

(1) 记录和传播新的科技成果。

(2) 拓展新的研究领域。

(3) 认知和考核专业科技人员的业务水平。

(4) 在活跃与繁荣学术交流，促进人才成长等方面发挥了巨大的作用。

四、学术论文的写作要求

根据国标 GB 7713—87 规定，学术论文包括如下三个部分。

（一）前置部分

包括题名、作者及单位、摘要、关键词、中图分类号、文献标识码。

1．题名

国标的定义是：题名是以最恰当、最简明的词语反映论文中最重要的特定内容的逻辑组合。

要求题名以超过 20 个字为宜，忌烦琐，忌使用不常见的符号和术语。必要时可设子标题。

2．作者及单位

应置于题名之下，包括：作者所在单位名称，所在省和城市名称，邮编；如有多名作者，则分行依次排列。要署真实的姓名以示文责自负，同时也便于读者与作者联系。

3．摘要

摘要是论文内容不加注释和评论的简短评述，内容包括研究目的、研究方法、结果、结论等信息。特点是应具有独立性和自含性（即不阅读论文全文就能获得必要的信息）。也要有数据、结论，是一篇完整的短文。摘要中文不超过 300 字，英文不超过 250 个实词。

4.关键词

关键词是为了便于文献标引工作从论文中选出来的用以表示论文主题内容信息款目的单词或术语。数量 3～8 个,有实际意义,尽量使用汉语主题词表中的词。每个关键词之间用";"隔开。

5.中图分类号

中图分类号是根据论文的内容确定的,分为 22 个大类。

6.文献标识码

国家期刊出版格式要求在关键词的下面标出文献标识码(即揭示文章性质的代码),具体规定如下:

A——理论与应用研究学术论文(包括综述报告);

B——实用性成果报告(科学技术)、理论学习与社会实践总结(科技);

C——业务指导与技术管理的文章(包括特约评论);

D——般性通讯、报道、专访等;

E——文件、资料、人物、书刊、知识介绍等。注:英文的文献标识码应与中文对应。

(二)主体部分

包括引言、正文、结论、参考文献。

1.引言

引言是论文不可缺少的部分。国标明确要求:引言应简要说明研究工作的目的、范围、相关领域的前人工作和知识空白、理论基础和分析、研究设想、研究方法和实验设计、预期结果和意义。引言不能与摘要雷同,应言简意赅,不要成为摘要的注释。

2.正文

正文是论文的核心部分。要求主题新颖,观点明确,有理论高度,有实践基础;论据充分,引文准确,数据可靠;层次分明,文字简练,图表清晰。

(1)正文段落层次号一律使用阿拉伯数字,文中层次分明。

(2)图——必须有图序号和图题,图序号一律用阿拉伯数字,图题标在图下方。

(3)表——一律使用三线表,表序号一律使用阿拉伯数字与表题一并放在表上方。

(4)文稿中的计量单位必须使用法定计量单位的国际标准符号,不得使用已废止的符号,更不得自造符号。

(5)届次、世纪、年、月、日、百分比等一律使用阿拉伯数字。

国标规定文中图表应编排序号,每一图、表都应有简短的题名,图表应有自明性,即只看图表就能理解其意。

3.结论

结论是对论文的高度概括、浓缩,包括说明了什么问题、得出了什么结论、结论的使用范围、对科学技术的贡献、对前景的展望、遗留问题和建议等。要将论文高度概括、浓缩。

4. 参考文献

著录参考文献的意义在于：反映真实的科学依据、论据，以证明自己观点的正确性；反映作者的严肃态度和负责精神，和便于读者查找原始出处；也表示对别人成果的尊重。

国标将文后的参考文献分为 5 种：专著、连续出版物、专利文献、专著中析出的文献以及连续出版物中析出的文献。在编排上采用"顺序编码制"和"著者-出版年制"两种。各类参考文献的通用格式为：

(1) 专著，标引顺序为作者、书名、版本(第 1 版不标注)、出版地、出版年、引文所在的起始或起止页码；

(2) 期刊，标引顺序为作者、题名、刊名、出版年、卷号(期号)、引文所在的起始或起止页码；

(3) 论文集、会议录，标引顺序为作者、题名、编者、论文集名、版次(第一版不注)、出版地、出版者、出版年、引文所在的起始或起止页码；

(4) 学位论文，标引顺序为作者、题名、(学位论文)保存地点、保存单位、年份；

(5) 专利文献，标引顺序为专利申请者、题名、专利国别、专利文献种类、专利号、出版日期；

有关参考文献著录的规定：在被引文献的题名后面加注文献类型标志。文献类型标志如下：期刊(J)、专著(M)、论文集(C)、报纸(N)、光盘(CD)、联机文献(OL)、学位论文(D)、专利(P)、标准(S)，对于专著或论文集中析出的文献用[A]，其他未著名的文献用[Z]。

(三) 附录部分

必要时附上论文的补充项目，按附录 A、附录 B 等排列。

【例文一】

失败的超越：席慕蓉诗歌解读
——以现代性的维度
赵 妍

【摘 要】 以现代性的维度审视台湾女诗人席慕蓉的诗歌，会发现在其诗歌意象的背后隐藏的仍是根深蒂固的男性中心主义和男权话语。女性书写的追求，并没有逃脱男性话语的樊篱。女性主体的完全建构，仍有待深刻变革的时代去揭橥。

【关键词】 现代性的维度；男权中心意识；女性主体建构

席慕蓉 1943 年生于重庆，是 20 世纪 80 年代深受海峡两岸读者喜爱的台湾女诗人、散文作家和画家。席慕蓉的诗歌作品曾经风靡海峡两岸,其创作的爱情诗,令无数读者尤其是那些多愁善感的女性读者欣喜或神伤。有人认为席慕蓉作为当代女性诗人,很自觉地把颇具现代女性意识的人格象征升华到了极致。

"她构筑的属于女性的世界表达着女诗人对于女性生命的哲思,尤其是关于女性价值的困厄、憧憬与张扬。"[1]诚然,席慕蓉在《天堂鸟》序言中说过这样的话:"自古以来,男性的语言充斥着整个文学世界,男性的声音组成了全部的音符,多么不公平!"但如果仅仅以此就断定席慕蓉的诗歌充当了她超越传统女性价值观的工具,引领着读者重新创建了对生命、对生活、对爱情的信仰,似乎有失偏颇。我们不妨以现代性的维度对席慕蓉的诗歌来加以审视。

一、"花"的意象——爱的张扬与卑屈

爱情,自启蒙时代以来,一直被作为人性最光辉的展现形式,高尚到几乎神圣不可侵犯。然而,以现代性的维度来看,这种前现代的与抽象人性相关联的爱情,不过是形而上学的迷雾,不仅不神圣,且问题多多,尤其是女人的爱情。弗洛伊德认为:对女人而言,"被爱比起爱人,乃是更强大的需要。……因为她们注定会把她们的迷人魅力作较高的评价,以作为她们之原本性自卑的晚期补偿作用"[2]。也就是说,因为女人先天主体有所欠缺,她的爱情隐秘遵从着男性中心,所以不断强化自己的迷人气质,在爱情视野里希望被动地被关爱,而不是主动地去爱人。这种男权中心意识内化为女性自视的心理,反映在爱情诗歌中即是将自己比拟成被动的植物,尤其是"花",所谓"香草以喻美人"。席慕蓉的诗歌里充斥着的正是"花"的意象,以此隐喻自己或者期盼爱情的女人。其脍炙人口的名篇《一棵开花的树》里,以一棵开满了花的美丽的树隐喻了一位多情、执着的少女,以繁花盛叶的热情痴心等待男子的走近。不仅"一棵树"是静默的,是完全没有主动能力的女人的写照,而且,这棵树还在"阳光下慎重地开满了花",默默然而狂肆地招惹男性的目光;《千年的愿望》里:"总希望/二十岁的那个月夜/能再回来/再重新活那么一次/然而/商时风/唐时雨/多少枝花/多少个闲情的少女/想她们在玉阶上转回以后/也只能枉然地剪下玫瑰/插入瓶中","插入瓶中"的玫瑰是隐喻等待被摘取的少女;《昙花的秘密》里,"无缘的你啊",总是"要在凋谢后的清晨","才会发现/昨夜/就在你的窗前/我曾经是怎样美丽又怎样寂寞的/一朵",你已经"错过了最美丽的时刻";《莲的心事》里,"我/是一朵盛开的夏荷";在《他》里,"在快乐的角落里 才能/从容地写诗 流泪/而日耀的园中/他将我栽成 一株/恣意生长的蔷薇",直接说出我是他所栽种的一株蔷薇,且以男性喜欢的样式,并满足于生存在男性天地的角落里。

以"花"来喻指女性,在中国可谓自古有之。对此,戴锦华曾有过精辟的论述:"当女性外观被物化为芙蓉、弱柳或软玉、春葱、金莲之类时,其可摘之采之、攀之折之弃之把玩之的意味隐然可见。在这种人体取物品之美的转喻中,性欲或两性关系实际上已经发生了一个微妙转变,它不仅表现或象征着一种对女性的欲望,而且借助物象形式摒除了女性

自身的欲望,它所表现的与其说是男性的欲望,不如说是男性的欲望权。"[3]男权话语规定并已经内化为女性的性别特征,其实正是封建时代爱情观念中"以色侍人"的思想表现。可见,席慕蓉把爱情作为诗歌的主题,看似超越了传统,张扬起爱的风帆,且触摸到了人性的本真,然而,骨子里,仍然是那种无法彻底放弃的传统的两性观念和爱情观念,她在无意识中遵守着男权体制下形成的价值观念和文化标准,并自觉地按照男性的情趣来表达女性的情感和追求,恰恰是爱得可怜和卑屈。

二、等待/期盼的主题——主动性的创建与消解

席慕蓉的诗歌不仅充斥着"花"的意象,而且,这些花,多是睁着期待的眼睛,期待着爱人的欣赏。《莲的心事》写道:"我/是一朵盛开的夏荷/多希望/你能看见现在的我//现在 正是/最美丽的时刻",期待美丽能被看见的心态表达得十分直白。《盼望》写道:"其实,我盼望的/也不过就只是那一瞬/我从没要求过,你给我/你的一生/如果能在开满栀子花的山坡上/与你相遇,如果能/深深地爱过一次再别离/那么,再长久的一生/不也就只是,就只是/回首时/那短短的一瞬"。在这乞求式的倾诉里,可以听到"我"心灵里那种哀怨、焦渴的孤独回响,可以听到不胜寂寥时"不求天长地久,只求曾经拥有"的企盼。另一首《一棵开花的树》:"我已在佛前求了五百年/求它让我们结一段尘缘/佛于是把我化作一棵树/长在你必经的路旁/阳光下慎重地开满了花/朵朵都是我前世的盼望/当你走近请你细听/那颤抖的叶是我等待的热情"。

不管女子的情感多么炽热,在两性的爱情中,她无疑已变得被动,"我"恰似一个乞求爱情降临的卑微的"臣了",而"你"却恰似一个高高在上的,甚至可以对"我"熟视无睹的爱情的"君王"。为了感动"你","我"期盼着在"最美丽的时刻"让"你"遇见,"而当你终于无视地走过/在你身后落了一地的/朋友啊 那不是花瓣/是我凋零的心"。说到底,"我"始终处在被看、被观赏的客体地位,但是当"你"不看、不观赏时,"我"只能独自凋零枯萎。"我"的生命全部意义和价值因为没有得到"你"的哪怕匆匆的一瞥而被全部掏空。

法国女哲学家西蒙·波伏娃曾经这样评价作为"第二性"的女性:"妇女从一开始,她主动的存在和她的客体自我,她的成为另一物之间,就存在冲突。人们教会她:为了讨人喜欢,她必须尽力去讨好,必须使她成为某种客体,她因此应该放弃她的主动性。"[4]"那是因为她从小就觉得自己是一个客体。……男人觉得并希望自己是主动的,是主体,他不是通过固定不变的映象去观察自己;它(男人的身体)对他几乎没有吸引力,因为在男人看来他的身体不是欲望的客体;而女人却知道自己是客体,并且使自己成为客体,所以相信通过镜子她确实能看到她自己。"[5]波伏娃认为是男人客体化女人,而女人也内化此种自视的角度,因此女人始终处于自恋状态。苏珊·格巴(Susan Gubar)也指出:"女人还不仅仅是一般的物。作为文化的产物,'她'是一件艺术品。'她'或是一个象牙雕刻,或是一个泥制品,或是一个圣像、偶像,但她从来不曾是一个雕塑家。"[6]在席慕蓉这些诗中,大声的呼喊和直白的坦诚,并不能突显女人的主动性(主体性),相反,这种等待被欣赏赞叹才能

自我完成的心理,恰恰使诗人的自我形象显得更被动(客体化),实际上,女性的主体性和独立性已经被消解。

三、自我的吟唱——女性主体地位的获得与丢失

以现代性的维度来衡量,女权主义者所批判的男性中心主义源出于前现代性的形而上学之逻各斯中心主义,它强调真理、上帝、超越、阳具、象征性秩序。女人在此中被视为"他者"和"客体",彻底边缘化。同时,与外在的文化把女性建构为"他者"和"客体"的过程相一致,"他者"和"客体"也内化为女人自我地位的衡量,她们几乎无一例外地合理化这些不平等的权力关系,以"边缘"的思维来自我定位。打破这种男性抑或逻各斯中心主义,是现代性的标尺。席慕蓉的诗歌对女性主体位置边缘化不断进行着自视和省思,甚至有些作品还提出检讨或抗议,有些则表达为反讽和悲哀。如《忠告》:"亲爱的朋友/当你读我/在阴霾的海面上/请不要只注意波浪缓缓的秩序/请再仔细揣想/那在极深极深的海底逐渐凝聚/一直不曾显露的/狂乱的忧伤"。"缓缓的秩序",是父权秩序,是逻各斯中心主义,而在平和的海面表象之下,她潜藏着许多"狂乱的忧伤",后者被前者所压抑,"一直不曾显露",但却努力维持大海的秩序。显然,席慕蓉不仅感受到这种被压抑的边缘地位,也袒呈了两者间的不可调和的张力。她的《中年的短诗》之四,同样表现这种看清世情,寻找真我的坚持:"我说 我弃权了好吗/关于真理真实以及/在你们口中热烈传播着的/真相/请容我独自前行//独自相信我那从来没有怀疑过的/极微极弱 极静默的/梦与理想"。逻各斯中心所建立的各种"真",对我是恒远的迫压,"我"于是决定弃权,不再跟随,并且要去追随"梦与理想"。作品里传达了对现有游戏规则的放弃,同时透露心中希望追求的方向,那就是更真实、更自由、更尽情的一种自我。她在《美酒》中说:"终于厌倦了这种/把灵魂 一层又一层/包装起来的世界/我要回去了列蒂齐亚/下决心不再对生命提出/任何的要求/什么也不带走/只留下孤独/作为款待我自己/最后的那一杯美酒"。"美酒"是不被世界所包装,是"我"唯一想留存的东西,是真实赤裸的自己,是所要寻找的主体地位。另一首《我》也直接地走向了对自我的审视:"我喜欢岁月 漂洗过后的颜色/喜欢那没有唱出来的歌//我喜欢在夜里写一首长诗/然后再来在这清凉的早上/逐行逐段地检视/慢慢删去/每一个与你有着关联的字"。虽然采用隐喻的写法,但诗歌却表达了对现有体制的厌倦,以及转而向内自我省视的态度,并巧妙地暗示了渴望离开它的心情。这种方向正是对主体自我的重新寻找。

应该说,在长久的遵循之后,席慕蓉能有背离的觉醒和勇气,在某程度上已具有对抗意义,尽管这反抗大都止于意识上的叛离。至于推倒之后的重建,破之后的立,却几乎不能在她的诗歌中找到痕迹。毕竟,娜拉走后怎样,连易卜生也没有给出答案,我们不能苛责席慕蓉的力道。然而,真正自由的主体必须开发出属于自我的空间,这确是一个毫无疑问的事实。

四、结语

席慕蓉的诗歌看似只是个案,但其所体现的是男性中心主义的根深蒂固和难以超越,现代社会的女性对自身的性别认知,仍然是父权话语下女性对自身的认知方式,并没有多少本质的改变。女性言说的文化资源、内在结构、深层意识都是男权中心的。诚如有论者所指:现代女性"虽然经历了解放,但在内在匮乏与历史缺乏中仍在被放逐,在精神追寻中仍然承受着命运的拨弄。"[7]想要超越逻各斯中心主义的构围,在批判和解构男权中心的同时,建构女性自我认同的主体意识,开拓女性主体的空间,仍有待于深刻变革的时代去揭橥。

注释:

[1]　张淑梅.论席慕蓉诗歌创作中的现代女性意识[J].内蒙古大学艺术学院学报,2005,(6).

[2]　[奥]西格蒙德·弗洛伊德.精神分析引论　精神分析新论[M].台北:志文出版社,1997:537-558.

[3]　孟悦,戴锦华.浮出历史的地表[M].郑州:河南人民出版社,1986:116.

[4]　[法]西蒙娜·波伏娃.第二性[M].北京:中国书籍出版社,1998:45.

[5]　[法]西蒙娜·波伏娃.第二性[M].北京:中国书籍出版社,1998:582-583.

[6]　张京媛.当代女性主义文学批评[M].北京:北京大学出版社,1992:162-163.

[7]　丁亚平.艺术文化学[M].北京:文化艺术出版社,1996:129.

(资料来源:中国知网检索:《职大学报》2012年第5期)

【例文评析】

论文以"现代性的维度"为视角,从三个方面对席慕蓉诗歌进行解读,指出席慕蓉诗歌现代性超越的局限性,得出了自己的分析和看法。论文结构合理,逻辑清晰,语言流畅,符合学术规范。

第二节　毕业论文

毕业论文是高等院校的学生为取得某种学历而撰写的学术论文,是高等教育教学计划的重要组成部分,是培养学生综合运用所学专业知识与技能,分析和解决实际问题的实践性教学环节,是各专业的必修课程。

毕业论文本质上也属于学术论文的一种,可以说,撰写毕业论文既是一项科研活动,同时也是学习过程的一个步骤。毕业论文一般字数较多,知识含量较大,不仅要写出自己对于这个问题新的见解和思考,而且要在背景知识的描述上多下功夫,以便全面反映出自己对本专业的基础理论及其他专业知识的掌握程度。

毕业论文要根据学生专业的培养目标和特点,在导师的指导下选定题目、展开研究并完成撰写。毕业论文完成之后,还要进行答辩并评定成绩。

一、毕业论文目标

（1）巩固和深化所学专业知识,培养综合运用所学专业知识解决岗位实际问题的能力,进一步增强就业能力和岗位适应性。

（2）对专业领域内的业务流程等有一个较全面的熟悉和认识,对核心专业技能有较熟练掌握和应用,对个人职业素质有一个综合检验与评价。

（3）拓宽知识面,掌握文献检索、资料查询、市场调研的基本方法,并能独立通过各种途径获取新信息。

（4）提高运用书面语言、符号、图形表达自己的想法和工作思路的能力。

（5）培养严肃认真的科学态度、严谨求实的工作作风和良好的职业道德。

二、毕业论文文献资料的收集

文献资料的收集其实也就是文献资料的查找和检索,它是现代科技人员获取文献和信息的主要手段之一,同时也是大学生写作毕业论文获取资料的主要方法。

小贴士

信息时代,大学生们一定要学会利用网络资源去检索自己所需资料。

1. 中国知识基础设施工程网（CNKI数据库）

它是由清华同方光盘股份有限公司和清华大学中国学术期刊（光盘版）电子杂志负责牵头实施的。其建立的CNKI系列数据库包括期刊、报纸、博硕士毕业论文等,收录了自1994年以来的国内公开出版的6000多种期刊和报纸上发表的文章的全文。网址是http://www.cnki.net。

2. 万方数据资源系统

它是由中国科技信息研究所、万方数据集团公司开发的建立在因特网上的大型中文网络信息资源系统。它由面向企业界、经济界服务的商务信息系统,面向科技界的科技信息子系统及数字化期刊子系统组成。网址为http://www.wanfangdata.com.cn或http://www.chinainfo.gov.cn。科技信息子系统是集中国科技期刊全文、中国科技论文与引文、中国科技机构与中国科技名人的论文和毕业论文等近一百个数据库为一体的科技信息群。通过数字化期刊子系统,用户可从网上直接获取万方最新提供的部分电子期刊的全文。

3. 中国科技期刊数据库

它是由重庆维普咨询公司开发的一种综合性数据库,也是国内图书情报界的一大知名数据库。它收录了近千种中文期刊和报纸以及外文期刊,其网址为http://cqvip.com。

三、毕业论文的基本内容

1. 毕业论文选题

（1）毕业论文选题要具有较强的综合性和实践性。综合性是指从本专业的实际与发展状况出发，综合运用所学专业知识与技能；实践性是指从专业岗位实践出发，具有较强的实际背景，结合毕业实习进行，以培养分析、解决实际问题的能力。

（2）毕业论文选题应从本专业的培养目标出发，符合该专业教学要求，体现易于调研、理论联系实际的原则，力求有利于巩固、深化和扩大学生所学的专业知识，注重培养学生的综合职业能力。

（3）毕业论文选题不宜过大，难度适中，要使学生在规定的时间内经过努力可以独立完成毕业论文报告。

（4）毕业论文选题可以根据专业的不同，有所侧重，形式多样。毕业论文题目以 20 字为限，必要时可加副标题。

2. 毕业论文开题

当学生确定毕业论文选题后，在调查研究的基础上撰写的毕业论文实施方案，包括整个毕业论文的计划、初步研究内容和步骤等。

3. 毕业论文的撰写

毕业生需深入实习现场收集数据，并查阅有关资料，进行总体方案设计，提出总体设计方案，并进行必要论证，选择最佳方案，经指导教师审阅同意后，进行具体的设计、计算、绘图、编程、实验等工作，并在设计过程中不断完善和修正总体方案。

4. 毕业论文答辩

毕业论文报告完成后，要根据教学要求参加毕业论文答辩。

四、毕业论文的不同体例

根据专业不同，毕业论文的形式可以不同，各专业可根据本专业特点自行选择。

1. 论文类（含调研报告、策划方案类）的文章

毕业论文主要包括如下几方面的内容。

（1）内容摘要和关键词；

（2）目录；

（3）绪论（前言）；

（4）正文；

（5）结论；

（6）注释；

（7）参考文献；

（8）附录。

采用调研形式的毕业论文在提交毕业论文时还要提交调研报告或调查问卷原始稿。

2．提交作品、设计类

如艺术类专业的学生，可以提交相关作品设计文字说明，包括设计目标，所使用的产品、数据或有关软件等。

3．完成一个具体项目类

撰写项目完成文字说明或项目完成的体会。

五、毕业论文基本规范

本规范依据国家科技论文标准（GB 7713—87、GB 7714—87），主要适应于三种体例的论文（含调研报告、策划方案类），其他体例可参照执行。

（一）题目

（1）论文题目是文章总体内容的体现，应简洁、明确、有概括性，同时考虑到有助于选定关键词和编制题录、索引等。

（2）题目字数不宜超过 20 字，避免使用不常见的缩略词、字符、代号、公式等，必要时可加副标题。

（二）内容摘要及关键词

（1）内容摘要是论文内容的简要陈述，应尽量反映论文的主要信息，内容包括研究目的、方法、成果和结论，不含图表，不加注释，一般而言，本科毕业论文内容摘要字数控制在 300 字左右，研究生毕业论文内容摘要字数控制在 600 字左右。

（2）关键词是反映论文主题内容的名词，是供检索使用的。它是从论文标题或正文中挑选的最能表达主要内容的词。关键词一般为 3～5 个。

（3）"关键词"应加粗，且首行缩进"2 个字符"。具体关键词之间空一格。

（三）目录

（1）目录主要由序号、名称和页码组成，要层次清晰，与正文标题一致。

（2）目录按两级标题编写，包括引言或绪论、正文主体、结论、主要参考文献及附录等。其中下一级题目比上一级题目往后空两格。

（四）正文

正文一般包括引言或绪论、论文主体和结论三个部分。正文第一页页码为 1，依次排序，直至附录页。

1. 引言或绪论

引言或绪论是综合评述前人工作，说明论文工作选题的目的和意义，研究设想、方法，选题依据或国内外文献综述以及论文所要研究的内容。本部分内容应言简意赅，不要与摘要雷同，不要成为摘要的注释。

2. 论文主体

（1）论文主体是论文的核心部分，内容必须客观真实、准确完备、层次分明、语言流畅、文字简练，重点突出、结构严谨，符合学科、专业的有关要求。

（2）正文中若含有公式、表格和图表，则公式、表格和图表既可统一编号（如：表 8，表示正文中使用的第 8 张表格），也可以逐章单独编序（如：表 2-5，表示第 2 章中第 5 张表格），表序和表名置于表格上方中间位置，图序和图名置于图下方中间位置。表格内数字须居中对齐或上下并左对齐。

3. 结论

（1）结论是整个论文的总结，是论文的精华，要写得扼要明确，精练完整，准确适当，不可模棱两可。如果不能导出应有的结论，也可以没有结论而采用结束语进行必要的讨论，提出建议、研究设想、改进意见、尚待解决的问题等。

（2）"结论"两个字前不需要加章节序号。

（五）注释

注释是对引用文字、数据、事例来源的说明，可以按内容的顺序进行标注。以在正文中出现的先后次序编号，编号以方括号括起，在正文中放在引文右上角作为上标，如[1]。

（六）参考文献

（1）为了反映论文的科学依据和作者尊重他人研究成果的严肃态度，同时向读者提供有关信息的出处，正文之后应列出作者直接阅读过或在正文中被引用过的文献资料。

（2）参考文献要另起一页，一律放在结论后。

（3）所列参考文献按照论文参考或引证的先后顺序排列，序号与正文中引用的地方标号一致。

（4）几种主要参考文献著录表的格式如下。

① 论文：[序号]作者，题名，刊名，年，卷号（期号）：起—止页码。

② 著作：[序号]作者，书名（译者），出版社，出版年，起—止页码。

③ 网页：[序号]作者，文章名，网址，发表日期。

（5）如果一行写不下，第二行文字要位于序号的后边，与第一行文字对齐。

（七）附录

（1）对于一些不宜放在正文中，但有参考价值的内容，可编入附录中，例如调查问卷、原始数据、设计图表、软硬件环境、照片、冗长的公式推导、设计图纸、编写的算法、语言程序等。它是对设计（论文）的补充，但不是必需的。

（2）附录另页置参考文献后，若有多个附录应编号。

【例文二】

"一带一路"背景下中国与东盟的产业对接机会研究

华东师范大学 孙 莹

【摘 要】：近年来世界经济平稳发展，2008 年国际经济危机带来的冲击已经逐渐消退，世界经济已经步入发展的新阶段。然而不同于经济危机前世界经济快速发展的趋势，当前全球经济增速放缓，贸易全球化的进程正遭遇挑战。一些反全球化的思想和行为已经在部分国家出现，可见当前世界经济发展已经进入深入调整和变革节奏中。

在这样的背景下，世界各国都应对经济发展状况进行正确的评估，认真审视本国经济发展的状况并根据自身情况制定相应的发展对策，对本国的经济发展方式做出一定的调整和改变。发展中国家更应该抓住机遇，正确把握当前世界经济发展的趋势，对本国经济发展的优势和劣势进行分析，以便抓住经济变化带来的发展机遇，促进自身经济的长远发展。

本文将全球经济贸易发展的实际状况作为研究背景，选定中国和东盟作为研究的目标国家，运用国际贸易研究中新兴的全球价值链方法，通过对中间贸易品和全球价值链的参与程度来分析当前东盟和中国在国际经济贸易发展中的状况，对两国在经济贸易发展中所处的位置以及当前两者合作的实际状况进行分析。同时笔者通过理论结合实际、数据整理分析、比较分析等方法，综合分析中国和东盟的各项经济数据，分析总结出当下双方各自经济的优势条件，以中国推出的"一带一路"政策为背景，梳理当前中国和东盟在重点行业实施的合作状况。力求分析出未来中国和东盟的产业对接可以选择的重点行业，以及未来对接发展提供合理的建议。

【关键词】 一带一路；中国；东盟；产业对接

第一章 绪论

 第一节 研究背景和研究意义

  一、研究背景

  二、研究意义

 第二节 国内外相关文献综述

  一、全球价值链的相关研究

【例文评析】

这是一篇格式非常规范的硕士毕业论文,结构完整,层次清晰,文理通顺,逻辑性强;结论具有一定的现实针对性和社会价值。

【本章小结】

本章重点介绍了学术论文、毕业论文两种常用科技文书的基本含义、特点及写作要求等内容。通过学习本章知识,学会文献检索的方法做到举一反三,独立完成毕业论文的写作。

【拓展实训】

结合所学专业拟写一篇毕业论文。

参 考 文 献

1. 谭丙煜. 国家标准《GB7713—87 科学技术报告学位论文和学术论文的编写格式》宣传贯彻手册[M].
   北京：中国标准出版社,1990.
2. 杨文丰. 实用经济文书写作[M].北京：中国人民大学出版社,2004.
3. 张美云. 大学生实用写作教程[M].北京：中国矿业大学出版社,2005.
4. 岳海翔. 公文写作教程[M].北京：高等教育出版社,2005.
5. 杨文丰. 高职应用文写作[M].北京：高等教育出版社,2006.
6. 刘锡庆. 事务文书写作[M].北京：北京师范大学出版社,2007.
7. 李建和. 大学生职业发展与就业指导[M].桂林：广西师范大学出版社,2008.
8. 陈卫东. 法律文书写作[M].北京：中国人民大学出版社,2009.
9. 刘丽敏. 公文写作格式与范例大全[M].北京：红旗出版社,2010.
10. 胡伟. 实用应用文写作[M].北京：人民出版社,2010.
11. 黄春霞,齐绍平. 公文写作范例大全[M].北京：红旗出版社,2010.
12. 谢新茂. 行政公文写作与范例大全[M].北京：红旗出版社,2010.
13. 杨文丰. 现代应用文书写作[M].北京：中国人民大学出版社,2011.
14. 张保忠. 党政机关公文处理工作条例释义与实务全书[M].北京：人民出版社,2012.
15. 姜良勤,陈殷辉. 应用文写作教程[M].北京：北京理工大学出版社,2013.
16. 沈鸣鸣. 新版实用公文写作[M].北京：中国人事出版社,2013.
17. 张美云. 新编应用文写作教程[M].北京：清华大学出版社,2015.
18. 严廷德,董小伟. (新编)大学生应用文写作[M].天津：天津大学出版社,2015.
19. 郭鹏. 应用文写作[M].北京：清华大学出版社,2016.
20. 郭志强. 公文写作实用全书[M].北京：电子工业出版社,2018.
21. 岳海翔,舒雪冬. 公文写作范例大全：格式、要点、规范与技巧[M].2 版.北京：清华大学出版
    社,2018.

参考网站：
1. 中华人们共和国中央政府网站,http://www.gov.cn.
2. 中华人民共和国教育部网站,http://www.moe.edu.cn.
3. 北京市公安局公安交通管理局网站,http://www.bjjtgl.gov.cn/publish/portal0.
4. 天津政务网,http://www.tj.gov.cn/zwgk/zwxx/zwyw.
5. 上海市人民政府网站,http://www.shanghai.gov.cn.
6. 新华网,http://www.xinhuanet.com.
7. 中华人民共和国海关总署网站,http://www.customs.gov.cn/publish/portal0/tab1.
8. 中华人民共和国公安部网站,http://www.mps.gov.cn.
9. 百度文库,http://wenku.baidu.com.
10. 西华大学网站,http://www.xhu.edu.cn.
11. 沈阳网,http://www.syd.com.cn.
12. 书村网,http://www.mcqyy.com.

教师服务

感谢您选用清华大学出版社的教材！为了更好地服务教学，我们为授课教师提供本书的教学辅助资源，以及本学科重点教材信息。请您扫码获取。

》教辅获取

本书教辅资源，授课教师扫码获取

》样书赠送

公共基础课类重点教材，教师扫码获取样书

 清华大学出版社

E-mail: tupfuwu@163.com
电话：010-83470332 / 83470142
地址：北京市海淀区双清路学研大厦 B 座 509

网址：http://www.tup.com.cn/
传真：8610-83470107
邮编：100084